한국어로 내려온
New Bible

새로운 성경

제97권

7부 | 총10부

하얀마음

하나님 말씀 중에서

1. 사랑의 하나님

- 세상을 창조하신 하나님은 모두를 사랑하신다. 인간만 특별히 더 사랑하지 않고, 우주 만물을 다 똑같이 사랑하신다. 그러니 하나님이 창조하신 천지 만물과 화친하고, 미물까지도 소중히 대하라.

- 하나님은 특정 종파나 민족만을 더 사랑하지 않으신다. 자기 자신만 구원받겠다는 욕심을 버리고, 자기 종파만 구원받는다는 편협한 교리에서 벗어나야 한다. 종파를 초월해서, 모두를 사랑하라.

- 원수까지 사랑하라 했으니, 이 세상에 사랑하지 못할 자가 누가 있겠는가? 종파가 다르다고 해서 부모 형제와 원수처럼 지내는 자는 인간의 근본을 모르는 자다. 가장 가까운 가족부터 사랑할 때 남도 진심으로 사랑할 수 있다.

- 한 사람을 원수같이 생각하던 마음에서 사랑하는 마음으로 돌리면, 자기 자신의 마음이 가장 기쁘고 행복하다. 하나님께서는 인간의 마음속에 무거움이 없이 기쁘고 행복한 삶을 살기를 바라신다.

- 이웃을 "내 몸처럼" 사랑하라 했으니, 마지막 한 장 남은 천국의 티켓도 이웃에게 양보하라. 자기 중심적인 신앙에서 벗어나서 남을 위해 살아야 한다.

- 독초도, 약초도, 이단도 사탄도 천사도 다 필요하기에 존재한다. 독초일지라도 극소량을 사용해서 생명을 살릴 수 있고, 약초라 하더라도 남용하면 생명을 잃을 수 있다.

- 세상 모든 것을 명약으로 활용하는 것은 인간의 지혜에 달렸다. 어떤 것이든 어떤 사람이든 적재적소에 꼭 필요한 명약으로 승화시키라.

- 사탄도 이단도 천사도 모두 하나님의 주관하에 존재한다. 진정한 하나님의 백성은 사탄과 마귀까지도 감화시켜서 천사로 거듭나게 한다.

2. 기도

- 하나님은 인간의 생각까지 모두를 다 알고 계신다. 우리의 소원도 이미 알고 계시기에, 소원의 기도를 할 필요가 없다. 우리가 받을 자격이 되면 내려 주신다.

- 죄를 짓고 아무리 회개를 해도 용서받지 못한다. 도둑질한 자는 용서해 달라고 기도하고, 도둑맞은 자는 도둑을 잡게 해 달라고 기도하면, 공의의 하나님은 누구의 편에 서시겠는가?

- 자기가 잘못한 것은 그 사람에게 직접 갚고 용서를 구하라. 그가 용서하면 하나님도 용서하신다. 땅에서 매면 하늘에서도 매이고, 땅에서 풀리면 하늘에서도 풀리는 이치다.

- "회당에서 기도하지 말고 골방에서 기도하라" 했다. 눈에 보이는 골방이 아니라, 골방과 같이 고요한 마음이다. 잡념을 버리고 하나님을 향해 마음을 집중하며, 사랑하고 용서하는 아름다운 생각만 나오도록 하라.

- "두드리면 열릴 것이다." 하는 것은 육의 소원을 위해 두드리라는 것이 아니라, 진리의 깨달음을 얻기 위해 두드리라는 것이다.

- 기도하는 방법: 생활 속에서 수시로 기도하는 삶을 살아야 한다.

- "저의 죄를 용서하여 주옵소서." 하는 회개의 기도를 하라.
- 범사에 "하나님! 감사합니다." 하라. 현재 가진 것에 감사하며, 과욕하지 말라. 자기 노력 이상의 것을 더 갖고자 기도하는 것은 도둑놈심보다. 공의의 하나님은 각자 노력한 만큼 주신다.
- "하나님 뜻대로 살아가겠나이다." 하며 마음의 각오를 다지라.

- 기도는 하나님의 말씀을 받아서 "행하는 것"이다. 하나님이 계심을 굳건히 믿고, 하늘을 향하여 한 점 부끄럼 없이 사는 삶 자체가 가장 위대한 기도이며, 삶이 곧 예배다.

3. 지도자

- 똑같이 사랑한다는 말을 해도, 순수하게 하는 말은 천사의 말이지만, 사기 쳐서 재산을 가로채려고 하는 말은 사탄의 말이다.

- 종교 지도자가 아무리 훌륭한 설교를 해도, 신도의 재물을 거둬서 더 큰 교회를 짓고 자기의 부귀영화를 바라며 설교하면 사탄의 가르침이 된다.

▪ "저희 교회는 만원사례요, 믿음은 다 같으니 이웃의 개척 교회에 가서 예배를 드리시오." 하며, 이웃 교회의 부흥을 먼저 생각하여 제 신도를 보내는 종교 지도자가 있다면 그를 따르라. 그가 하나님의 사랑을 실천하는 자다.

▪ "부자가 천국에 들어가는 것은 낙타가 바늘구멍을 통과하는 것보다 더 힘들다" 하였거늘, 지금의 교회에서는 부자가 되기만을 기도하고 소원하니, 이는 곧 천국을 포기하고 지옥 행 열차의 티켓을 사는 것과 같다.

▪ 예수는 빈손이었다. 종교 지도자가 예수보다 더 호화롭고 편안하게 살아간다면 잘못된 것이다. 부귀영화와 명예를 바라는 자는 절대로 갈 수 없는 좁고 협착한 길이 종교 지도자의 길이다.

▪ 종교 지도자는 유리로 비춰 봐 한 점의 부끄러움이 없이 살아야 한다. 의식주도 직접 일해서 해결하고, 예수의 가르침과 행함을 그대로 따라야 한다.

▪ 종말은 없다. 지금의 잘못 가는 종교 집단에게만 종말이 있다. 보이지 않는 하나님은 보이는 육의 종말은 관여하지 않으신다. 환경 파괴로 인간이 스스로 멸망을 자초하는 것이다. 종파끼리 싸우기 전에, 무너진 인성을 바로잡고 지구의 몸살을 해결하는 데 뜻을 모으는 게 급선무다.

4. 성전이란

▪ 이 세상 자체가 하나님께서 만드신 성전이다. 자연보다 더 아름다운 성전이 있는가? 보이는 건물이 성전이 아니라, 성스러운 마음가짐이 성전이다.

▪ 반석 위에 교회를 지으라 했다. 지상의 단단한 돌은 인간이 쪼갤 수 있으나, 마음속의 굳은 결의는 세상 무엇으로도 쪼갤 수 없다. 바르고 굳건한 믿음으로 성경의 가르침을 실천하는 것이 마음의 반석 위에 교회를 짓는 것이다.

▪ 손으로 지은 건물의 교회에 모여서 복음을 전하는 것이 아니라, 교회를 개인과 가정에 심어 주어야 한다. 무너지고 부서지는 건물을 짓지 말고, 마음속에 영원히 불변하는 참진리의 교회를 지으라.

5. 십계명

- 십계명은 인간이 죽어서 반드시 통과해야만 하는 열 개의 관문이다.
  - 부모를 공경하지 아니한 자는 “네 부모를 공경하라.” 하는 제5계명의 관문이 열리지 않으니 구원받을 수 없다.
  - 살인, 간음, 거짓, 우상 등의 나머지 계명도 마찬가지다.
- 십계명은 하나님의 친필이다. 모기소리만 한 하나님의 음성이라도 들어 보겠다고 여기저기 찾아 헤매지 말고, 십계명부터 암송하고 지키라.
- 십계명은 영혼을 구원하는 양식이며, 십계명을 지키는 것이 구원을 받는 길이다. 인간이기에 지키고자 노력하고 또 노력한다면 지킬 수 있다.
- 십계명을 지키고 천사처럼 아름답게 살아가는 그 마음 하나면 세상에 이루어지지 않는 것이 없다.

6. 보물

- 하나님은 재물이 아니라 우리의 마음을 받으신다. 사랑을 실천하며 천사처럼 변하는 마음이 하나님께 바치는 보물이다.
- 보이지 않는 하나님께 재물을 바치려 하지 말고, 너희를 길러 준 부모에게 용돈 드리고, 찾아뵙고, 효성을 다하라. 그것이 하나님께 효도하는 것이다.
- 하늘에는 선과 악의 창고가 있다. 자기 창고에 선이 많으면 천국으로 구원을 받고, 악이 많으면 심판받아 지옥으로 간다. 그것이 바로 “선한 일을 행한 자는 생명의 부활로, 악한 일을 행한 자는 심판의 부활로” 나오는 것이다.
- “선악과를 따먹지 말라”는 것은 양심을 지키라는 것이다. 선과 악을 구분할 수 있는 양심을 최초에 인간에게 주셨다. 선한 열매는 취하고, 악한 열매는 버리며, 양심에 비추어 부끄럼 없는 삶을 살아가라.
- 가장 작은 거짓말을 하지 않고, 가장 작은 죄를 짓지 않으며, 가장 작은 선행을 하고, 가장 작은 악행을 멀리하는 것이 율법의 일점 일획도 빠뜨리지 말고 다 지키는 삶을 사는 것이다.

7. 우상

- 박물관에 있는 불상은 하나의 예술품이다. 그 조각품에 대고 제 소원을 빌 때 우상숭배가 된다. 십자가라 하여도 그 앞에서 소원을 빈다면 우상숭배하는 것이며, 하나님께 소원을 빈다면 하나님을 우상으로 전락시키는 것이다.

- 지금 기복신앙에 젖어 있는 모든 사람이 우상 앞에 절을 하고 있다. 조각품을 우상이라며 파괴하지 말고, 네 마음속에 있는 욕심의 우상을 무너트리라.

- 생수를 약초가 먹으면 약을 만들고 독사가 먹으면 독을 만든다. 같은 성경을 봐도 선한 지도자는 신도를 천사로 만드는 데 활용한다. 그러나 욕심이 가득한 지도자는 재물을 거두어들여 제가 부귀영화를 누리는 데 악용한다. 그가 바로 성경을 우상숭배의 도구로 전락시키는 거짓 선지자다.

- 성경을 한 획도 빼거나 더하지 말라는 것은, 그 가르침을 빠트리지 말고 온전히 지키라는 것이다. 성경 속에서 자기에게 유리한 구절만 보는 것은, 자기에게 불리한 구절들을 빼 버리는 것이다. 믿음이 제일이요, 행함은 구원과는 관계없다는 것은 자신에게 유리한 쪽으로 성경을 악용하는 것이다.

- 진정한 종교 지도자는 종파에 관계없이 어떤 종파든 어떤 책이든 접하고 보고 깨우쳐 견문을 넓히도록 인도한다. 참진리를 모르고 자신이 없는 자가 남을 이단이라며 배척하고, 신도들의 눈과 귀를 가린다.

8. 예수

- 예수의 재림은 없다. 예수가 다시 온다 해도, 과연 누가 그를 예수라고 믿겠는가? 예수와 같은 삶의 행함이 곧 예수의 재림이다. 각자 모두가 "재림 예수"가 되는, 차원 높은 믿음으로 가야 한다.

- 예수는 "주여 주여 하지 말고, 아버지의 뜻대로 행하라"고 했다. 예수가 전한 하나님의 뜻이 곧 "길이요, 진리요, 생명"이며, 그 가르침이 예수의 보혈처럼 소중한 것이다. 예수를 믿는 것은, 예수의 가르침을 믿고 따르는 것이다.

- 예수는 낮은 자로서 만백성을 섬기고자 했다. 만나는 모든 사람을 다 하나님이라 생각하라. 돈을 벌수록 겸손하고, 높은 지위를 얻을수록 낮아지라.

- 예수는 종파를 만들지 않았다. 인간이 만든 종교와 인간의 교리를 따르지 말고, 예수를 통해 전한 하나님의 참진리를 연구하고 따르라.

- 예수가 2천 년 전에 만백성을 위해 죽었으니, 지금 이 땅에는 예수의 가르침대로 사는 천사만 존재해야 한다. 예수가 죽어 가면서 바란 것은 만백성이 천사가 되어 예수의 자리를 채워 주는 것이지, 지금과 같이 재물을 바치면서 중언부언 제 소원만을 비는 백성들을 바란 것이 아니다.

9. 구원

- 천사가 사는 천국에는 천사만 갈 수 있으니, 천사 같은 마음을 길러야 한다.

- "천국 열쇠를 네게 주리니 땅에서 무엇이든지 매면 하늘에서도 매일 것이라" 했다. 땅에서 천사같이 사는 자가 하늘에서도 천사가 되어 천국에 들어간다. 모든 사람에게 천사같다는 말을 듣는 삶을 살아야 한다.

- 천사의 곱고 아름다운 마음은 부모를 공경하고 어른을 어른으로 대접하는 데에서 출발한다. 효도하는 자는 형제와 화목하게 지내기에 가정이 화목해지고, 이웃과 화목해지고, 국가가 화목해지고, 온 인류가 화목해진다.

- 그러므로 지상의 아름다운 소왕국은 가정에서부터 이루어야 한다.

- 선택된 14만 명만 구원받는 것이 아니라, 천사처럼 변하고자 하는 14만 명을 기초로 온 인류가 천사처럼 거듭나는 영적인 개혁이 시작되는 것이다.

- 천 년에 걸쳐서 하늘에서 이루어진 것같이 이 세상을 낙원으로 만들어, 만백성이 지상의 천국에서 살다가 죽어서 그대로 하늘의 천국으로 들어가는, 영원한 지상 낙원을 건설하는 것이 하나님의 계획이다.

- **이것이 구약과 신약에 이어 "새로운 성경"으로 역사하시는 하나님의 창조의 완성이다.**

- 지금의 믿음으로 구원받을 수 있다면 그 길을 가라. 그러나 자신이 없다면 하나님께서 직접 내리신 160권의 "새로운 성경"을 읽고 구원의 길을 보라!

하나님 머리말씀

이 새로운 성경을 읽는 너희 모두는
이 율법에 따라 행하면 영원히 구원받을 것이니라.

너희 인간이 수년, 수십 년, 평생
성서를 공부하고 기도하는 것은
하늘나라 나의 곁으로 오고 싶은 소망일진대,

몇천 년 전의 너희 인성과 생각이
지금의 너희와는 판이하게 다르니,

꺾여 가고 병들어 가는 너희를 고칠 수 있는 길은,
오늘 내가 선지자에게 내리는 새로운 성경과 같이
너희가 변화되는 것뿐이니라.

나의 예수가 태어난 것처럼
내가 아들 선지자를 선택하여
나의 새로운 성경을 온 세계에 전하고자 하니,

묵은 것은 버리고 새로운 것은 취하여,
너희 모두는
'여호와 하나님! 저의 죄를 용서하여 주옵소서.'
하는 기도문으로 기도하고, 죄를 뉘우치라.

이 새로운 성경은
수천 년간 내려온 성서를 요약한 것이니,
너희는 이 책을 정독하여 쉽게 깨달음을 얻고,
이대로 실천하여 하늘에 오르라.

대역자 머리말

■ 하나님의 율법을 지키는 선지자로 선택을 받도다.

저는 남들처럼 그저 열심히 살아온 평범한 사람이었습니다. 그러나 50대 중반에 사업에 실패하여 많은 부채에 시달렸으며, 건강도 악화되어 눈이 잘 안 보이고, 걷기도 어렵고, 두통이 심해서 잠을 이룰 수 없는 고통의 나날을 보냈습니다. 그때 제가 선택할 수 있는 것은 육의 삶을 끝내는 길뿐이었습니다.

죽기 직전에 그동안에 죄를 지은 이들에게 용서를 빌고 인생을 끝내기로 작정하였습니다. 어려서부터 지은 죄를 빌고 빌다 보니 끝이 없었고, 죽음으로도 그 많은 죄를 용서받을 길이 없다는 생각에 하염없이 눈물이 흘렀습니다. 그 순간 '재래식 화장실의 구더기는 죄를 짓지 않는데, 나는 인간으로서 구더기만도 못한 삶을 살았구나.' 하는 생각이 들면서 괴로움에 몸부림칠 때, 갑자기 하나님의 음성이 들렸습니다.

"나는 여호와 하나님이니라. 너는 십계명을 암송하고 내가 내려 주는 메시지를 받아 책으로 만들어 만백성을 구하라." 하시며, 제 눈을 손으로 문지르게 하시고, 아픈 머리와 다리를 손으로 두드리게 하셨습니다. 그러고 나니 눈도 잘 보이고 걸을 수 있었으며 머리의 통증도 말끔히 낫게 되었습니다. 그때부터 십계명을 암송하고 나면 들려주시는 말씀을 기록하였고, 1999년 8월부터 2004년 7월까지 권당 288쪽, 총 160권을 받아서 "새로운 성경"이라는 책으로 펴내게 되었습니다.

그러한 저에게 죽기보다도 힘든 길이 시작되었습니다. 모든 교인들이 저에게 사탄이요, 이단이요, 악마요, 마지막 시대에 온 거짓 선지자라 하면서 공격하였고, 저를 짐승을 보듯이 대하는가 하면, 편협한 종교 지도자들의 선동으로 신도들이 이 책을 직접 읽어 보고 평가할 기회마저 막아 버렸습니다. 그래서 하나님의 말씀을 세상에 내는 데 많은 어려움을 겪으며, 피를 토하는 심정으로 책을 전하고 있습니다.

그러나 아무리 인간의 힘으로 막으려 해도, 하나님의 뜻이 세상에 전해지는 위대한 역사는 계속될 것입니다. 책으로 전해지는 "하나님의 말씀"은 세상 끝날까지 항상 우리와 함께하실 것입니다. 사람은 죽어도, 책에 기록된 말씀은 영원히 남으니까요.

■ 따뜻한 실천

하나님께서는 어려운 사람들에게 삶의 터전을 마련해 주고, 미래를 열어 주는 것을 기뻐하십니다. 어려운 이웃이 스스로 자립할 수 있도록 이끌어 주는 것이 진정으로 이웃을 돕는 것이라고 말씀하셨습니다. 그래서 일자리가 없는 제자들에게 작은 사업장을 만들어 주는 "달란트 사업"을 하고 있습니다. 식당, 반찬 가게 등을 차려 주고, 기존의 어려운 사업장이 자립할 수 있도록 돕고 있습니다(커피숍, 미용실, 의상실 등).

하나님께서는 교회에 나와서 모든 시간과 재물을 쏟기를 원하지 않으시고, 그 시간과 재물을 교육에 투자하여 스스로 미래를 열어 가기를 원하십니다. 그래서 제때 공부하지 못한 제자들에게 학업을 이어 가도록 하였습니다. 중화요리 주방장을 하며 초등학교 검정고시부터 공부하여 2012년에 방통대를 졸업한 36세 남성, 만학도들의 2년제 중학교에 입학해서 2007년에 명지대학을 졸업한 38세 여성, 중학교 검정고시를 시작으로 숭의여자대학을 졸업한 47세 여성 등이 있습니다. 그밖에도 많은 제자들에게 나이를 초월하여 배우고 깨우쳐서 사회 속의 당당한 일원이 되도록 인도하고 있습니다.

학자금 대출로 힘겨워하는 젊은이들을 위해 "따뜻한 바람 장학회"를 발족하여(2016년 12월) 대출받은 학자금 전액을 매월 갚아 주고 있습니다. 또한, 다문화 가정을 위해 "다문화 가족 랜드"를 조성하여, 각종 시설을 무료로 활용하도록 하고 있습니다.

이러한 따뜻한 실천이 아직은 미약합니다. 그러나 책의 수입이 늘고, 저와 뜻을 같이하는 분들이 늘어나면 계속 확대할 것입니다. 지도자로서 신도의 재물을 헌금으로 거둬들여 착복하는 것이 아니라, 하나님께서 기뻐하시는 일에 사용하도록 중매 역할만 하며 살아가고자 합니다. 이런 제가 과연 사탄이고 이단인가요? 하나님께서 기뻐하시는 일이라면, 저에게 사탄이라 하든 거짓 선지자라 하든 굽히지 않고 실천해 나갈 것입니다.

끝으로, 일상의 삶 속에서 "지금 내가 하는 행동이 과연 하나님께서 기뻐하실까, 슬퍼하실까?" 생각하고, 매사에 하나님께서 기뻐하시는 길을 택하기 바랍니다. 교회에 모여서 집단적으로 예배 드리는 것이 아니라, 개인이나 가정 단위로 새로운 성경을 읽어 스스로 깨우치고 그대로 행하면 충분합니다. 그것이 마음속에 성전을 짓고, 신령과 진정으로 예배 드리는 길입니다. 그러면 천국의 문에 들어서게 됩니다.

2017. 2. 1.

하나님 말씀 대역자 김용철

차 례

십 계 명

이 책은 십계명을 암송하고 나면 내려 주시는 "하나님의 음성"을 듣고 그대로 받아쓴 기록입니다. 하나님께서 십계명을 모세에게 내려 주셨지만, 그것은 만백성에게 내려 주신 것입니다. 마찬가지로 이 책의 모든 말씀도 저에게 내려 주셨지만, 만백성 각자에게 들려주시는 말씀입니다. 여러분도 이 책을 접할 때마다 십계명을 암송하고 나서 정독해 주시기 바랍니다.

제일은, 너는 나 외에는 다른 신들을 네게 있게 말지니라.

제이는, 너를 위하여 새긴 우상을 만들지 말고, 또 위로 하늘에 있는 것이나, 아래로 땅에 있는 것이나, 땅 아래 물 속에 있는 것의 아무 형상이든지 만들지 말며, 그것들에게 절하지 말며, 그것들을 섬기지 말라.

제삼은, 너는 너의 하나님 여호와의 이름을 망령되이 일컫지 말라.

제사는, 안식일을 기억하여 거룩히 지키라.

제오는, 네 부모를 공경하라.

제육은, 살인하지 말지니라.

제칠은, 간음하지 말지니라.

제팔은, 도적질하지 말지니라.

제구는, 네 이웃에 대하여 거짓 증거하지 말지니라.

제십은, 네 이웃의 집을 탐내지 말지니라.

나 여호와가 존재함을 믿는 그 자체가 구원의 길에 들어서는 기본이요, 근본이며, 나의 새로운 성경을 가슴에 안고 정독하는 자, 반석 위에 서서 하늘에 오르는 찬란한 빛을 보게 되는 영광을 얻게 됨이니라. 진정 나를 따르고 믿는 자는 감히 사탄이나 마귀도 근접하지 못하느니라.

〈하나님 말씀〉

2003년 8월

7,006 번째 하나님 말씀

2003년 8월 5일 23시 31분

1 사랑하는 나의 아들아!

2 "네, 아버님! 말씀하옵소서."

3 나의 아들 예수가 가장 낮은 곳에서 태어났으며 목수의 아들로서 세상에 태어났다 모두 그리 알고 있음이니라.

4 그러나 그를 비아냥거리고 비웃던 모든 사람이 어찌했든 간에 그는 임무를 충실히 수행했으며 내 뜻에 순종하여 내 큰 사랑을 만백성에게 보여 주어 그는 그 고통의 길을 마다하지 아니하고 걸어갔음이니라.

5 너 또한 누가 뭐라 해도 너는 나의 아들이요, 모든 것을 역사할 것을 너 자신이 알며 네가 불안해하며 두려운 마음을 거두도록 그리해야 할 것이니라.

6 나는 너를 따르는 제자들이요, 또한 네 마음을 알고 있음이니라.

7 너 자신이 이 세상에 유능하고 똑똑한 사람도 많이 있으며 기초가 다져진 사람, 그리고 믿음의 길로써도 네가 따를 수 없는 훌륭하고 인격을 갖춘 사람들이 수없이 많이 있으며, 만백성으로부터 존경을 받는 자들이 수없이 있거늘,

8 어찌하여 네가 이 길에 선택이 되었으며, 준비된 나의 아들이라 함을 네가 더러는 불안해하고 너 자신이 그를 의심하는 마음이요, 너의 제자들 또한 그와 같은 마음을 가질 수 있을 것이니라.

9 그러나 너는 여기서 알아야 할 것이니라.

10 내가 뭐라 말하였느냐?

11 모든 백성이 첫 단추를 잘못 끼웠음이니 그를 바로잡는 자가 없다 하였음이니라.

12 아무리 많은 백성으로부터 존경을 받으며 인격이 갖추어졌으며 깨달음이 있는 종교 지도자라 해도 모든 백성에게 신망을 받는 자라 해도, 그들이 첫 단추가 잘못 끼워진 그 단추를 바로잡지 못하며 그 길을 그대로 가기 때문임을 너희는 알아야 할 것이니라.

13 그리하니 그들이 아무리 너희가 보기에 인격이 갖추어져 있으며 모든 겸비한 자라 해도,

14 그들이 가르치는 것은 삼위일체요, 나와 나의 아들이 같다는 것을 버리지 못하며, 그리고 예수가 구세주라는 것을 버리지 못하며,

15 모든 재물을 거둬들이는 것, 그리고 각종 헌금을 받아들이는 것, 그와 같은 것이 당연하다는 그것을 벗어나는 자가 하나도 없음이니,

16 하늘의 뜻을 알지 못하며 인간의 상식이요, 인간의 인격을 갖추고 살아간다 해도 그것이 죽으면 그것으로써 끝남이요, 그 이상은 역사할 수 없는 것이며,

17 하늘의 뜻을 알지 못하며 하늘의 뜻에 따라 역사하지 못함이니, 나로부터 선

택될 수가 없으며 내 뜻을 받아 수행
할 수 없는 자들이니,
18 너는 너 자신이 그와 같은 이치를 아
직도 깨닫지 못하고 있단 말이던가?
19 그러하기 때문에 오늘과 같은 이 역사
가 이루어짐이니라.
20 너희는 나의 아들이 33년이라는 그
세월을 지내며 그가 33년 반이라는
그 세월 동안 나의 뜻을 전하며 역사
하는 그가 세상에 살아온 그 삶이 33
년 반이라 함이니,
21 그동안에 그가 교회 하나 짓지 못하
며 성전 하나 짓지 못하며 너희를 모
아 놓고 교육시키는 은신처 하나 만
들 수 없었겠느냐?
22 그러나 그는 그를 만들지 아니하지 않
았던가?
23 그는 그를 만들지 아니하며, 그 성전
은 오로지 인간의 마음속에 있는 것이
위대한 성전이요, 나의 여호와가 원하
는 길이 그 성전이라 그리 말하고 가
르쳤거늘, 그를 따른 자가 없지 않은
가?
24 그러니 그들이 어찌하여 나의 뜻을 따
라가는 백성이며, 수천 년 동안 흘러
오는 그 세월 속에 너희가 지금 어찌
가고 있는가?
25 나의 아들 예수를 따르며 그게 구세주
요, 그는 나의 아들이요, 그를 따르는
것이 하늘에 오르는 길이라 그리 말하
면서,
26 그가 역사함과 행함은 따르지 아니하
고, 오로지 너희가 필요한 것 나의 피
조물 만백성들에게서 재물을 거둬들
일 수 있도록 보혈로써 은혜를 받았으
며 예수를 찬양하며 '주여, 주여!' 부
르며, 그곳에 오면 구원을 받으며 하
늘에 오를 수 있다고 그리 가르침이니,
27 그와 같은 교회를 나의 아들이 지었으
며 회당을 지었는가?
28 나의 아들 예수가 그와 같은 교회를
지었으며 회당을 지었는가 물어보라.
29 내가 그것이 필요하며 내 뜻이라면 나
의 아들을 통하여 그를 짓지 아니하였
겠는가?
30 내가 명한 사실이 있다면 나의 아들
예수가 그것 하나 세상에 짓지 아니하
고, 손으로 무엇인가를 만들어 놓을
능력이 없다 말하느냐?
31 그러니 그 근본을 따르지 못하며 그를
벗어나지 못하는 자들이요, 진리를 모
르며 진실을 모르는 자들이니라.
32 그저 흘러가는 물속에서 저희가 죄인
줄 모르며 잘못 살아가는 것이 무엇인
지 잘살아가는 것이 무엇인지, 하늘의
뜻이 역사한 그 성서를 제대로 알지
못하는 자가 아무리 너희가 보기에
인격을 갖추며 너보다 백배 천배 나은
모든 성품이요, 모든 것을 가졌다 한
들 무엇을 하겠는가?
33 하늘에서 이루어진 내 뜻을 모르며 내
뜻을 거역하는 길을 달려감이니, 그리
하여 내가 그 누구도 선택할 자가 없
었음이니라.
34 너희가 바로 갔으며 진정한 길을 갔으
며 진리를 위해 갔다 하면 오늘과 같
은 그 역사는 절대 있지 아니하였음을
너희는 알라.
35 모세가 이루고자 하는 것 그리고 욥의
훈련이요, 또 노아의 방주요, 노아의

그 훈련은 그때그때 너희를 깨우치고
다스리려고 그 역사가 이루어졌음이
니라.
36 너희가 바로 서고 바로 갔다면 그와
같은 것은 이루어지지 아니하였을 것
이니라.
37 모세의 시대에 너희가 역사하지 못했
기 때문에 그를 완벽히 하려고 나의
아들 예수가 갔으며,
38 예수가 세상에 나가 죄 없는 세상을
만들려 했으며 나의 큰 사랑을 전하고
자 했으나 그것도 믿는 너희로 하여
금 실패를 하였음이니라.
39 그러니 모세 시대의 실패요, 나의 아
들 예수요, 내 아들이 직접 내려갔으
며, 지금 또한 너희가 2천 년 동안 바
로 섰으며 실패하는 백성이 아니었다
면 오늘의 나의 아들을 통하여 이 길
고도 길고 어려운 역사의 길을 가지는
아니하였을 것이니라.
40 해를 거듭하고 거듭하면서 나의 법전
을 만들어 만백성을 위하여 전하는 땀
나는 오늘의 이 고통은 결코 있지 아
니할 것이니라.
41 그러나 너희가 예수의 그 죽음을 헛
되이 하며 너희가 필요한 대로 우리
부자의 이름을 팔아 재물을 취하며,
나의 피조물 만백성을 지옥으로 이끌
어 가는 그 역사만을 되풀이하고 또
되풀이하고 있음이니,
42 다람쥐 쳇바퀴 돌듯이 그저 나의 백성
에게 재물을 갈취하고 나의 아들 예수
를 죽게 했던 그 조상의 뿌리인 믿음
의 길을 가는 자들이 다람쥐 쳇바퀴
돌듯이 나의 피조물 만백성들에게 피
를 빨아 착취하다가 너희가 죽어 가
면,
43 또 후손의 뿌리가 그 성서는 한자도
고쳐도 안 되며 바꿔서도 안 된다는
그 틀 아래 나의 피조물 만백성들에
많이 바치는 자는 구원을 받는다고 함
이니, 이 세상은 온통 무엇으로 덮이
겠는가?
44 너희 손으로 지은 성전이라는 것이 이
세상을 덮을 것이니라.
45 이 세상에는 교회라는 건물밖에는 더
살아 있는 건물이 없게 될 것이니,
46 바로 내가 나의 아들을 통하여 그 교
회를 하나도 지은 것이 없음이니, 너
희가 어찌하여 그와 같은 깨달음을
모르며 그를 모른단 말이냐?
47 거기에서 바로잡는 자가 없으며 그를
거부하는 자가 없으며 바로 보는 자가
없으니,
48 아무리 지상에서 똑똑하면 뭐하며 박
사라면 뭐하며 학위를 가진 자라면 뭐
하며 인품을 가진 자면 무엇을 한단
말이던가?
49 너희는 무너지게 되어 있으며, 공허한
마음을 달랠 수 없으며 너희는 태풍
이 불어올 때 거기에 견딜 수 있는 용
기와 힘이 없는 자들이니라.
50 그러니 그 속에서 똑같은 흐름 속에서
그것이 죄인 줄 모르고 흐르는 대로
흘러가면서, 그중에서 자기는 깨끗한
자요, 자기는 위대한 자요, 자기는 학
식이 있는 자요, 자기는 재능 있는 자
요, 능력 있는 자라는 것을 너희가 아
무리 보여 주고 몸부림쳐도 그 흘러가
는 물은 나와는 관계없는 지옥으로 가

며, 사탄의 세계로 흘러가는 자들이니,
51 그를 역으로 흘러오는 자가 없으며 역으로 잡을 수가 없음이니, 원점에서 다시 시작하고자 하는 것이 나의 뜻이니라.
52 너희가 구약의 뜻을 알아 그대로 율법대로 지켜오며 나의 십계명을 지키고 살았더라면, 너희가 나의 십계명이요, 신약 시대에 내려온 그 성경을 가지고 그대로 지키고 살아왔더라면,
53 내가 지금 제3의 시대에 나의 성령을 태워 이 세상에 내려보내는 어렵고 고통스러운 길은 결코 없었을 것이니라.
54 너희에게 우측 산맥을 타고 흘러내리라 그리하였으나 너희는 좌측 산맥을 타고 흘러내리고 흘러내림이니 그를 막을 수 없기에,
55 내가 원점에서 다시 우측으로 흐르는 그와 같은 물줄기를 틀어잡으니, 그것이 바로 생수이니라.
56 이게 바로 원점에서 나의 법전을 만듦이니,
57 구약이 만들어졌던 그 역사요, 신약이 만들어졌던 그 역사를 다 저버리고,
58 다시 지금 원점에서 나의 제3의 시대요, 나의 성령이요, 하늘에 오르는 길이요, 나 여호와의 뜻이요, '하나님! 말씀하옵소서'라는 법전이요, 너희를 심판하는 기준을 지금 다시 처음부터 시작하여 만들어 감이니라.
59 그리하여 이를 보지 않는 자는 우측 산맥의 생수로 흐르는 자가 없으며 그를 보지 못하게 됨이니,
60 나의 법전을 읽고 깨우치는 자가 내가 다시 만들어 흐르는 좌측의 지옥으로 가는 그 썩은 물이 아니라, 우측 산맥을 타고 흐르는 생수며,
61 이를 마시고 보는 자가 하늘에 오르는 그 길을 볼 수 있도록 원점에서 다시 시작함을 너희는 알아야 할 것이니라.
62 이제는 구약과 신약의 그 가르침을 가지고 배운다는 백성이 너무나 썩고 황폐하게 흘러내렸기에, 그게 다시 역순으로 흐를 수 없으며 거둬 올릴 수가 없으며,
63 그와 같이 너희가 악하게 변해 있으며 썩었으며 부패해 있기에 그를 거둬들여도 다시 쓸 수가 없음이니라.
64 그리하여 내가 정상의 원점에서 다시 새로운 생수로써 왼쪽으로 흐르지 아니하도록 하고, 왼쪽으로 흐르는 길을 장벽으로 차단하고,
65 오른쪽으로만 흘러내리도록 그리 말하니 그것이 바로 생수가 변하지 아니하고 영원히 나의 백성이 먹고 깨우쳐 너희가 하늘에 오르는 길이니 이게 바로 원점의 역사이니라.
66 구약은 나와 있으며 신약은 나와서 그들은 왼쪽으로 흘러 썩고 썩어 황폐하도록 너희가 그리 만들었음이니라.
67 그를 바로 만들어 오른쪽으로 흐르는 생수로써 다스리고 깨우쳤다면 오늘날 내가 생수를 만들 필요가 없으며 새로운 성령이요, 새로운 뜻을 내가 너희에게 내릴 필요가 무엇이 있단 말이던가?
68 너희가 잘못하고 잘못 갔고 썩어져 있고 죄악에 물들어 그저 죄악 속에 흘러가면서 편승하여 즐거움을 느끼

고 행복이라 생각하고 사는 그 백성을
돌이킬 수가 없어서,
69 원점으로부터 다시 제3의 시대에 나
의 성령이요, 나의 뜻이요, 하늘에 오
르는 길이라는 나의 이 법전의 책을
내려보냄이 시작됨을 너희는 알아야
할 것이니 그리 알라.

7,007 번째 하나님 말씀

2003년 8월 5일 23시 39분

1 사랑하는 나의 아들아!
2 "네, 아버님! 말씀하옵소서."
3 지금 믿음의 길을 가는 그 백성이요,
너를 따르는 제자들이요, 나의 법전을
읽고 깨우친 백성 너희가 지금 믿음
의 길이라 가는 그 길이 진정한 믿음
의 길이요, 믿음의 자세가 어찌 되었
는가?
4 너희의 믿음의 상태를 점검해 보고 두
드려 봐야 함을 너희는 알아야 할 것
이니라.
5 진정한 믿음을 가고 있는지는 너희
자신이 잘 알고 있을 것이니라.
6 그러니 너희가 너 자신을 채점해 봐
야 할 것이며 냉정하게 너희 자신을
두드려, 정녕 진정한 믿음을 가고 있
는지 그를 확인하지 아니하면 아니 됨
이니라.
7 이제는 너희로 하여금 모든 역사를
이루고자 함이니, 확실한 믿음 속에서
살고 있는지 너희 자신을 스스로 다
스려 봐야 할 것이니라.
8 어떠한 역경에서 무너지는 나의 백성
이요, 등을 돌리는 백성이요, 그리고
나를 저버리며 나의 아들을 저버리며
나의 법전을 저버릴 수 있는 그와 같
은 마음으로써 지금도 믿음의 길을 간
다면,
9 너희가 그리 원하는 구원이요, 나를
보고자 하는 그 마음이요, 나의 음성
을 듣고자 하는 그 마음이 성취될 수
가 없음이니라.
10 그러니 너희의 지금의 마음을 두드려
봐야 할 것이니라.
11 나 여호와가 너희를 성령으로 태어나
도록 한 것이니라.
12 그러니 내가 너희에게 성령으로써 명
하여 세상에 태어난 것처럼, 너희는
나의 성령으로 항상 충만해 있어야 하
며,
13 그리 충만해 있는 마음은 죄를 짓지
아니하며 사악한 것을 들을 수 없으며
받아들일 수 없는 그와 같은 삶을 살
수 있는 것이니라.
14 다만, 충전되었던 그것이 방전되는 그
와 같은 형식으로 살아가면서 악한 마
음에 의하여 내가 내린 그 충만한 성
령이 서서히 흘러나와 빠져 가는 그와
같은 삶을 너희가 사니, 그 자리는 다
시 무엇으로 채우는가?
15 욕심이요, 사악한 마음이 그 자리를
채움이니, 너희는 그와 같이 죽어 가
는 삶을 사는 것이니라.
16 나 여호와는 너희를 이 세상에 내려
보냈을 때 나의 마음이요, 나의 성령
으로써 너희가 그득히 채워질 수 있도
록 했으며 그리 살다 나에게 올 수 있
도록 그 모두를 갖추어 내려보냈음이
니라.

17 그러나 너희가 살아가면서 욕심이라
는 것 때문에 나의 성령은 서서히 방
전되어 흘러나가며 악한 마음이 너희
가슴을 채우고 있음이니, 바로 그것이
무엇이라 말하였느냐?
18 너희가 악한 마음이요, 악한 행동을
하는 것이 죽음이요, 지옥으로 가는
그 연장선상이기에, 오늘의 너희가 세
속에 살았다 하나 실제 죄짓는 자는
죽음의 길을 가고 죽은 자라 내가 그
리 말하지 아니하였더냐?
19 그러니 욕심을 가지고 사악한 자는 나
를 볼 수 없으며 나의 음성을 들을 수
없다 함은, 곧 육이 살아있으나 지금
너희는 죽은 자요, 죽음의 길을 가는
자들이니, 나를 볼 수 없으며 나의 음
성을 들을 수 없는 것이 너희임을 알
아야 할 것이니라.
20 나의 성령으로써 그득히 임한 백성은
나를 볼 수 있으며 나의 음성을 들을
수 있음을 알라.
21 너희가 나를 보지 못하며 나의 음성을
듣지 못하는 그 모두는 너희가 이미
너희 몸에서 성령이 방전되어 나가듯
이 빠져 있음을 너희는 알아야 할 것
이니라.
22 너희가 사악한 마음이요, 욕심을 버리
지 못하여 욕심이요, 사악한 마음이
너희 가슴을 채울 때, 성령은 밖으로
밀려나게 됨이니라.
23 방전되듯이 나온 그 성령은 지금 방황
하고 있으며, 성령은 갈 자리가 없어
공중을 떠돌고 있음을 알아야 할 것
이니라.
24 사악해진 것만큼 그 성령은 너희로부
터 방전되듯이 빠져나와 있음이니,
25 그들을 너희가 다시 불러들이는 그와
같은 역사를 이루지 아니하고는 아니
될 것이니라.
26 너희가 지금 방전되어 흘러나온 그 성
령을 불러들일 수 있는 것은 죄를 짓
지 아니하며 아름다운 마음이요, 천사
와 같은 마음으로 사는 길밖에 없음이
니라.
27 너희가 정녕 천사와 같은 마음으로 살
지 아니한다면 내가 너희에게 내린
그 하늘에 올 수 있는 근본인 성령이
너희 몸 밖으로 나와 지금 죽어 가고
있으며, 그들이 다시 너희 몸으로 들
어갈 그 기회가 없음이니라.
28 나 여호와가 너희를 세상에 처음으로
내보낼 때 성령으로 그득히 채워 나갔
음이니, 세상에 태어난 그 순간의 마
음으로 다시 태어나지 아니하고 거듭
나지 아니하며 그리고 너희 몸에서 방
전되어 나와 지금 죽어 가는 그 성령
을 불러들이며 너희 가슴 안에 받아들
이는 그와 같은 대변화의 삶을 살지
아니하면 너희는 정녕 나에게 오를
수 없음이니라.
29 이 무서운 사실을 알았다면 이제는 너
희가 어찌 살아가는 것이 하늘에 오르
는 길인지를 알 수 있을 것이니, 그와
같은 바른길이요, 바른 삶을 살도록
그리하라.
30 그리하려면 너희가 죄인이라는 것을
먼저 깨닫고 죄인으로서 살아가는 자
세가 과연 어떠하며, 네가 죄인으로서
그 죄를 면죄 받을 수 있는 믿음이요,
네가 살아가는 그 마음의 자세가 어떠

한지 돌이켜 보라.
31 내가 오죽하면 나의 법전에 기록하여 너희에게 전하였느냐?
32 너희가 이 세상 인간 세속에서 가장 사랑하는 사람의 마음보다 나를 더 사랑하는 마음으로 가졌을 때, 세상의 이치를 알며 성령이 너희 몸에 임할 수 있는 길이라는 그 무서운 가르침을 잠시도 잊어서는 아니 됨이니 그리 알라.

7,008 번째 하나님 말씀

2003년 8월 5일 23시 53분

1 사랑하는 나의 아들아!
2 "네, 아버님! 말씀하옵소서."
3 나의 피조물 만백성 그들이 가장 갈구하는 것이 무엇이더냐?
4 돈 있는 자, 그리고 권력 있는 자, 그리고 육의 세상에서 모든 행복의 극치를 누리고 사는 자, 그들 또한 마음 한 구석이 공허하며 허전한 마음을 지우지 못하고 살았을 것이니라.
5 그것이 바로 무엇인 줄 알겠는가?
6 저희는 구원의 길이요, 다음 세상의 역사하는 것을 느끼지 못하며 알지 못하고 살아가는 자들이기 때문이니라.
7 그러니 그 길을 알고 살아가는 자만이 공허함이 없거늘, 하늘의 이치요, 하늘의 뜻을 모르고 살아가는 백성, 그리고 잘못 가는 자, 헛된 길을 가는 자, 그들의 마음은 항상 공허하고 허전함이니라.
8 그것이 바로 무엇인 줄 알겠느냐?
9 진정한 참진리의 길을 가지 못하는 백성이기 때문이니라.
10 너를 따르는 제자들이요, 나의 법전을 읽고 깨우치고 정독한 자, 그들은 자신이 있으며 곡식이 알이 차듯이 마음 속에 하나하나 채워지는 뿌듯함을 알 것이며 당당한 모습을 알 것이며 살아가는 행복함을 알 것이니라.
11 그리고 어떠한 것이 부닥친다 해도 너의 제자들은 당황하지 아니할 것이며, 그 모두를 이기고 견디는 그와 같은 능력이 있음을 알아야 할 것이니라.
12 그것이 바로 무엇이더냐?
13 진정한 구원의 길을 가는 백성이요, 구원의 길을 가지 못하는 백성의 그 차이점이니라.
14 그러니 너희는 여기서 깨우치고 가야 할 것이니라.
15 너희가 그리 갈구하는 구원한다는 것은 무엇을 의미하는 것이며 구원이 무엇이란 말이더냐?
16 구원이라는 것은 죄를 짓지 않는 것이 구원의 길이며, 또 너희가 다시 태어나는 그 삶을 얻는 것이 바로 구원이 아니더냐?
17 너희는 죄를 짓지 아니하고 죄에서 벗어나는 삶을 사는 것이 일차적인 구원의 기초요, 근본이요, 구원의 길이라는 것을 절대로 잊어서는 아니 될 것이니라.
18 그러하니 너희는 바로 서라.
19 나에게 심판을 받았을 때 다시 한 번 죽어 가는 지옥으로 감이 아니요, 거듭나서 하늘에 오르는 그 삶의 연장이요, 새로운 생명을 연장받는 그와 같은 삶을 사는 그것이 바로 구원이 아

니더냐?
20 죄를 짓지 아니하며 죄에서 벗어나는
삶이요, 그리고 다시 거듭 태어나는
그것이 바로 구원의 근본이요, 기초가
아니더냐?
21 그러면서 이 세상에 가장 중요한 죄에
서 벗어나며 죄를 짓지 않고 살아야
하는 것이 구원의 근본이요, 기초요,
구원의 길이거늘,
22 그를 너희가 행하지 아니하며, 그대로
죄를 짓는 것은 두려운 것이 아니며,
죄가 아니며, 구원의 길과는 관계없다
그리 말하니,
23 가장 중요한 그 대목을 지금 잘못 가
르치고 있어 나의 피조물 만백성들이
여기서 쓰러짐이니, 이를 어찌하면 되
겠는가?
24 너희가 달려야 할 길이요, 쉬지 말고
두 주먹을 쥐고 땀을 흘려 달리고 달
려 그 역사를 해도 나에게 올까 말까
하는 그 멀고도 먼 길을,
25 그저 잠잠히 놀며 그저 흥청망청 인생
살이를 살면서 오는 것이 나에게 오는
길이요, 나에게 갈 수 있다고 그리 가
르치니,
26 천이면 천 명이 다 두 주먹을 쥐고 숨
도 쉬지 않다시피 하며 땀을 흘려 죽
을 힘을 다하여 끝까지 달려가는 것이
나에게 오르는 길이라 부르짖는 너희
말을 듣고 따를 자가 하나도 없는 것
이 오늘의 지금의 그와 같은 형국이니
라.
27 수천 년 동안 흘러오는 종교 집단이
요, 지도자들이 어렵고 힘든 그 길을
가는 것이 하늘에 오르는 길이 아니
요, 목숨을 다 바쳐 십계명을 지키며
율법을 지키고 사는 것이 하늘에 가는
길이 아니라 하여,
28 그를 지키지 아니하고 그저 흥청망청
인생을 즐겁게 살며, 그리고 죄를 지
었다 생각하면 너희 손으로 지은 그
죄의 온상에 와 기도하고 경배하는 것
으로 구원을 받는다고 가르침이니, 그
걸 싫다 할 나의 백성이 어디 있느냐?
29 그러니 그들이 그 길을 따라감이니라.
30 그리하여 나의 백성이 지옥으로 가는
것을 나 여호와가 더는 볼 수 없어, 지
금 나의 아들을 통하여 법전이라 하여
'하늘에 오르는 길'이요, '하나님! 말
씀하옵소서'라는 이 책을 만들어 너희
손에 책을 쥐여 주거늘,
31 이것 또한 십계명보다 더 어렵고 힘든
그 길을 가는 것을 내가 제시하고 가
르침이니, 그들이 과연 이것을 믿고
따르려 하겠느냐?
32 더 편하고 간단한 길을 놔두고 그들은
가지 않으니, 그것이 바로 지옥의 길
이라는 것을 너희는 알아야 할 것이
니라.
33 인간 세상에서 나라에서 내리는 그 관
직을 받으며 그 벼슬을 받으며 그와
같이 자리를 지켜 만백성을 다스리는
자리에 있는 사람도, 노력하고 공부하
며 남이 잠자고 쉴 때 그들은 밤을 새
워 공부하며 피를 흘리고 피를 토하는
그와 같은 노력 속에 젊음을 바쳤을
때 나라에서 내리는 관직이요, 직급을
받는 것이요,
34 그것도 노력한 만큼 얻지 못하며 그저
조금 얻어 인생을 살아갔을 때, 너희

자신을 후회하며 통곡하며, 또 그와
같이 이루지 못한 꿈을 가슴에 안고
살아가는 자들이 수없이 있음이니라.
35 노력하고 노력한 자도 제가 원하는 그
길을 가지 못하며 적게 얻은 것을 가
슴에 안고 통곡하며 사는 백성이 있
다 하였음이니,
36 너희가 놀며 주색잡기에 빠져 있으며,
그리고 책을 읽고 공부하는 것을 소홀
히 하는 자가 과연 그 관직을 받을 수
있으며 그 명예직을 얻을 수 있더냐?
37 그와 마찬가지거늘, 하늘에 오르는 것
은 그보다도 더 어렵고 힘든 길을 마
다하지 않고 넘고 넘었을 때 바로 그
와 같은 구원의 길에 오를 수 있거늘,
38 내가 너희에게 그 구원의 길에 오는
근본이요, 기본인 율법이요, 십계명을
너희에게 지키고 그대로 살다 나에게
오르라 하였음이니,
39 너희는 그것이 힘들고 어렵다 하여 그
를 지킬 수 없다는 그 단 한마디로 일
축시키는 자들 앞에 재물을 바치며,
너희를 지옥으로 인도하는 자들에게
감사하다 하며 매일 경배하고 그들에
게 바치고 사는 그와 같은 어리석은
삶을 사느니라.
40 그러나 정녕 나의 아들이 지금 나의
법전을 기록하여 전하는 것이 사탄이
요, 사악한 자가 전하는 길이라면, 어
찌하여 너희에게 더 재미있는 것, 더
즐거운 일을 가르치지 않고 이렇게
어렵고 힘든 길을 가라 내가 명한단
말이더냐?
41 이것을 보고도 너희가 나의 아들을
통하여 내리는 나의 법전이 정녕 나의
성령이요, 만백성을 구하기 위해 나의
성령을 가슴에 심어 나의 아들을 통하
여 내가 너희에게 이리 일깨워 주고
자 이 어렵고 힘든 길을 가라 한단 말
이던가?
42 사탄들이 말하기를, 내가 친필로 쓴
십계명을 인간이라 지킬 수 없으며 그
저 대충 살다 죄를 빌고 재물을 바쳐
용서를 빌면 구원을 받는다는 그 방법
보다 더 쉬운 방법으로 내가 가르치고
깨우쳐 주며,
43 내가 사탄이라 하면, 지금 나의 아들
이 기록하여 전하는 것이 사탄의 뜻이
요, 사탄의 말이라면, 더 편하고 더 쉬
운 말로써 너희를 가르칠 것이니라.
44 살인을 해도 죄가 되지 아니하며 어떠
한 형태라도 죄가 되지 아니한다 내가
그리 가르칠 것이 아니던가?
45 그러나 내가 너희에게 족쇄를 채워
주며, 좁은 문을 제시하며, 어렵고 힘
든 그 길을 가라 강조하는 나 여호와
의 뜻을 너희는 알겠느냐?
46 너희는 내가 친필로 쓴 십계명을 지킬
수 없으며 지키고 살 수 없다고 그리
말하면서, 너희가 지금 어디까지 와
있는지 알겠는가?
47 너희의 오만함이요, 그 자만함이요,
그 사악함이 이제는 하늘을 능가하려
고 그리 하는 자들이니라.
48 너희가 뭐라 말하느냐?
49 나 여호와요, 나의 아들 예수는 큰 사
랑을 베푸는 자이기에, 너희가 아무리
사악한 짓을 하고 악독한 짓을 해도
내가 다 용서해 주니 죄가 안 된다고
그리 말함이니, 그게 바로 너희가 지

금 사탄의 극치에 달한 것이 아니더냐?
50 나의 아들이 그와 같이 너희에게 말
을 한다면 나의 아들은 사탄이요, 나
의 법전은 지옥 불로 가는 안내서가
될 것이니라.
51 그러나 지금 수천 년 동안 흘러오면서
나의 아들이 생명까지 바쳐 그 고통스
러운 길을 갔으며,
52 그 고통스러워하는 것을 외면한 나 여
호와의 가슴 찢어지는 그 아픔의 결과
가 무엇이더냐?
53 나는 큰 사랑이요, 나의 아들 예수는
큰 사랑을 베푸는 사람이니, 그 앞에
아주 악독한 짓 아무리 사악한 짓을
해도 너희는 용서받을 수 있다고 가
르치니, 이것이 사탄의 극치에 온 것
이며,
54 나의 아들이 법전을 통하여 기록하는
것은 절대 그것이 아니 되며, 베푸는
자에게 은혜를 갚고 감사하며 경배하
는 마음으로써 다스려 살아가며, 그와
같은 사람의 뜻을 따라 살아가는 것이
너희가 하늘에 오르는 길이라 진리를
가르쳐 주거늘,
55 이를 역으로 가르치는 것이 너희들이
니, 이를 어찌해야 한단 말인가?
56 내가 오죽하면 나의 법전이요, 나의
아들을 통하여 너희에게 전하였느냐?
57 친구가 너를 사랑하기 때문에 친구 것
을 도둑질하며 친구의 모든 가정을 파
괴하는 짓을 해도 너희는 죄가 안 된
다고 말하는 자와 같음이니라.
58 연인 사이도 마찬가지니라.
59 한 여인이 남자를 사랑하니, 그 남자
가 아무리 흉악한 짓을 해도 그건 그
에게 부끄럼이 아니요, 그를 용서받을
수 있는 것이라 그리 말함이니라.
60 또한, 여인도 그와 같은 생각을 하고
살 수 있다고 가르치는 것이 너희니,
61 이를 보고도 지금 가는 종교 집단이
썩고 황폐한 것이요, 사탄의 자식이라
생각할 수 있는 지혜가 없단 말이더냐?
62 너희는 그저 무조건 나 여호와는 큰
사랑이요, 나의 아들 예수는 너희에게
그저 사랑으로 베푸는 자요, 큰 사랑
을 베푸니,
63 두 부자는 그저 멍청하게 바보스럽게
너희가 짓는 죄를 다 용서해 주는 그
와 같은 관용을 가진 자이니, 죄를 지
어도 된다, 죄를 지어도 된다고 그리
가르침이니라.
64 나의 법전이 그리 가르친다면 이것은
사악한 자요, 사탄의 자식이 하는 짓
이니라.
65 그러니 누가 사탄의 자식이고 악마의
자식인가 너희가 이제는 나의 법전을
읽고 이 뜻을 알면 깨우침을 얻을 것
이니, 이를 읽으라.
66 이를 읽지 아니하면 이 대목을 볼 수
없으니 이 구절을 볼 수 없음이니, 너
희가 나 여호와의 뜻이요, 이 이치를
어찌 안단 말이더냐?
67 그래서 법전을 가슴에 안고 정독하는
자, 하늘에 오르는 길을 볼 수 있으며
반석 위에 올라서며, 심판을 받을 자
격이 있다는 나의 애절한 이 마음을
너희는 알아야 할 것이니라.

7,009 번째 하나님 말씀

2003년 8월 6일 0시 26분

1 사랑하는 나의 아들아!
2 "네, 아버님! 말씀하옵소서."
3 인간 세속의 세상사에 살아가면서 인
간과 인간의 관계가 이루어지는 그 생
활 속에서, 너희가 어떠한 일을 이루
고자 하며 무엇을 이루고자 할 때, 그
관계된 자들에게 또는 너희가 남보다
먼저 가고 먼저 이루고자 하여 주고받
는 것이 무엇이더냐?
4 너희 자신의 일을 위하여 너희가 이
루고자 하는 그 역사를 위하여 주고받
는 것이 있으니, 그것은 인간 세상에
서 너희가 뒤로 주고 뒤로 받는 것이
니 뇌물이라 하지 않는가?
5 뇌물을 받는 자, 뇌물을 바치는 자, 그
와 같은 자들은 결국은 그 대가를 치
르고 또 받음이니, 그 대가는 인간 세
상에서 죄로써 그를 다스리며,
6 그와 같은 자, 죄인으로서 죄의 대가
만큼 시련을 받으며, 인간으로부터 제
재를 받는 것이 아니던가?
7 그것이 바로 남에게 피해를 주며 너희
가 무엇인가를 먼저 이루고 취하고자
부정한 방법으로 주고받는 것이 뇌물
이라 그리 말하느니라.
8 지금의 종교 집단은 과연 어찌하고 있
는가?
9 나에게 오르는 길이요, 나의 아들 예
수로부터 구원을 받는 그 길이요, 하
늘에 오르는 그 길이라 하며, 너희를
깨우쳐 하늘에 오르는 길로 인도한다
하여,
10 나에게 바치며 하늘에 바친다 하여 지
금 거둬들이고 받아들이는 것이 바로
무엇이던가?
11 너희는 그와 같은 말로 하여 재물을
나의 백성으로부터 거둬들이는 것이
니라.
12 그러니 종교 지도자들을 뇌물을 주고
받는 자들이라 내가 너희에게 말한다
면, 너희는 정녕 뇌물을 거래하는 자
가 아니요, 뇌물을 주고받는 자가 아
니라 그리 말할 것이니라.
13 그러나 너희는 뇌물을 거래하는 자들
이니라.
14 그리고 너희는 우리 부자의 이름을 팔
아 우리 부자의 이름 앞에 구원을 받
는다, 열배 백배 더 복을 받게 해 준
다, 축복을 받는다 하며 지금 거둬들
이고 받는 것이 무엇이더냐?
15 뇌물을 받아들이고 있음이니라.
16 그리고 구원의 길이요, 구원을 받겠다
하여 너희가 바치는 각종 헌금이요,
십일조요, 그와 같은 모든 것은 뇌물
로써 바치는 자들의 행위임을 너희는
알아야 할 것이니라.
17 그리하여 너희는 각종 헌금이요, 그
모두를 지금 교회다 바치며 구원을 받
고자 하는 것이니,
18 뇌물을 주고받으며 구원을 사고파는
그와 같은 행위를 하고 있음이니,
19 거둬들이는 자도 범죄자요, 또한 구원
을 받겠다 하여 각종 헌금이요, 재물
을 바치는 그 자체가 뇌물을 준 범죄
자로서 그 죄를 가슴에 안는다는 것을
잊지 말라.
20 너희는 뇌물을 받지 아니하면 지금

가진 그 교회요, 성전이요, 회당을 운
영할 수 없는 그와 같은 형국이 이루
어졌음이니,
21 너희가 그를 운영하기 위하여 뇌물을
받고 사는 것이 종교 집단 지도자이니
라.
22 그러니 너희는 뇌물을 바친 자가 세
상에서 저주받는 자요, 남으로부터 손
가락질 받는 자요, 인간의 도리를 하
지 못하는 그와 같은 사악한 자라 해
도, 그들이 너에게 많은 뇌물을 바쳤
을 때 그 뇌물의 양에 따라서 그 사람
을 어찌 만들고 어찌 평가하는가?
23 뇌물을 많이 바치는 자는 아무리 악한
자요, 사악한 자라 해도 너희가 그를
의인으로 만들며 명예로운 자로 만들
며, 이 세상에 다시없는 천사와 같은
자로 둔갑시켜 세상에 내놓는 것이 종
교 지도자 너희니,
24 과연 너희 세상에서 이와 같은 사악
한 일이 이루어진다 하면 너희는 아
니라 고개를 흔들 것이며,
25 나를 향하여 이처럼 말을 하는 자는
사탄이요, 악마요, 그리고 이 말을 받
아 전하는 자는 사탄의 자식이요, 사
악한 자요, 마지막 시대에 오는 거짓
선지자라 그리 말을 할 것이며, 나를
욕되게 너희가 그리할 것이니라.
26 그러나 너희가 과연 그와 같은 형국
으로써 지금 흘러가고 이루어지지 않
는가?
27 모든 종교 집단이요, 지도자들은 어떠
한 뇌물을 그득히 바치는 자, 뇌물을
갖다 많이 그 교회라는 곳에 내는 자
는 어떠한 방법이든 너희가 수단과
방법을 가리지 아니하고 그를 의인으
로 만드는 자들이 너희니라.
28 그러나 진정한 종교 지도자라 하면 아
무리 뇌물을 많이 바치는 자라 해도,
그가 나 여호와의 뜻에 살지 아니하며
믿음에 의해 살지 아니하며, 인간 세
상에서 바로 살지 못하는 자, 그와 같
은 자를 단죄하고 가르치는 것이 종교
지도자가 할 일이거늘,
29 너희는 더군다나 뇌물을 받고 그를 의
인으로 만듦이니, 너희가 그저 말하는
것은 '옳소, 믿습니다.' 하며 맹종하고
따라가는 그와 같은 백성 앞에 사기
꾼이요, 도둑놈이요, 간악한 자를 뇌
물을 받아먹고 의인으로 만들어 그 이
름을 앞에다 기록하여 불러 대고 찬양
하고 기도함이니,
30 그들은 그러려니 그리 믿고 가는 것이
그 백성이니라.
31 오늘날 이루어지는 그 죄의 온상인 교
회라는 곳이 그와 같이 이루어지고 있
음이니, 너희는 과연 이게 아니라 나
에게 말할 수 있단 말이던가?
32 너희는 나에게 거부할 자신이 없으며
너희 자신이 이것이 잘못되었다 말할
수 없을 것이니라.
33 다만, 너희가 뼈저리게 잘못된 걸 알
며 부끄러운 줄 알며, 너희가 죄짓고
사는 것을 아는 종교 지도자들이,
34 이것이 세상에 드러나며 그 신도들이
이를 알아 너희에게 그를 돌려달라
말하며 너희를 단죄할 것이 두려워,
너희는 절대 아니며 그와 같은 일은
없다 하며,
35 사탄의 자식이 그와 같은 말을 한다고

되려 뒤집어씌울 것이며 돌팔매질하
여 그를 짓이기고자 하는 것이 너희일
것이니라.
36 교회라는 죄의 온상은 지금 뇌물이 만
연된 곳이니라.
37 신도와 종교 지도자 간에 서로 그 뇌
물로 구원을 받고 하늘에 오르고 못
오르는 그 길을 위해서 거래함이니,
38 그리하여 뇌물이 거기서부터 성행하
여 나의 피조물 만백성이 이와 같이
뇌물에 젖어 있는 오늘과 같이 죄의
온상이 바로 너희라는 것을 잊지 말라.
39 너희는 입만 열면 뇌물을 바치라고 그
리 가르치느니라.
40 그저 단상에 설교하고 강론하며 결국
하는 말은 무엇이냐?
41 뇌물을 많이 바치라, 뇌물을 많이 바
치는 자는 천국에 간다고 그리함이니,
42 뇌물은 뒷거래로 주고받는 것이요, 인
간 세상에서도 뇌물을 주고받으면 그
대가를 치르며 벌로써 다스린다 하였
거늘,
43 종교 지도자들이 그 뇌물을 많이 바치
라, 그리고 빨리 바치라며 그 바치는
방법을 가르치는 것이 오늘의 종교 집
단이 가는 길이니,
44 이 모든 것을 거둬들일 때 나에게 복
을 받는다, 나로부터 열배 백배 은혜
를 받는다 하여 그들로 하여금 뇌물
을 거둬들이는 그와 같은 행위를 하
고 있는 것이 지금 너희가 가고 있는
길이 아니던가?
45 나 여호와로부터 열배 백배 받고자
헌물을 하고 헌금을 하며 바치는 자들
이 바로 뇌물을 거래하는 자들이요,
기복신앙의 대표자들이니라.
46 너희의 왕국이라는 것이 죄의 온상이
요, 욕심이라는 그 뿌리가 거기에 들
어 있으며, 욕심이라는 뿌리를 보지
못하여 그와 같이 너희가 뇌물을 주
고받는 형국으로 살고 있음이니라.
47 모든 나의 백성이 뇌물을 거래하는
방법이 교회라는 곳, 거기에서부터 시
작되었음을 너희는 알아야 할 것이니
라.
48 너희야말로 지금 교회라는 곳이 뇌물
의 거래요, 뇌물 거래처요, 원산지요,
본부라는 것을 알라.
49 너희가 무엇을 이루고자 하여 나에게
오르고자 하여 종교 지도자에게 헌금
이요, 모두를 바치는 것은 너희가 뇌
물을 바치는 자들이요, 그리고 그를
거둬들이는 자는 뇌물을 거둬들이는
자이니라.
50 그리고 모든 종교 집단 지도자들은 그
저 단상에서 기회만 있으면 뇌물을 바
치도록 하고, 뇌물을 가져오라, 뇌물
을 많이 바친 자는 하늘에 오른다 함
이니,
51 너희는 여기서 알아야 할 것이니라.
52 부정한 거래는 인간 세속에서도 벌로
써 대가를 받거늘, 뇌물을 많이 바치
는 자는 그것이 바로 무거운 죄라는
것을 잊어서는 아니 될 것이니라.
53 내가 너희에게 무엇을 거둬들이는 자,
그리고 바치는 자는 똑같은 죄인이라
한 그 의미를 알겠는가?
54 그리하여 오늘의 잘못되어 있는 종교
집단이요, 그 관행을 내가 법전에 기
록하여 너희에게 전함을 알아야 할

것이니라.
55 서로 목적이 있고 소원하는 것이 있고 얻고자 하는 것을 주고받는다면 그것은 거래이니라.
56 그리고 너희는 이룰 수 없는 것, 그리고 더 많이 받고자 더 영광을 얻고자 하늘에 오르고자 남들보다 높이 가고자, 남들보다 먼저 가고자 하여, 그리고 확실한 구원을 얻기 위해 잘못된 그 사악한 종교 지도자들에게 바치는 것은 뇌물이요,
57 그 거둬들이는 것 또한 우리 부자의 이름을 팔고 거둬들이며 뇌물을 거래하는 자들이니라.
58 그러니 내가 뇌물이라 명한 이 뜻을 깊이 깨우쳐, 너희는 뇌물을 바치는 죄인이 되지 말도록 그리하라.

7,010 번째 하나님 말씀

2003년 8월 6일 06시 25분

1 사랑하는 나의 아들아!
2 "네, 아버님! 말씀하옵소서."
3 네가 오늘의 힘들고 어려운 이 길이라 해도 이 길이 만백성을 구하는 길이며,
4 오늘날 몇천 년 동안 흘러오는 그동안에 나의 사랑하는 백성이 잘못 낀 단추를 바로 끼는 그 역사를 지금 네가 이루고 있음이니라.
5 네가 지금 나의 뜻을 받아 나의 법전이요, 나의 성령을 세상에 전하지 아니하면 이를 바로잡을 길이 없음이니라.
6 일일이 한 사람 한 사람 말로써 전할 수가 없으며, 만나는 사람마다 네가 지금 입은 그 옷이 첫단추를 잘못 끼웠다 하여 그를 고치라 한들 너희가 죽을 때까지 과연 몇 명이나 하겠느냐?
7 그리해서는 그들을 깨우칠 수가 없음이니라.
8 그리하여 내가 너희를 대신하여 또 지도자들을 대신하여 나의 법전을 세상에 내보냄이니,
9 나의 법전이 하얗게 눈이 내려 세상을 덮듯이 다 덮었을 때, 그와 같이 이 역사의 변화가 이루어짐이니라.
10 정녕 내가 너에게 일깨워 주며 나의 법전에 기록한 그 내용을 너의 제자들은 읽어서 알 것이며,
11 만백성이 이를 읽고 깨우쳤을 때 하늘의 뜻을 알 것이며 그들이 진정 하늘에 오르는 길이 무엇이며 구원이 무엇이라는 것을 알게 될 것이니라.
12 그들의 굳어진 그 마음을 너희가 몇 시간 만나 강론하고 무엇을 깨우친다 해서 그들의 마음이 잡힐 것이 아니니라.
13 그들이 법전을 읽고 마음의 설렘을 얻을 것이며, 그리고 그 법전을 그들이 읽고 두려움을 알 것이며, 그리하여 한 권 두 권 법전을 읽기 시작하는 그와 같은 변화가 이루어진다면 그들은 바로 설 수밖에 없는 것이니라.
14 모든 나의 피조물 만백성이 나의 법전의 뚜껑을 열지 아니하기 때문이니라.
15 그들이 한 권이라는 나의 법전을 정독하고 깨우쳤을 때 그들의 마음은 열리게 될 것이며, 세상의 이치를 알게 될 것이며 구원의 길이 무엇이며 구원의 역사가 무엇인가를 알게 됨이니라.

16 그러니 나의 법전 한 권을 읽는 것이 소중함이니라.
17 그리하여 내가 160권이라는 대장정의 법전을 세상에 만들어 냄이니, 이게 바로 너희가 말하는 성령으로써 기록된, 내가 이 세상에 내보내는 나의 뜻임을 알아야 할 것이니라.
18 구약의 시대에는 모세가 이루었던 것을 기록하여 전하며, 신약은 나의 아들 예수가 역사했던 것을 기록하며, 지금은 직접 내가 나의 성령을 내려보내 나의 뜻을 세상에 전함이니라.
19 이 모두는 너희가 지금까지 삶에서 바로 다스려지고 바로 역사했더라면 오늘의 이와 같은 형국은 있지 아니할 것이니라.
20 그러나 사악한 인간이요, 너희 조상의 뿌리가 나의 아들 예수를 죽게 했듯이, 그 사악한 뿌리들이 오늘에 흘러오면서 나의 성령이요, 내 뜻을 전하는 이 성령을 그들이 가감하여 만들었으며, 그로 인하여 종교 지도자들이 그를 깨닫지 못하는 것이니라.
21 그리하여 내가 그를 바로잡고자 지금 나의 성령을 내가 직접 써 내려보내니, 이것으로써 대변화의 역사가 이루어지는 것이며, 모든 지난날의 그 시대에서 새로운 시대가 열어지는 것임을 너희는 알아야 할 것이니라.
22 지금 나의 아들 또한 너를 따르는 그 제자들이 비록 지금은 나약하고 보잘것없는 것 같으나,
23 너희가 나의 뜻을 듣고 깨우쳐 오늘의 변하는 삶으로 인하여 너희가 역사하는 것은 장대함을 알게 될 것이니라.
24 끝이 보이지 않는 그 파란 바다의 물결처럼, 너희가 오늘의 법전을 만들어 전하고 역사하는 것이 그보다도 더 위대한 힘으로써 그보다도 더 고요하게 그보다도 더 찬란하게 그 모든 역사는 이루어질 것이니,
25 두려워하지 말고 오로지 나의 법전을 만들어 내가 명하는 대로 세상에 전하는 일에 최선을 다하라.
26 오로지 너희가 마음 하나 비우면, 그리고 너희가 모든 나의 성령이요, 십계명이요, 그 뜻대로 살아간다면 모든 역사하는 것을 너희가 볼 수 있다 하지 아니하였더냐?
27 내가 너희가 살아서 역사함을 보며, 그리하여 너희가 변화의 마음을 이루게 되며 네 마음이 굳어짐이니, 순교자의 마음으로 너희가 변하여 나에게 오를 수 있다 하였음이니라.
28 그러니 너희는 이와 같은 바른 생활을 가도록 그리하라.
29 그리고 지금 가는 것이 사탄이요, 이단이요, 그리고 잘못된 종교 집단이라 나의 아들이 잘못된 것이라 말하지 말라.
30 너희가 모든 죄를 짓고 잘못하는 것은 나의 큰사랑이요, 나의 아들의 큰사랑이요, 그리고 나의 아들의 보혈로써 그 죄를 다 용서받는다 말하지 아니하였더냐?
31 그러니 너희가 무엇이 두려워 겁을 먹는가?
32 너희가 믿음으로써 말하는 것, 종교 집단이 지금 행하는 행위로 바로 그와 같은 역사를 이룬다 하면 무엇이 두렵

겠느냐?
33 그러니 너희의 마음자리를 바로잡도
록 하라.
34 너희 마음이 흔들리며 동요가 있어서
는 아무것도 이룰 수 없음이니라.
35 나의 아들을 따르는 선택된 백성 너희
의 마음자리가 가장 중요함을 이제 잊
어서는 아니 될 것이니 그리 알라.

7,011 번째 하나님 말씀

2003년 8월 6일 06시 35분

1 사랑하는 나의 아들아!
2 "네, 아버님! 말씀하옵소서."
3 새로운 지도자요, 새로운 역사를 이루
며 내가 깨달음을 가진 내 백성을 세
상에 내보내 역사하는 것은 바로 무엇
이던가?
4 몇천 년 동안 흘러오면서 새로운 지도
자로 임하여 세상에 내보내 너희를
다스리고 이끄는 그와 같은 변화되는
세월 속에 지금까지 흘러왔음이니, 그
것은 왜 그리되었는지 알겠는가?
5 지금의 너희 조상으로부터 믿음의 길
을 간다는 백성, 그리고 지금 살아가
는 백성, 그리고 율법에 의해 살아간
다 했던 너희 조상인 대제사장이요,
종교 지도자들이 잘못 갔기 때문에,
신약의 시대가 이루어져 나의 아들 예
수가 보내진 것처럼,
6 너희 또한 오늘의 2천 년 동안 믿음을
오는 그 지도자들이 잘못 가고 있으
며 잘못 가르치기에 새로운 시대가
열어져 가는 이와 같은 어렵고 힘든
역사가 반복되고 있음을 너희는 알아
야 할 것이니라.
7 새로운 지도자를 너희에게 보내는 것
은 너희를 깨닫게 하는 역사의 변화를
시행하고자 하는 것이며, 너희에게 참
진리를 가르쳐 주고자 그와 같은 역사
를 이루나,
8 너희는 새로 명한 지도자요, 나의 뜻
을 받아 세상에 내려온 참진리를 가지
고 온, 구원의 생명이 될 수 있으며 목
자요, 인도자가 될 수 있는 자를 보내
기만 하면 돌로 치고 그를 핍박하여
죽게 만드는 것이며, 그가 뜻을 이루
지 못하도록 하는 것이 지금 너희가
하고 있는 오늘의 삶이요, 생활이 아
니던가?
9 모든 종교 집단이요, 지도자들이 한마
음이 되어 새로운 지도자를 내려보냈
을 때, 그를 받아들이려 하지 아니하
며 그를 인정하지 아니하며 그를 따르
려 하지 아니하는 것이니,
10 너희 것만이 참진리요, 나에게 오르는
길이라는 그 어리석은 자만 때문에 그
와 같이 되어 있음을 알라.
11 내가 나의 아들 예수를 직접 보내어
너희에게 그와 같은 사랑의 뜻이요,
너희가 갈 수 있는 길, 그리고 구원을
받는 그 길을 그리 외치고 너희를 위
하여 무엇인가를 전하고자 몸부림쳤
거늘,
12 어찌하여 나의 아들을 십자가에 못 박
혀 죽게 했는가?
13 또한, 나의 아들이 지금 나의 성령을
받아 나의 법전을 만들며 새로운 성경
을 세상에 내려보내니, 너희는 이를
돌로 쳐 죽이고자 하는 그와 같은 행

태가 또 이루어질 것이며, 그와 같은
짓을 하고 있는 것이 너희니라.
14 너희가 바로 이단이요, 사탄이요, 사
악한 자가 만든 것이라 하며 마지막
시대의 거짓 선지자가 세상을 혼란하
게 하기 위해 역사한다는 그 말이 돌
로 치는 것보다도 더한 것이며, 죽음
으로 몰고 가는 것보다 더 무서운 자
들이니라.
15 그는 나의 사랑하는 백성이 하늘에
오르는 그 참진리요, 아름다움을 볼
수 있는 것을 너희가 막고 있기 때문
이요,
16 참진리가 세상에 내려와 광명의 세상
을 만드는 것을 그 빛을 막으며 암흑
의 세상으로 계속 지탱하도록 그와 같
이 이끌어 가는 것이 너희이니라.
17 나의 법전이 이 세상에 내려오는 그
이유를 깊이 깨우쳐야 할 것이니라.
18 너희가 바로 가고 바로 가르쳤더라면
이는 절대로 내려오지 아니하며, 새
역사요, 새 시대는 이루어지지 아니하
였을 것이니라.
19 너희가 잘못 가고 잘못했기에, 그리고
내가 하늘에서 이루어진 것같이 이
지상에 낙원의 동산을 이루고자 하는
것을 너희가 이루지 못했으며 그 역
사를 하지 못하였기 때문에,
20 내가 지금 나의 법전을 내려 너희가
잘못 가는 것을 바로잡고자 하는 것이
나의 뜻임을 알아야 할 것이니라.
21 너희가 잘못 가고 잘못되었기 때문이
요, 너희가 바로 서서 하늘에서 이루
어진 것같이 지상에 낙원을 이루는
그와 같은 백성으로 되었더라면, 그와
같은 집단이 되었더라면, 그리고 수천
수만 가지로 종교 집단이라 하여 갈
라지고 찢어지고 헤쳐진 오늘의 이와
같은 형국으로 이루어지지 아니하였
다면,
22 나의 백성 너희의 마음을 하나로 모
아 하나의 뜻을 가며 하나의 길을 역
사할 때 너희는 위대한 힘을 발휘한
다 하였음이니라.
23 너희는 찢어지고 찢어져 그저 모임이
아니요, 분산을 위해 오늘과 같이 살
아왔음이니, 그것이 다 너희 욕심이니
라.
24 제가 위대한 자요, 저만이 목자요, 저
만이 하늘로부터 명을 받은 자라는 그
오만한 생각 때문에 각자가 지금 분산
되어 이 형국이 이루어졌음을 너희는
알아야 할 것이니라.
25 이제 나의 법전을 읽고 깨우친 백성이
요, 나의 아들을 따르는 백성 너희는
조금 더 인내하고 기다리며 노력하라.
26 그리하면 곧 광야로 나갈 때가 있음
이니라.
27 광야에서 쓰이고자 오늘의 준비된 나
의 백성이라는 것을 절대 잊어서는
아니 될 것이니라.
28 머지않아 광야의 삶을 시작할 것이니
라.
29 그리하여 고달프고 힘든 그 삶 속에서
나의 피조물 만백성을 이끌어 가는 그
역사 하나만을 위해서 오로지 살아가
는 그 날이요, 그를 위해 나로부터 선
택된 백성이라는 것을 절대 잊지 말
라, 사랑하는 나의 아들딸들아!

7,012 번째 하나님 말씀

2003년 8월 6일 10시 55분

1 사랑하는 나의 아들아!
2 "네, 아버님! 말씀하옵소서."
3 가진 자, 부귀영화가 있는 자가 나의
아들 예수를 따른다 하니, 그 모두를
다 포기하고 다 버려두고 나를 따를
수 있으면 따르라고 그리 말하였음이
니라.
4 그것은 인간 세상에 얽히고설킨 그
마음을 다스리지 못한다면 진정한 그
믿음의 길을 갈 수 없기에 그와 같이
말을 한 것이 아닌가?
5 지금 수천 년 동안 흘러온 종교 집단
이요, 지도자요, 그들이 지금 흘러온
그 삶이 잘못 흘러왔음이니라.
6 그리하여 그들이 그 모두를 다 버리고
다시 태어나는 거듭나는 삶을 살지 아
니하면 이 세상에 열 발짝마다 지어
놓은 그 교회라는 속물 같은 그 죄의
온상이 계속 늘어날 것이며, 이 세상
을 다 덮을 것이니라.
7 너희는 한번 생각해 보라.
8 지금 너희가 사는 동양의 작은 그 나
라 하나를 보라.
9 교회라는 것이요, 나의 성전이라 하여
짓는 것이 우후죽순처럼 지금 늘어나
고 있지 않던가?
10 이것이 백 년도 안 되는 역사 속에서
지금 이 세상에 어떠한 곳보다도 가장
많은 십자가를 내걸고, 그곳이 나의
성전이요, 나의 집이라 그리도 울부짖
는 곳이 지금 얼마나 퍼져 있는가?
11 그것이 천 년 2천 년의 세월이 흘러갈
때 이 지상이 무엇으로 이루어지겠느
냐?
12 오로지 서로 물고 뜯는 그 교회만이
이루어짐이니, 거기에서 물고 뜯으며
악과 악으로써 변화될 것이 당연한 것
이 아니더냐?
13 그들이 그것을 다 버려야 함이니라.
14 내가 나의 아들 예수를 세상에 내보내
그를 통하여 부르짖은 것이 무엇이더
냐?
15 성전을 짓지 말라 하였으며, 그를 헐
라 하였음이니라.
16 그것은 나 여호와의 뜻이 아니라 그리
말하였음이니, 그를 허는 것은 무엇이
더냐?
17 나의 아들 예수가 그들이 지은 교회
요, 성전을 헐라 한 것은 무엇을 의미
하느냐?
18 모두 잘못되었으며, 그 모든 것을 포
기하고 다 저버리고 나의 아들 예수를
따르라, 그랬을 때만이 나를 볼 수 있
으며 구원을 받을 수 있으며 하늘에
오를 수 있는 것이라 그리 가르치고
부르짖었음이니,
19 그리 부르짖으므로 같은 동족이 그를
죽게 하였으며, 그를 사악한 방법으로
써 가장 악독한 방법으로써 나의 아들
을 그리 처참히 죽게 한 그 원인이 바
로 거기에 있지 않은가?
20 너희가 관리하고 지배하는 그 교회요,
성전이요, 성막을 다 헐라, 그것은 내
아버지의 뜻이 아니요,
21 내 아버지가 너희에게 교회를 지으며
성전을 지으라 하는 것은 각자의 마음
속에 깨달음이요, 마음속에 교회를 짓

고 성전을 지으라 함이지,
22 너희가 인간 세상에서 성전을 지으라
함이 아니라 그리 가르침이니라.
23 그리하여 너희가 독침보다도 더 독한
방법으로써 나의 아들을 그리 죽게 하
지 않았는가?
24 그리하여 그 후손들이 흘러온 세월이
지금 바로 무엇이더냐?
25 예수가 교회를 짓지 말며 성전을 짓지
말라 명했을 때 짓지 않았다면, 지금
열 발짝 사이에 그 교회라는 것이 생
기지 아니하였을 것이니라.
26 동양의 작은 이 나라는 나 여호와의
뜻이 들어온 것이 백 년도 안 되고 믿
음이라는 것을 안 것이 백 년 세월밖
에 되지 않는데, 동양의 이 작은 강산
을 지금 얼마나 상처투성이로 만들어
놓았는가?
27 그 교회를 하나 지음으로써 내가 너희
에게 살며 관리하라는 지상에 상처를
입히는 것이며, 내 발등에 상처를 만
든다는 것을 너희는 잊지 말라.
28 나의 아들이 지금 너희에게 교회를
짓지 말라는 그 뜻을 받아들여, 너희
손으로 그 교회를 짓지 아니하고 그
모든 물자와 재원을 가지고 나의 피조
물 만백성에게 하늘에 오르는 길이라
하여 물이 흐르듯이 가르쳤더라면,
29 지금 얼마나 많은 백성이 진실한 기
도요, 진리의 길을 알며 하늘에 오고
자 하는 그와 같은 백성이 이 세상에
존재하겠는가?
30 그러나 나의 아들 예수가 짓지 말라는
교회를 너희 손으로 지음으로 인하여
오늘과 같이 험악한 세상이 되었음이
니라.
31 그리하여 지금 이와 같이 종말이요,
말세의 시대가 된 것을 너희는 알겠
는가?
32 바로 그와 같이 교회를 지은 그 후손
들이 나의 아들 예수가 헐라는 교회
요, 짓지 말라는 그 뜻을 거역하고, 이
제는 열 발짝마다 하나씩 짓는 그와
같은 형국이 벌어짐이니, 천 년 2천
년 후에는 어떠한 형국이 이루어지겠
느냐?
33 지금도 서로 물고 뜯으며 나의 백성을
유혹하기에 갖은 수단과 방법을 가리
지 않는 너희가, 천 년 2천 년 후에는
이 동양의 작은 나라에 얼마나 많은
십자가가 세상을 덮겠는가?
34 십자가는 나의 아들의 죽음의 표시니,
너희가 밤마다 십자가에 불을 켜 하늘
을 밝히는 것은 죽음을 상징하는 것이
며, 무덤을 상징하는 것이라는 것을
잊지 말라.
35 너희가 십자가를 밤마다 불을 켜 놓는
것은 지금도 하늘에서 내려다보면 공
동묘지의 십자가요, 말하자면 죽음의
세상과 같은 형국이 되어 있음이니라.
36 내가 보는 종교 집단이요, 교회라는
것은 죽음의 무덤이니라.
37 거기에는 나의 진리를 위해서 가는 것
이 아니요,
38 나의 뜻을 거역하는 것이요, 사악한
사탄의 자식이요, 사탄의 백성이 모여
지옥으로 가는 길을 안내하며 그를 가
르치는 것이 그곳이니,
39 그게 바로 육은 살아 있어도 죽은 자
들이 모여 있으니 그게 무덤이니라.

40 그러니 지금보다 천 년 후에는 과연
얼마나 무서운 속도로 이 세상을 무덤
으로 만들며, 나의 아름다운 세상을
공동묘지로 만들겠는가?
41 내가 하늘에서 내려다보는 동양의 작
은 나라는 밤마다 십자가를 비추고
있으니,
42 공동묘지를 만드는 그와 같은 형국이
며, 지금도 공동묘지가 되어 있음이니
라.
43 그러니 백 년밖에 안 되어 아름다운
동양의 작은 나라를 공동묘지로 만들
었으니, 천 년의 역사가 흐르고 나서
과연 어찌 되겠는가?
44 하나도 교회요, 둘도 교회니, 그와 같
이 십자가를 만들어 하늘에 불을 밝히
니, 이 동양의 작은 나라가 공동묘지
로써 완전히 변화되는 것이니라.
45 백 년도 되지 아니한 지금 내가 하늘
에서 내려보는 아름다운 동양의 작은
나라요, 내가 선택한 이 땅이 공동묘
지처럼 변해 있음이니, 천 년 후에는
얼마나 무섭게 변하겠는가?
46 내가 그를 그리 놔두지 아니하며, 그
와 같이 역사하도록 더 이상 묵과하
지 아니할 것이니라.
47 그리하여 내가 지금 나의 법전을 통하
여 만백성을 구하고자 이 세상에 내가
나의 뜻을 내려보냄이니라.
48 그러니 너희가 교회를 짓는 것은 너
희 조상부터 나의 아들 예수가 나의
뜻을 전하는 것을 거역하였으며, 나의
뜻을 거역하는 것이 너희가 교회를
짓는 것이니라.
49 그 교회는 내가 말하는 성령의 교회가
아니요,
50 너희가 살기 위해 죽은 자들이 공동
묘지를 만드는 것이 지금 너희가 짓
는 교회라는 것을 잊지 말라.
51 그 속에는 참진리가 없고 사랑이 없
으며, 나의 뜻을 거역하는 자들만이
그곳에 모임이니, 그게 곧 죽음의 무
덤이요, 공동묘지라는 것을 잊지 말라.
52 이제 공동묘지를 만들지 말라.
53 공동묘지를 만들어 놓고 무덤에 들어
가는 것이 신도 너희니라.
54 그러니 이제는 손으로 성전을 짓지 말
고, 너희 마음속에 성령으로 임하는
아름다운 성전을 짓도록 그리하라.
55 2천 년 전에 나의 아들 예수가 그 성
전을 헐어 버렸으며, 너희가 지은 교
회라는 것을 헐라는 이유를 알겠느냐?
56 오늘과 같이 죽음의 무덤이요, 공동묘
지가 이 세상을 다 덮는 형국이 될 것
을 미리 알았기에 그를 못 하게 하였
음이니,
57 너희가 거역하고 지금 온 길이 온 세
상을 다 십자가로 불을 밝혀, 밤에 비
치는 그것을 내려다볼 때, 이 아름다
운 지상이 공동묘지가 되어 있으며,
58 그중에서도 가장 많은 공동묘지로써
죽은 자가 득실거리는 것이 내가 선택
하여 미래를 열어 가고자 하는 동양의
이 작은 나라이니라.
59 백 년의 역사가 흐른 것이 공동묘지를
이리 만들어 놓았음이니, 천 년이 흐
른 다음에는 과연 어찌 되겠는가?
60 너희 스스로 물고 찢고 이웃의 형제를
빼어 가 신도로 삼는다 하여 칼과 도
끼를 들고 싸우는 것보다도 더 험악한

형국으로 변할 것이니,
61 내가 선택한 동양의 나라를 더 이상 볼 수 없어, 내가 지금 모두를 다스리며 정리하고자 대장정의 역사를 이룸을 알라.
62 너희가 교회를 짓는 것, 성당을 짓는 것은 육으로 짓는 것이 아니라 함을 잊지 말라.
63 그러니 그 모두는 나의 뜻을 거역하는 자들이며, 이 아름다운 지상에 공동묘지를 만드는 것이 종교 집단이요, 기독교요, 교회를 짓는 자들이라는 것을 잊지 말라.
64 너희가 죽음의 공동묘지를 만들어 나의 백성을 죽음으로 몰아 넣는 거기에 일조한 그 죄가 얼마나 큰 것인가를 죽어 내 앞에 왔을 때 알 것이니라.

7,013 번째 하나님 말씀

2003년 8월 6일 11시 06분

1 사랑하는 나의 아들아!
2 "네, 아버님! 말씀하옵소서."
3 너의 제자들과 나의 법전을 읽은 백성 그들에게 전하라.
4 나의 아들 예수가 33년이라는 그 세월을 살며, 또 나의 뜻을 받아 그가 역사한 그 세월 속을 살면서,
5 어찌하여 나의 아들이 그 성전이요, 교회라는 것을 하나도 짓지 아니하였으며 너희 손으로 짓는 그 육으로써 만드는 그 건축물의 교회를 왜 만들지 아니하였으며 왜 짓지 아니했는가?
6 그리고 손으로 만든 그 교회요, 성전을 다 무너트리라고 그리 말했으며, 그를 다 무너트리고 3일 만에 다시 새로운 성전을 짓겠다 하였음이니, 그 뜻이 무엇이던가?
7 나 여호와가 너희 손으로 지은 죽은 건축이요, 그 건물의 교회를 지으라는 것이 아니요, 마음의 성전을 짓는 것이기 때문에,
8 성령이 충만한 나의 아들 예수가 3일 만에 성령이 충만한 나의 백성을 만들겠다는 그와 같은 뜻임을 너희는 알아야 할 것이니라.
9 나의 아들이 그 역사에 길이 남을 수 있으며 너희에게 깨우침을 줄 수 있는 그 교회 하나를 세울 수가 없어서, 그를 만들 수가 없어서 나의 아들이 만들지 아니하였다 그리 생각하는가?
10 나의 아들 예수가 교회를 짓지 아니한 것이 나의 뜻이라면, 너희는 어찌 받아들여야 할 것인가?
11 내가 교회를 짓기를 바랐으며 성전 짓기를 바랐다면, 나의 아들은 나의 뜻을 따르기 위해 목숨을 바쳐 모두를 순종하고, 그 고통의 길이요, 그 어려운 길도 그는 마다하지 아니하고 나로부터 그 명을 받아 행한 나의 아들이 왜 교회 하나를 짓지 아니하였겠는가?
12 짓고도 남으며, 수십 개도 지을 수 있는 그와 같은 능력으로 역사할 수 있었음이니라.
13 그러나 하나도 짓지 아니하고 성전을 남기지 아니하고 증거를 남기지 아니한 나의 아들의 그 역사함을 너희는 알겠는가?
14 그는 나 여호와의 뜻이 아니며, 내가

그를 하라 명하지 아니하였기 때문에
그는 그 역사를 하지 아니하였음이라.
15 나 여호와는 너희 손으로 지은 그 죽
은 교회요, 죽은 성전이요, 그 돌과 나
무로 지은 그와 같은 성전에는 절대
임하지 아니하며, 거하지 아니한다는
것을 너희는 알아야 할 것이니라.
16 그는 나와 관계없다 함을 너희는 알
라.
17 내가 나의 성전이 지상에 이루어지는
것은 나의 백성 너희가 각자 너희 마
음속에 성령으로서 그득히 차면 네 마
음속에 짓는 성전에 내가 임하며 너희
와 같이한다는 것을 알라.
18 나의 십계명대로 살고자 하는 백성,
나의 법전이요, 나의 새로운 성경에
내리는 이 뜻대로 살고자 하는 백성,
그와 같이 살아가고자 하는 백성, 그
리고 변화되는 삶을 사는 백성,
19 너희들의 가슴속에 내가 임하며 너희
가슴속에 그 성령이 그득 할 때, 그게
내가 원하는 이 지상의 교회이니라.
20 너희가 가슴으로써 성전을 짓는 것보
다도 더 위대한 교회와 성전이 없음을
알라.
21 너희 한 사람 한 사람 개인의 마음에
아름다운 성전을 지었을 때, 그가 전
하고 가르치는 것은 너희가 돌과 나
무로 지은 육으로 만든 그와 같은 죽
은 성전의 역사함과 감히 비교할 수
있단 말이던가?
22 내가 이루는 것은 나의 백성 너희 가
슴속에 성령으로 임하는 그 교회를 지
었을 때, 내가 너희 가슴에 임한다는
것을 반드시 믿으며 그를 믿고 가라.
23 지금의 손으로 짓는 것은 다 죽은 무
덤과 같음이요, 내가 무덤이라 그리
말한 뜻을 너희는 알아야 할 것이며,
24 그 의미를 깊이 깨우쳐 두려움과 무서
움을 알아야 할 것이니라.
25 나 여호와의 성령이 임하여 있는 것은
나의 백성 너희 가슴의 성전이요, 교
회에 같이하고 있다는 것을 내가 다시
한 번 너희에게 전함이니라.
26 나의 계명대로 사는 너희에게만 내가
같이함이요,
27 그러니 너희가 위대함이요, 만백성을
구하는 나의 아들딸로서 거듭난 자라
는 그 뜻을 잊지 말라.
28 나의 성령이요, 참진리를 제대로 받아
들여 그를 보고 깨우쳐 가는 백성은
천국이요, 영혼이 다시 사는 삶을 오
는 그 백성이요,
29 그렇지 못한 자들은 지옥으로 가는 삶
을 삶이니, 그들이 죽음의 삶이라 하
지 아니하였더냐?
30 나의 아들 예수가 곧 성전이요, 교회
라 한 그 뜻을 너희는 알겠는가?
31 그가 나의 성령으로 그득히 차 있으며
성령으로써 임하기에 나의 아들 예수
가 곧 성령이요, 성전이요, 교회요, 또
곧 나라 그리 말했음이니라.
32 그는 내가 명하는 것을 한치도 어긋남
없이 그대로 행하고 그리 역사할 수
있기 때문에 내 뜻을 전한 그와 같은
뜻이라 그가 그리 말하였음이니라.
33 너희 또한 마찬가지이니라.
34 너희는 어찌하여 내가 아들딸이라 부
르면 사탄이요, 이단이라 그리 말하는
가?

35 너희가 나의 성령을 내 뜻과 똑같이
임할 때, 너희는 나와 한 계통이요, 한
혈맥이니, 너희가 나며 내가 너희라
말한다면 과연 이것이 무엇이 틀린 말
이더냐?
36 그리고 내가 성령으로써 바로 살아가
는 너희를 나의 아들이라 부른다 하
여 어찌하여 사탄이요, 이단이라 말하
는가?
37 나의 뜻대로 살며 나의 뜻을 받아서
나의 명대로 세상에 임하며 나의 아들
예수와 같이 너희가 살아서 이 세상
에 존재하는 것은 너희가 나를 대신
함이니, 내가 세상에 내려간 것과 같
음이니라.
38 다만, 너희가 하늘을 향하여 한 점의
부끄럼이 없이 그와 같은 삶을 사는
성령으로 그득 찬 백성 너희는 나의
대명을 대신하는 자들이니라.
39 그리하여 내가 너희를 나의 아들이요,
딸이라 부르는 자들이며, 예수가 나와
같다 말한 그 의미는 곧 내 뜻을 그대
로 행하는 자라 함이니, 그를 알아야
할 것이며,
40 예수가 하는 그와 같은 가르침을 너
희가 본받고 깨달아 하늘에 오르는 그
길을 보라 그리하였음이니라.
41 그리하여 예수가 너희에게 그 전한
모든 뜻을 깊이 알아야 할 것이며 깊
이 새겨두어야 함을 너희는 절대 잊
어서는 아니 될 것이니라.
42 나의 아들이 나의 뜻에 따라 예수가
성령을 같이하니 나를 대신하는 자라
하여 그와 같이 말했으나, 그가 뭐라
말했느냐?
43 너희가 입으로써 예수를 찾으며 입으
로써 믿음을 부르짖는 것, 그것은 나
에게 올 수 없는 길이요,
44 너희가 그저 말로써 믿음의 길을 가는
것은 구원을 받는 것이 아니요, '하늘
에 계신 아버지의 뜻대로 행하는 것이
구원을 받는 것'이라 그리하였음이니,
너희는 그 의미를 또다시 한 번 너희
가 깨우쳐 본다면, 어떠한 관계가 정
립되는지를 잘 알 수 있을 것이니라.
45 그러니 너희 임의대로 마음대로 생각
하여 나의 피조물 만백성을 우롱하는
그와 같은 짓을 하지 말라.
46 유대 백성이 지은 성전이요, 그 교회
를 헐라, 그리하면 내가 3일 만에 다
시 짓겠다 그리 말한 예수는, 손으로
지은 건물과 같이 그를 헐고 다시 짓
는다는 것이 아니요, 성령으로써 임한
나의 교회요, 나의 성령이 임한 백성
으로서 그득히 채우겠다는 그와 같은
뜻이며, 내 뜻을 그리 전하겠다는 뜻
이라는 것을 너희는 알라.
47 영적인 성전을 짓기 위한 의미의 말이
며 육으로 죽은 돌이요, 죽은 나무로
써 무덤을 짓는 그와 같은 성전을 3일
만에 다시 짓는다는 것이 아님을 알라.
48 너희가 깨우침이요, 그 마음에 나의
교회요, 성전을 짓지 않는 것이 얼마
나 사악한 짓인 줄 알겠느냐?
49 너희는 나의 깨우침이요, 그 마음에
의하여 짓는 것이 아니요, 육의 욕심
에 의하여 죽은 교회요, 죽은 공동묘
지를 만드는 것이 지금 너희가 하고
있는 짓이라는 것을 잊어서는 아니 될
것이니라.

50 그러니 너희가 나로부터 깨우침을 얻어 너희 마음속에 나의 교회요, 성전을 짓는 그와 같은 위대함으로 변하도록 그리하라.
51 그리하여 예수가 건물로 된 교회를 하나도 건축하지 아니하고 오직 나의 성령으로써 그 교회를 이루고자 하며 성전을 짓고자 했던 그 뜻을 너희는 알아야 할 것이니, 너희 또한 그리 노력하도록 그리하라.
52 그것만이 나의 뜻이요, 나의 만백성을 구하는 길이니라.
53 지금의 나의 아들 또한 너희에게 마음의 성전이요, 교회를 지으라 함이지,
54 너희에게 육으로 짓는 죽은 교회요, 공동묘지 같은 그와 같은 교회를 지으라 하는 것이 아니지 않더냐?
55 그 뜻을 잘 알며 그가 가는 길을 돌아다보도록 그리하며, 그리 배우고 가야 할 것이니 그리 알라.
56 오늘 내가 이 뜻을 너희에게 전하니, 그 중요함을 너희는 잊어서는 아니 될 것이니 그리 알라.
57 그와 같은 마음으로써 너희가 가도록 그리하라.
58 그리고 너를 따르는 그 '김동렬'이라는 그 제자에게 이르라.
59 그는 이 대목을 깊이 깨우치며,
60 나의 아들 예수가 교회를 짓지 아니한 그 의미를 알며, 그리고 교회가 잘못 되었다는 것을 그리 깨우치도록 하라.
61 그리고 그는 인간으로서 비울 만큼 비운 자이니, 그 가슴에 있는 것을 더 비우려 노력하는 것 그리고 더 지우려 하는 것 지금과 같은 그 마음으로 가면 될 것이라 그리 말하라.
62 그는 나의 아들의 제자요, 그는 나의 아들의 가족이요, 그는 나의 아들의 동생과 같은 그와 같은 마음으로써 역사해야 할 자이니,
63 그에게 이 대목을 특히나 암송하도록 하며 읽으라 하며, 그에게 내리는 하나의 선물이라 그리 전하라.
64 그 마음이 많이 비워져 있는 자임이니라.
65 그리 알라, 사랑하는 나의 아들아!

7,014 번째 하나님 말씀

2003년 8월 6일 11시 15분

1 사랑하는 나의 아들아!
2 "네, 아버님! 말씀하옵소서."
3 나 여호와가 이 세상에 이루고자 하는 교회요, 짓고자 하는 성전은 무엇이라 말하였느냐?
4 나의 백성 너희의 마음속에 성령으로 그득히 충만 되는 그것이 지상의 교회요, 내가 이루고자 하는 성전을 짓는 나의 뜻이라 그리 말하지 아니하였더냐?
5 그러나 지금의 모든 종교 집단 그들은 과연 어찌하고 있느냐?
6 그들은 저희 손으로 지은 건축물의 그 교회를 이루고자 하며 성전을 이루고자 함이니라.
7 그것을 더 크게 역사하고자 더 화려하게 역사하고자 하여 나의 피조물 만백성에게 불필요한 고통과 시련을 주며 그들의 재산을 착취하는 그와 같은 짓을 하고 있음이니,

8 그들이 정면으로 나의 뜻을 거역하는
자들이 아니더냐?
9 너희는 내가 나의 아들 예수를 통하여
이 세상에 너희 손으로 건축물로 짓
는 그 죽음의 교회요, 성전을 짓는 것
이 아니요,
10 너희 마음속에 성령이 충만한 그 교회
를 짓고 성전을 지으라 하였으며,
11 또 내가 나의 아들을 통하여 지금 나
의 법전에 이리 기록하여 전함이니,
너희가 무엇이 잘못되었으며 무엇이
틀렸다 말을 하느냐?
12 나의 아들 예수도 그 교회요, 성전을
다 부수라, 그러면 내가 다시 짓겠다
그리하였음이니,
13 성령의 교회요, 영적인 교회를 짓고자
하는 것이 나의 아들 예수의 뜻이었으
며,
14 또한 내가 오늘 나의 아들을 통하여
나의 법전에 똑같은 내용을 기록하여
너희에게 깨우쳐 줌이니,
15 나의 아들 예수가 한 것을 그 종교 집
단이 사탄이요, 사악한 자라 그리 몰
아붙이더니,
16 지금의 모든 종교 집단이요, 지도자
또한 그와 같은 방법으로써 나의 아들
을 음해하며 그를 밀어붙이며 돌팔매
질을 하고 있으니, 과연 이를 어찌해
야 하는가?
17 2천 년 전에 나의 아들을 죽게 한 후
에 울며불며 통곡하며 그는 정녕 나의
아들이요, 그가 한 말은 모두 하나님
의 참진리의 뜻이라 말하면서, 그를
지키지 아니하고 거역하는 행위를 계
속하지 않느냐?
18 이게 어찌 된 말이던가?
19 말로써는 나의 아들 예수의 보혈로써
그가 너희 죄를 대속해 갔다 하며,
20 그가 헐라 하며 부수라 하는 너희 육
의 손으로 지은 그 죽음의 건축물은
계속 지어 가며 늘려 가고 있으면서,
21 어찌하여 나의 아들의 보혈로써 구원
을 받으며 나의 아들 뜻이요, 나 여호
와의 뜻이요, 나의 백성을 하늘로 인
도한다는 그런 말을 할 수 있는가?
22 과연 너희를 인간이라 말할 수 있으며
인간이 그와 같은 말을 할 수 있느냐?
23 생각할 수 있는 자라면 그리 말할 수
있느냐?
24 종교 집단이요, 지도자들이 사탄의 자
식으로 무너져 그들이 세상의 이치를
모르며 질서를 모르며, 사랑이 무엇인
지 모르며, 지켜 갈 도리도 모르는 자
들이 지금 울부짖는 그와 같은 험악한
세상이 되었음이니라.
25 그러나 지금의 잘못 가고 있는 종교
집단이요, 지도자 그들은 어찌하는가?
26 나의 뜻과는 전혀 관계없는 그와 같은
사업을 계속하며 그 길을 역사하는 것
이 아니냐?
27 그러면서 어찌 나의 백성을 구원의 길
로 인도한다 말하는가?
28 너희 손으로 지은 건축물의 그 교회를
이루고자 하는 그 뜻밖에는 없으며,
29 그를 위하여 모두를 바치고 그를 위하
여 너희가 몸부림치며, 그를 위하여
나의 피조물 만백성들에게 고통과 시
련이요, 물질의 갈취까지 하는 그와
같은 행위를 하는 자들이 너희가 아니
더냐?

30 그리하여 나의 목자로서 이 세상에 보
내는 자, 그리고 내가 너희를 깨닫게
역사하고자 하는 자를 세상에 보냄이
니,
31 너희가 그들을 받아들이지 아니하며
그들을 배척하며 그들을 돌로 치며 그
들을 죽게 하는 것이 너희가 아니더
냐?
32 이는 곧 무엇이더냐?
33 참진리라는 것을 너희 가슴속의 성전
이요, 교회를 지으면 되니, 그게 성령
으로 충만한 것이요,
34 육의 세상에 죽어 있는 건물을 짓는
것이 내가 지상에 이루고자 하는 교회
요, 성전을 짓는 뜻이 아니라 하니,
35 이를 거부하며 너희와 뜻이 상반되어
그를 이룰 수 없으며 그게 옳다 부르
짖는 자들에게 그게 잘못되었다고 가
르치니,
36 너희는 시시비비도 가리기 전에 그는
사탄이요, 이단이라 그리 밀어붙이고
가는 지금의 형국이 되어 있지 않더냐?
37 나 여호와의 참진리는 너희 자신의 마
음속에 교회요, 성전을 짓는 것이 나
여호와의 뜻이라 내가 그리 말하고 수
없이 가르쳤음이니라.
38 성서에도 그리 가르치며 나의 법전에
서도 그리 가르쳤거늘,
39 어찌하여 너희는 육의 생각으로써 손
으로 짓는 교회요, 성전만을 고집하며
그를 짓기 위해 온갖 행위를 다하는
가?
40 그리고 그를 위하여 어찌하여 나의 뜻
을 그리 거역하며 나를 능멸하는 짓을
하고 있는가?
41 나 여호와의 영적인 가르침과 참진리
의 가르침은 따르려 하지 아니하며 그
를 대적하는 행위만 하고 있는 것이
바로 육의 세상에 죽은 건물을 지어
그곳이 구원의 길이요, 구원의 집이라
하여, 그곳에 와 재물을 바쳐 넓게 더
크게 더 화려하게 역사하고자 하는 것
이 바로 나를 대적하는 자들이니,
42 나의 뜻을 거역하며 나를 대적하는 자
요, 사탄이요, 사탄의 종이 아니고 과
연 누구더냐?
43 너희는 나를 대적하고 잘못된 지금의
교회에 속한 그 집단의 힘만을 가지고
나 여호와에게 대적하는 자들이라 함
을 너희는 잊지 말라.
44 너희는 하나님의 교회요, 하늘나라의
교회요, 성전을 이루는 백성이라 그리
말하지만, 이단이요, 사탄이 되어 지
금 가고 있는 자들이니라.
45 그러니 나의 피조물 만백성들을 나로
부터 명받은 자들이 성령으로 충만한
개개인의 가슴속에 아름다운 성전이
요, 교회를 짓고자 하는 그들에게,
46 그 백성을 너희가 이단이요, 사탄이라
밀어붙이며 그들의 가슴에 돌을 던지
며 그들을 핍박하며 그들이 존재하지
못하도록 하는 것이 지금의 너희니,
47 너희가 얼마나 사악한 사탄의 앞잡이
로서 나의 뜻을 거역하며 나의 뜻을
훼방하는 자들이며, 내 뜻을 이루지
못하도록 하는 자들인가, 너희는 이를
알아야 할 것이니라.

7,015 번째 하나님 말씀

2003년 8월 6일 15시 15분

1 사랑하는 나의 아들아!

2 "네, 아버님! 말씀하옵소서."

3 지금의 모든 종교 집단이요, 지도자요, 믿고 구원을 받았다는 사랑하는 나의 백성이 잘못되었으며 잘못 가는 길이라 그리 말하였음이니,

4 나의 아들 예수가 세상에 나가 너희에게 깨우침을 전하고 그가 그 고통 속에 간 그 후 2천 년이라는 지상의 그 세월이 흐르지 아니하였더냐?

5 2천 년이라는 그 세월에 나 여호와의 뜻이요, 참진리를 깨우쳐 하늘에 오르는 길이요, 만백성을 천사와 같이 만들고자 너희가 그리 노력하고 그와 같이 왔다 해도 될까 말까, 이루어질까 말까 한 그와 같은 인성을 가지고 있는 것이 나의 백성이며,

6 의혹하고 의심하는 그와 같은 마음을 가지고 사는 것이 너희가 아니더냐?

7 나의 아들 예수가 진정한 나의 큰 사랑이요, 그리고 지금의 모든 종교 집단이 바로 가야 할 그 깨우침을 가르쳐 준 것을, 너희가 그 길을 향하여 2천 년 동안 지금까지 흘러왔다 해도 정녕 나의 백성이 지상의 낙원이 이루어질까 말까 하는 그와 같은 형국이나,

8 나를 경배하며 나의 뜻에 따르며 모든 백성을 하늘로 인도한다는 종교 집단이요, 지도자들이 나와는 관계없는 그와 같은 정반대의 길을 지금 달려왔음이니라.

9 그러니 2천 년 동안 나의 뜻을 거역하며 순종하지 아니하며, 나의 뜻을 가르친다며 사탄의 종이 되어 가르친 그 백성이 지금 2천 년 동안 흘러왔음이니, 이 세상이 얼마나 썩고 오염됐겠느냐?

10 그나마 이와 같이 존재할 수 있는 사람들이 있다는 것, 그리고 거기에 빠지지 않는 나의 백성이 있다는 것만으로도 너희가 오늘까지 역사한 그 노력에 비하면 결국 거둬진 성과는 별것이 아님을 알아야 할 것이니라.

11 그들이 지금 2천 년 동안 몸부림치면서 저희 종파를 키우기 위하여 종파가 역사하기 위해 선택된 것이라 하여 그 세상의 모든 나의 피조물 만백성들을 끌어안고 그 죄의 소굴로 끌고 가고자 노력하고 발버둥치는 것에 비하면,

12 그 많은 종파가 그와 같이 나의 백성을 지옥으로 이끌고 가고자 노력하고 애써 온 그 노력의 공을 본다 하면,

13 사탄의 자식으로서 사탄에게 공을 돌리기 위해 그 사탄의 앞잡이로서 노력한 것을 계산한다면,

14 오늘의 종교 집단의 믿음의 길을 가는 그 백성이요, 신도들의 그 숫자는 별 것 아니니라.

15 그와 같이 너희가 세울 때는 대단한 것으로 생각하고 대단한 집단이라 생각하나, 2천 년 동안 흘러오는 그 세월 속에서 너희가 지금의 자리를 잡은 것은 별것이 아니니라.

16 그러하니 그것이 나 여호와의 뜻이 아님이니라.

17 그리하여 2천 년 동안 굳어져 온 그들
이 정예부대가 되어 이 세상을 다 사
탄의 세상으로 만들려고 지금 몸부림
치고 발버둥치는 것이 오늘의 형국이
니라.
18 그러나 지금 너희가 2천 년 동안 역사
한 것을 나의 아들을 통하여 단 몇 년
안에 세상을 다 덮는 그와 같은 역사
가 이루어진다면, 과연 너희는 누구의
뜻이 나 여호와의 뜻이며 창조주의 뜻
인가를 너희 스스로 깨달아야 할 것
이니라.
19 2천 년 동안 너희가 나의 피조물 만백
성들을 잘못 인도했으며 지옥 불로 인
도하여 나의 피조물 만백성을 세뇌시
켰으며,
20 그리고 너희 집단 속에 와 기도하고
경배하는 것 그리고 나의 아들 예수의
보혈로써 은혜를 받고 구원을 받았다
부르짖기만 하면 구원을 받는다는 그
넓고도 평탄한 믿음의 길을 이끌고 깨
우쳐 그리 끌고 가고자 하였음이니라.
21 그리고 너희가 그를 복음이라 전하고
그리하였음이니라.
22 그러한 결과에 오늘의 너희들이 이루
어진 것은 너희가 노력한 것에 비하
면 아무것도 아니니라.
23 너희가 세상을 다 덮을 것 같은 몇천
년의 역사가 흐른 오늘의 너희 그 뿌
리 앞에, 내가 나의 아들을 통하여 나
의 법전이요, 새로운 성경을 가지고
나의 백성을 다스려 나가기 시작하니,
24 이게 10년 안에 너희가 역사한 것보
다 더 방대한 역사가 이루어진다면,
또 백 년 안에 너희가 세상에 이룬 것
보다도 더 방대한 몇 배의 역사가 이
루어진다면, 과연 너희는 어떤 것이
나 여호와의 뜻이며 내가 주관하는 것
인가를 알게 될 것이니라.
25 그때 가서 너희가 깨닫게 될 것이니,
26 몇십 년이라는 그 세월동안 나의 아들
이 세상에서 숨을 거두며,
27 그가 죽기 전에 나의 법전이 세상에
하얀 눈처럼 덮는 역사가 일어나, 만
백성들이 이를 보고 깨우쳐 읽는다면
과연 너희는 그때 가서 어찌 말할 수
있는가?
28 너희는 할 말이 없을 것이니 그리 알
라.
29 이제 사랑하는 나의 백성 너희는 들
어야 할 것이니라.
30 너희가 지금 지옥 불을 향하여 달려가
며 그 달려가는 열차는 하늘에 오르는
길로 달려감이 아니니라.
31 그 열차는 너희를 지옥 불의 낭떠러
지로 밀어 넣기 위해 싣고 가는 열차
요, 나에게 오르는 길이 아니니라.
32 그러니 내가 뭐라 했느냐?
33 뒤를 돌아 나를 보라 하지 아니하였더
냐?
34 너희는 달려가는 열차에서 뒤를 돌아
나를 보라.
35 그러면 창조주 나 여호와가 너희가
지옥으로 가는 것이 가슴 아파 눈물
흘리고 서 있는 모습을 볼 수 있을 것
이니라.
36 내가 너희에게 아무리 돌아서라 외쳐
도 너희는 돌아서지 아니하며, 바로
살라 해도 바로 살지 아니하며,
37 내가 나의 목자들을 세상에 내려보내

도 너희는 그 뜻을 따르지 아니하며
그를 받들어 역사를 이루지 아니하며,
38 그들에게 돌팔매질하며 그들을 매질
하며 그리고 그들을 죽게 하는 사악
한 행동을 하고 있기에,
39 내가 나의 법전이요, 나의 성령을 기
록하여 나의 아들을 통하여 지금 세상
에 내려보내니, 이를 내가 내려보내는
그 이유가 무엇이더냐?
40 너희가 읽고 깨우쳐 하늘에 오르는 그
영광을 얻으라 하여 내가 너희에게
내려보내거늘,
41 어찌하여 너희는 지옥 불로 가는 그
강론이요, 설교는 그리 들으며, 지옥
불로 너희를 인도하는 그 강사료는
수없이 갖다 바치면서,
42 지금 하늘에 오르는 길이라 하여 달려
가는 그 길이 지옥 불이라는 것을 어
찌 그리도 모르는가?
43 내가 너희에게 지옥 불로 가는 발걸
음을 멈춰 하늘에 오르는 그 길을 돌
아다보라 하여 내가 나의 법전을 내려
보냄이니라.
44 나의 법전을 보지 않는 자는 하늘에
오르는 길이요, 천상에 오르는 길을
볼 수 없음이니라.
45 어찌하여 너희가 죽어 와 나로부터
심판을 받는 그 두려움과 무서움을 모
르며,
46 육의 행함은 별것이 아니요, 믿음만이
최고며, 말로써 소리 지르고 재물을
바치면 심판을 받지 않고 천국에 오를
수 있다는 그와 같은 무서움 속에서,
저 자신이 어떠한 일을 하고 있는지
도 모르는 종교 지도자 앞에 구원을
받고자 지금 너희가 그 거래를 하고
있음이니,
47 그리하여 그와 같은 행위를 중단하고
나의 법전을 읽고 정독하여 깨우치는
길을 얻으라 함이니라.
48 그리하여 지옥 불로 달려가는 발걸음
을 멈추고 뒤돌아서서 나 여호와가 너
희를 바라보며, 너희가 지옥 불로 가
는 것이 가슴 아파 눈물짓는 나를 보
라 하였거늘,
49 어찌하여 너희는 잠에서 깨어나는 그
와 같은 변화의 역사를 하지 못하고,
50 나의 법전이요, '하나님! 말씀하옵소
서'요, '하늘에 오르는 길'이라는, 너희
를 구원하는 마지막 시대에 나의 모
두를 태워 내리는 나의 이 성령의 책
을 읽어 보지 아니하고 어찌하여 너
희가 이단이요, 사탄이요, 사악한 자
라 그리 말하는가?
51 이래도 너희가 이를 보지 아니하고 지
금의 그 형국으로 간다면, 나 또한 너
희 손을 놓을 수밖에 없음이니 그리
알라.

7,016 번째 하나님 말씀

2003년 8월 6일 15시 21분

1 사랑하는 나의 아들아!
2 "네, 아버님! 말씀하옵소서."
3 너희가 나의 뜻에 따라 하늘에 오르는
백성이요, 하늘에 역사하고자 하는 백
성이라면, 내 뜻에 따라 참진리의 그
길을 가고자 하며 그 길을 역사하고자
하는 백성이라면,
4 너희 자신의 마음속에 성전을 지으며

교회를 지으라 그리 말하였음이니라.
5 나의 뜻에 따라 살아가고자 노력하는
백성 너희는 천사와 같은 마음으로
변하며 나의 십계명을 지키며,
6 이제 나의 아들을 통하여 내리는 나의
법전을 읽고 깨우쳐 그 뜻에 따라서
변하는 삶을 산다 하면 그것이 바로
너희에게 성령이 임하는 것이니,
7 나 여호와의 성령이 너희에게 임하는
그 순간에 너희는 마음속에 성전을
짓는 것이며 마음속에 교회를 짓는 그
역사를 이룬다는 것을 잊지 말라, 사
랑하는 나의 아들딸들아!
8 너희가 그와 같은 역사를 이루는 것
이며,
9 나는 이 세상의 성전이요, 교회를 짓
는 것이 너희 마음속에 있는 성전이
요, 마음속에 교회를 짓고자 원하는
것이며, 그를 위하여 내가 나의 아들
을 세상에 내려보냈다 하지 않느냐?
10 그리하여 이미 지은 성전이요, 그 교
회를 다 같이 부숴 버리며 허물라 그
리하였음이니라.
11 그리하여 새로운 성전을 짓겠다 함이
니, 그것이 무엇이더냐?
12 나의 성령으로써 충만한 나의 아들
예수가 모든 백성에게 그와 같이 성
령으로 임할 수 있는 그 교회를 짓고
자 함이니,
13 너희 가슴속에 나의 뜻의 성령을 가르
쳐 너희가 천사와 같이 변하여 각자
가 교회를 가슴에 안고 성전을 가슴에
안는 그와 같은 백성으로 역사하고자
하였음이니,
14 그 뜻을 너희가 정면으로 거역하고
부정하였음이니라.
15 너희가 지금 그 모두를 다 허물고 성
령에 의한 성전을 지었을 때, 너희가
가지고 있는 그 교회요, 성전이요, 예
배를 보는 그 장소에서,
16 나의 피조물 만백성으로부터 제왕적
인 행위를 할 수 없으며 재물이요, 물
질을 거둬들일 수 있는 그 사악한 행
위를 할 수 없기 때문에 너희는 나의
아들 예수를 그리 죽게 하였음이니,
17 오늘의 이 세상에 그저 수없이 뻗어져
있는 그 교회가 바로 그 후예들이요,
그 후손들이 역사한 것이니,
18 그것이 나와는 관계없으며 그저 공동
묘지의 표시라 내가 그리 말했음을 잊
지 말라.
19 너희는 나의 성령이 임하여 너희 가슴
속에 있는 교회요, 성전을 짓는 것이
아니라,
20 너희 손으로 짓는 건축물의 그 죽은
그와 같은 건축물을 짓는 것 그리고
그것이 너희가 교회요, 성전이라 말하
니, 그것을 짓기 위해 너희가 모두를
다 바치는 것이니라.
21 그리고 그것을 더 크게 아름답게 짓고
꾸미는 것이 나에게 구원을 받는다고
그리 말하나,
22 그건 너희가 손으로 지은 건축물에
불과함이니, 그 건축물은 죽은 건축물
이요, 생명이 없는 건축물임을 알라.
23 그리고 공동묘지와 같은 것이며 죽음
의 무덤과 같은 것이라는 것을 잊지
말라.
24 너희가 아무리 아름답게 꾸미고 궁궐
과 같이 꾸민다 해도, 그 외형은 호화

로울지 모르나, 그 속은 죽은 자들이
득실거리며 죽은 자의 무덤이라는 것
을 잊지 말라.
25 내가 너희에게 내리는 무서운 의미의
뜻을 알아야 할 것이니라.
26 나 여호와의 뜻에 의한 성전이 아니
요, 각 종파와 교파들이 갖고 있는 너
희 인간들의 생각을 기준을 삼아서 교
회를 짓고 성전을 짓고 모든 종파의
집단과 지도자를 너희가 너희 마음대
로 가르치고 깨우쳐 그들로 하여금 지
도자라 세상에 내보낸 것이 오늘의 그
와 같은 형국이 아니더냐?
27 그래서 너희는 그 손으로 지은 죽은
건물의 교회를 많이 지으며 성전을 지
으며 더 크게 짓고 아름답게 짓는 것
이 나에게 축복받는다 하여 나의 피조
물 만백성들 어렵고 가난하고 불쌍한
그들에게 너희가 갈취하는 그와 같은
사악한 짓을 하는 것이 너희임을 알
라.
28 모든 것이 잘못되었으며, 처음 시작부
터 너희는 나의 뜻을 거역하는 방법
으로 흘러온 것이 2천 년의 세월이 흘
러왔음이니라.
29 그러나 너희들이 이제는 깨달음을 바
로 보지 아니하면 너희가 구원의 길
에 들어설 수가 없느니라.
30 너희가 가진 모든 것을 다 놓고 버리
고 새로 태어나는 마음이요, 그 새로
태어나는 용기가 없이는 너희는 진정
한 진리의 길을 갈 수 없음이니라.
31 너희가 나의 아들 예수를 죽게 한 그
원인이 무엇이던가?
32 너희가 가지고 있는 모든 교회요, 성
전이요, 그 재물들을 다 버리고 나의
아들이 가는 그 길을 따라야 할 것이
니,
33 너희는 용기가 없으며 그것이 두려웠
으며 그와 같이 고달프고 어렵고 좁은
험악한 길을 갈 용기가 없으며 갈 필
요가 없으며, 넓고 편안한 길로 놀고
즐기다 지옥으로 가는 그 길을 선택하
여 지옥으로 간다 해도 그 길을 선택
한 자들이 오늘의 너희 조상이요, 그
뿌리가 오늘의 교회를 짓기 위해 발버
둥치는 그 종교 집단이요, 지도자들이
라는 것을 알라.
34 나 여호와의 뜻에 의한 진리를 가르치
는 교회가 아니니라.
35 세상 목회자들이 다 흐르는 죄악 속에
편승하여 그저 그냥 흘러감이니라.
36 조상들로부터 내려오는 관습에 젖어
있으며 전통에 젖어 있으며 저희가
죽음의 세상에 죽음의 교회라는 것을
다 알며, 저희가 이끌어 가는 그 성전
이 죽은 곳이요, 다 썩은 곳이라는 것
을 알면서도, 그 성전을 버리지 못하
며 떠나지 못하는 것이니, 그들이 왜
그러한가?
37 저희가 그 방대한 조직 속에서 그를
떠나고 그를 배척할 때 저는 사탄이
요, 이단이라 하여 하루아침에 설 자
리가 없기 때문이니, 너희가 그리 용
기없는 백성이니라.

7,017 번째 하나님 말씀

2003년 8월 6일 15시 27분

1 사랑하는 나의 아들아!

2 지금 모든 종파의 그 집단 속에 속해
있는 지도자들이, 저희의 집단에서 이
끌어가는 그와 같은 형국의 깨우침으
로써는 절대 구원을 받을 수 없으며
하늘에 오를 수 없다는 것을 알고 있
는 종교 지도자들이 수없이 있음이니
라.
3 그리고 그와 같은 것이 잘못된 것이라
는 것을 아는 그 백성이 교리와 지금
의 종파로써는 절대 구원을 받지 못하
며 저희 자신이 지옥으로 갈 수밖에
없다는 것, 그리고 구원을 받지 못하
며 저희가 지옥행을 면치 못한다는
것을 너무나 잘 알고 있는 지도자들이
이 세상에 수없이 있음이니라.
4 그리고 모든 종파 속에 있는 그 지도
자들이 그에 반기를 들며 그와 같은
소리를 외치고 싶어하는 그 지도자들
이 수없이 있으나 그들이 감히 그러한
용기가 없음이니라.
5 그러나 그들 또한 어떠한 자들인가?
6 그들이 그 속에서 뛰쳐나와 나 여호와
가 원하는, 마음속에 가지고 있는 마
음의 교회요, 마음의 성전을 짓고자
하나,
7 용기가 없으며 자신이 없는 것이 그들
이니라.
8 그들이 또한 그리하여 어찌하는가?
9 저희가 거기서 내가 원하는 그 교회를
지을 수 없기 때문에, 오늘의 종파요,
교파들이 잘못 가는 것을 알며 그를
바로잡아야 하는 줄을 알면서도,
10 그들도 어쩔 수 없이 흘러가는 그 대
세에 따라서 그들도 죽은 건축물을 짓
고, 그 죽은 건축물 속에서 교회라는
이름을 붙이고 있으며,
11 그들이 바로 나의 피조물 만백성들을
구원한다며 또다시 그와 같은 반복을
하고 있음이니,
12 가슴 아프며 저려 오는 것을 그들은
다 눈을 감고 보지 아니하며 덮어 두
려 하는 것이 그들이니라.
13 그들의 능력으로써 견제할 수 없으며
그들의 능력으로써 싸워서 이길 수 없
다는 걸 너무나 잘 알기 때문이니라.
14 그들은 그와 같이 잘못된 것을 알면서
그들이 바로 서고자 바로 가르치고자
바로잡고자 한다면, 그들은 지금의 방
대한 조직으로부터 그 순간에 이단이
요, 사탄이라 하여 그들이 설 자리가
없으며 강론할 자리가 없음이니,
15 그 신도로부터 배척당하며 그 신도로
부터 돌팔매를 맞는 그와 같은 행위를
당하는 것이 바로 그들이 처해 있는
형국이라는 것을 너무나 잘 알기 때문
에,
16 그들이 지금의 집단에서 배척당하며
설 자리가 없을 때, 그 스스로 종교 지
도자로서 얼마나 처참하며,
17 저 자신이 무너지고 저 자신이 설 자
리가 없다는 것을 너무나 잘 알고 있
기 때문에, 그들도 눈물을 흘리며 그
저 어쩔 수 없이 비진리를 진리라 가
르치고 그리 외치는 자들이 수없이
있음이니라.
18 거짓을 진실이라 하며 진실을 거짓이
라 그리 가르치는 종교 지도자들,
19 그러나 그 가슴속에 맺혀 있는 그들
의 한이요, 그들이 혼자 저 자신의 가
슴을 안고 나 여호와에게 기도할 때,

고뇌의 눈물을 흘리는 종교 집단 속
에 속해 있는 지도자, 이러지도 저러
지도 못하는 그 지도자들이 수없이 있
음이니라.
20 그들은 말로 표현할 수 없으나, 바로
세워 바로 가야 한다는 것을 알고 있
음이니라.
21 그러니 그들에게 나의 법전을 전하도
록 그리하라.
22 그들이 나의 법전을 접하여 깨우쳤을
때, 그들은 바로 이 길이 하늘에 오르
는 길이요, 진리요, 나 여호와의 뜻이
라는 것을 알기에, 나를 따라 새로운
삶을 살아갈 수 있는 종교 지도자들이
수없이 있음이니라.
23 그들을 너는 다 다른 눈으로 봐야 하
며, 다른 각도에서 그들을 봐야 할 것
이며, 그들에게 접근하여 그들을 구하
는 데 최선을 다해야 될 것이니라.
24 모든 집단 속에 있는 종교 지도자들
그 많은 백성이요, 지도자들이 지금의
교리요, 종파의 그 형태의 만행으로써
는 절대로 구원을 받지 못하며, 스스
로 지옥행을 면치 못한다는 것을 너
무나 잘 알고 있음이니라.
25 그러나 대체할 길이 없으며 저희가
나의 뜻에 의한 그 교리대로 살아갈
수 없으며,
26 이제는 그 진정한 진리가 다 거꾸로
되어 있으며 비진리가 세상을 덮고 교
회를 장악하고 성전을 장악하고 있기
때문에,
27 누구도 바로잡을 수 있는 역사가 없어
그들이 눈물 흘리며 지금 이 길을 가
는 그 불쌍한 지도자들을 네가 이끌어,
28 그들에게 빛과 소금이 될 수 있도록
그리 안내자가 되라, 사랑하는 나의
아들아!

7,018 번째 하나님 말씀

2003년 8월 6일 15시 39분

1 사랑하는 나의 아들아!
2 "네, 아버님! 말씀하옵소서."
3 나의 아들을 너희에게 보내어 너희가
그와 같이 희생양으로 삼도록 내가 그
리하였으며, 나의 아들을 희생양으로
삼아 너희를 깨우치고자 했던 그 세
월이 흐른 지금의 종교 집단이요, 지
도자요, 그들이 과연 역사하고 가는
길이 무엇이던가?
4 너희가 정녕 나의 아들의 그 죽음의
아픔을 조금이라도 생각하며,
5 그를 바라다보고 눈을 감았던 나 여
호와의 아픈 마음을 너희가 조금이라
도 생각한다면,
6 인간관계에서 부모가 자식 사이에 부
모 앞에서 자식이 먼저 가는 그 슬픔
을 조금이라도 생각하는 자들이 있다
면 내 아픈 마음을 돌이켜 보았을 것
이며,
7 내 아픈 마음을 돌이켜 보았다면 나의
아들이 죽어가면서 부르짖은 '모두를
사랑하라'는 그 사랑의 마음을 과연
너희가 얼마나 실천하고 사는가?
8 그리고 나의 아들이 너희에게 모든
성전이요, 교회를 다 헐어 버리며 마
음의 성전이요, 마음의 교회를 지으라
가르쳤던 그것들을 과연 얼마나 행하
고 실천하는가?

9 그리고 나의 아들 예수가 그를 위해서
존재하는 것이 아니요, 너희가 구원을
받고자 한다면 나의 아들 예수를 따르
는 것이 아니라,
10 '보낸 이인 창조주 나의 아버지요, 하
늘에 계신 그분의 뜻에 따라 행하고
역사하는 것, 그분의 뜻에 따라서 삶
을 사는 것, 그분의 뜻에 따라 너희가
존재하는 것이 구원의 길이요, 하늘에
오르는 길이라' 그리 가르쳤거늘,
11 너희가 그 한 마디 한 마디 의미를 되
새기면서 그를 지키고자 피눈물 나는
노력을 했는가?
12 너희가 그와 같은 노력으로 지키고 왔
다면, 오늘과 같은 그와 같은 형국은
안 되었을 것이니라.
13 가장 비참하게 가장 고통스럽게 죽음
을 당한 나의 아들이 너희를 위해서
대신 죽었다면,
14 너희는 그 목숨은 바치지 못할망정 피
눈물 나는 독한 노력으로써, 그리고
강한 의지로써 나의 아들 예수가 너희
에게 부르짖었던 그 마지막 한마디,
그리고 그가 살아서 너희에게 깨우치
고 전했던 그 진리의 뜻을 목숨을 바
쳐 지키고 살아가려는 그와 같은 성
의라도 보였더라면,
15 정녕 나의 아들로서 너희가 그 구원
의 은혜를 받을 수 있다고 생각할 수
있으나,
16 너희는 정반대의 길이요, 관계도 없는
그 길을 가고 있으며,
17 모든 종교 집단이요, 지도자들까지도
참진리를 비진리로 비치는 그와 같은
것을 깨우쳤으며,
18 참진리라는 것을 가르친다는 것이 비
진리를 가르쳤으며 진실을 거짓말로
가르치며 거짓이 진실이라 가르치지
아니하면 아니 되며 너희가 살아갈
수 없는 이와 같은 오늘의 험악한 세
상이요,
19 종교 집단이요, 지도자들이 이와 같이
썩어져 있으며 황폐해져 있는 것이 너
희니라.
20 그곳에 사랑이 없으며 물이 없으며 생
수가 없어 메마른 자들이니라.
21 오죽하면 내가 너희에게 비진리를 진
리라 가르치며 거짓을 진실이라 가르
치며 진실을 거짓이라 둔갑시켜서 가
르치는 것이 너희가 하고 있는 본업
이요,
22 그리하여 너희는 많은 세월 동안에
너무나 그리 지켜 왔고 그리 흘러온
뿌리가 깊어, 이제는 돌이켜 고치려
해도 고칠 수 없는 그와 같은 형국이
되었음이니라.
23 너희 세상에 정신이 있는 자, 바로 깨
우친 종교 지도자가 손을 들어 말하기
를, '우리가 가는 것은 지금 진리가 아
니라 비진리요, 우리가 거짓을 가지고
진실이라 말하며 진실을 묻어 버리는
오늘날 이와 같은 종교 집단으로 피폐
되어 있으며 우리가 잘못 가니, 이를
바로잡아야 한다' 할 때,
24 그와 같이 말하는 백성은 설 자리가
없으며, 그는 그 순간부터 이단이요,
사탄이요,
25 그를 나 여호와가 선택한 종이라 말하
고 부르짖고 따르던 백성까지도 하루
아침에 돌을 던지고 등을 돌리는 그와

같은 형국이니,
26 그리 두렵고 무서워 그 말 한마디를 못하고 지금 참고 있는 지도자가 수없이 있다고 그리 말하였느니라.
27 진실을 가르치지 아니하고 있음이니라.
28 그리고 너희가 진실을 가르쳤을 때는 살아남을 수 없는 것이 오늘의 종교 집단이요, 지도자들이 서 있는 길이며,
29 너희가 같은 자매요, 형제라는 자들도 너희가 진실을 진실이라 말할 때, 그 속에서 따돌림을 받으며, 같이 갈 수 없으며,
30 그를 이단이요, 사탄이라 배척하는 그와 같은 험악한 세상이 오늘의 종교 집단에 흐르는 흐름이라는 것을 잊지 말라.
31 나의 법전과 나의 아들이 아니고는 과연 이와 같이 잘못된 이 세상을 어찌 바로잡겠는가?
32 그리하여 이를 바로잡을 수 있는 것은 나의 성령이요, '하나님! 말씀하옵소서' '하늘에 오르는 길'이라는 나의 새로운 법전을 책으로 엮어 이를 전하지 아니하면 너희를 바로잡을 수 없으며,
33 이를 그대로 받아 기록하는 내가 선택한 나의 아들이 아니고는 그 누구도 이 길을 갈 수 없으며, 이 역사를 이룰 수 없는 것이니라.
34 나의 법전을 보고 이제 깨우치는 선두주자가 되는 너희들, 그리고 나의 아들을 따르는 제자들이요, 나의 법전을 읽고 깨우친 백성, 너희들이야말로 이 세상의 만백성을 구하는 선두주자로서 나에게 부름을 받은 자들이니,
35 너희가 그 책무의 소중함을 잊어서는 아니 될 것이니라.
36 이제 나의 아들을 따르는 너희는 예수와 같은 고난의 죽음을 두려워해서도 아니 되며,
37 그 길을 가는 것을 너희가 몸소 피하려 하며 돌아가고자 하는 행위를 해서도 아니 될 것이니라.
38 너희는 나로부터 선택된 자들이요, 나로부터 부름을 받은 자요,
39 만백성을 구하기 위해 내가 지금 새로운 시대를 여는 이 시대의 선두 주자인 선택된 너희는 예수보다도 더한 고난과 그보다도 더 무서운 죽음 앞에서도 두려워하지 아니하며, 그를 당당히 받아넘기며, 나 여호와가 존재한다고 말할 수 있는 너희가 되어야 할 것이니라.
40 이제는 너희에게 핍박과 배척과 음해하는 것이 어느 시대보다 견디지 못할 만큼 무섭게 너희를 핍박할 것이니,
41 거기에서 두려워하며 피해 가며 좌절하며 돌아가고자 하는 마음이 있다면 너희는 정녕 이 길을 갈 수 없음이니라.
42 나 여호와가 너희와 같이하고 있음이니,
43 너희가 힘차게 밀고 나갈 때 그 모두는 다 부서질 것이며, 나의 법전은 세상을 덮을 것이니라.
44 그러니 너희들이 이제 마음의 자세를 바로 하라.
45 너희가 예수보다도 더 고통스러운 그 죽음의 길을 간다 해도 물러서지 아니

할 그 각오를 다지는 훈련이 필요함을
잊지 말라.
46 그리하여 너희에게 그 훈련을 임하는
것이 나 여호와의 뜻이니,
47 그리하여 기다리라, 인내하라 함이니
그리 알라.

7,019 번째 하나님 말씀

2003년 8월 6일 17시 49분

1 사랑하는 나의 아들아!
2 "네, 아버님! 말씀하옵소서."
3 네가 지금 나의 법전이요, 나의 성령
을 받아 만백성을 구하기 위해 이 길
을 달려감이니, 내가 너희에게 뭐라
말하였더냐?
4 나의 아들 예수가 33년을 사는 그동
안에 그가 능력이 없어서 지금 이와
같이 죄의 온상으로 뻗어 나간 교회를
짓지 아니하였으며 성전을 짓지 아니
하였다 말하였더냐?
5 그는 능력이 그보다도 더하며 너희보
다 더 큰 역사를 할 수 있는 나의 아들
이었음이니라.
6 그러나 그는 그를 왜 행하지 아니하였
던가?
7 그건 나 여호와의 뜻이 아니기 때문이
니라.
8 내가 원하는 지상의 교회요, 성전은
각자 가슴속에 있는 그 깨달음이요,
그것이 소중하고 위대한 성전이라 하
지 아니하였느냐?
9 그리하여 나의 아들 예수가 그를 전하
며 그와 같이 행하고자 세상에 나가
전했으나 저희 손으로 지은 교회를
운영하며 그걸 가진 자들이 그를 반
대하였으며,
10 그를 내놓고 바른길을 갈 수 없는 그
와 같은 사악한 마음 때문에 오늘과
같이 이 세상 나의 발등상이 모두 죄
의 온상인 교회로써 지금 상처투성이
가 되어 있음이니라.
11 동양의 작은 나라의 이 세상에 백 년
도 아니 되는 너희의 그 모습을 보라.
12 너희의 그 교회라는 건물이 세상을 얼
마나 짓이기고 있는가?
13 그러니 내가 뭐라 하였느냐?
14 너희가 이 형태로 갔을 때, 천 년의 그
세월이 흘렀을 때 그 모든 건물은 다
잠식될 것이며, 교회라는 그 건물이
요, 십자가의 공동묘지만이 이 세상을
다 차지할 것이라 그리 말하지 아니
하였더냐?
15 나의 아들 예수가 그를 염려했으며 나
여호와가 그를 걱정하여 그와 같은 것
을 만들지 못하게 하였으며, 마음의
성전을 짓도록 했던 것이니라.
16 그러나 그들은 정면으로 거부했느니
라.
17 그들은 나의 아들 예수를 따르려면 저
희의 성전이요, 교회라는 것을 모두
다 내놓고, 그를 버리고 따라야 했으
니, 그를 따를 수 있는 용기와 자신이
없는 자들이었음이니라.
18 그러니 그 교회를 운영하며 성전을 운
영하던 그 후손이 지금까지 이와 같이
성전이요, 교회를 운영하는 이 형국으
로 흘러왔음이니,
19 그들이 나의 뜻과는 전혀 관계없는 그
방향으로 간다 내가 너에게 그리 전하

여 주지 않았느냐?
20 그러니 이 세상에 모두가 잘못 가고
있는 그것을 어찌 잡아야 하겠느냐?
21 그들은 욕심이라는 우상이 있으면서,
저희 가슴속에 가지고 있는 우상을 섬
기면서, 우상을 섬기지 아니한다 하며,
22 나를 따르며 나의 아들 앞에 주라 찬
양하며 구세주라 부르면서 저희는 나
외에 절대 다른 신을 두지 않는다 그
리 말함이니라.
23 그러나 사랑하는 나의 아들아, 너는
여기서 너희 제자들과 나의 법전을 읽
는 백성에게 깨우쳐 주라.
24 내가 짓지 말라 명한 교회요, 성전을
짓기 위해 평생을 바쳐 나의 백성으
로부터 그 혈세를 거둬들이며 영수증
없는 그 세금을 거둬들이는 그와 같
은 짓을 하며, 저희가 그 교회라는 죽
은 건물을 지음이니,
25 그 죽은 건물이 저도 모르게 우상이
되어 있으며, 그 건물이야말로 그들이
전부를 다 바치며 제 생명보다도 더
소중히 관리하고 다스리는 것이 지금
너희가 지은 교회요, 성전이 아니더냐?
26 그러니 그들은 더 큰 우상이 제 가슴
속에 있는 자들이니라.
27 저희가 나의 믿음이요, 나의 뜻에 의
하는 것이 아니요,
28 더 큰 교회요, 더 화려한 교회를 짓기
위해 혈안이 되어 있음이니,
29 그들 마음속에는 교회를 더 크게 더
아름답게 짓는 그 우상이 제 가슴에
젖어 있으며,
30 그리하여 저희가 하나를 지었을 때,
그 모두가 제 인생의 전부라 생각하는
자들이니라.
31 그러니 그들이 우상을 숭배하는 대표
적인 자들이요,
32 교회를 짓는 자, 그리고 그곳에 경배
한다며 나의 백성을 모으는 자, 그들
은 벌써 교회라는 그 우상을 관리하고
그 우상 속에 젖어 있는 자들이니라.
33 그러니 그들 속에서 과연 무엇을 깨달
으며 무엇을 배워 하늘에 오르는 그
진리를 깨우칠 수 있다 그리 말하느냐?
34 그러니 이것 하나로써 모두 잘못되었
음이니, 그 뜻이라도 너의 제자들이
확실히 알아야 할 것이니라.
35 그뿐이더냐?
36 너희는 성서에 기록된 그 모든 내용을
그대로 배우고 가르치는 것이 아니요,
37 너희 임의대로 생각하여 너희 편의주
의로 모두를 다스려 가는 그와 같은
행위를 하고 있음이니,
38 너희 자신의 인간의 온갖 교리요, 생
각이요, 뜻에 맞춰 모두를 다 변화시
키니,
39 그와 같은 행위는 너희가 그것을 위
하여 모두를 다 바치고 노력하는 자들
이니, 그게 바로 우상이니라.
40 나의 성경을 변조하고 가감하여 가르
치는 것, 그리고 그 뜻을 가지고 만백
성에게 강요하는 것, 그것이 다 너희
가 사탄의 앞잡이로서 역사한다는 것
을 잊어서는 아니 될 것이니라.
41 이제 나의 아들을 따르는 제자 너희는
여기서 알아야 할 것이니라.
42 나의 아들 예수가 짓지 말라 하였던
그 교회요, 그 성전을 짓는 것, 그것이
바로 그들이 우상을 섬기는 자들이며

우상 속에 그들이 젖어 있는 자들이라
는 것, 그리고 그와 같은 곳에는 나 여
호와가 절대 임하지 아니하며 내 뜻이
아니라는 것을 알라.
43 너희가 천사와 같이 변하며 아름답게
마음이 변하며 나의 십계명대로 살고
자 하며 나의 법전대로 살고자 하는
그 마음속에 나의 교회요, 나의 성전
이 임하여 이룬다는 것을 절대 잊지
말라.
44 그리하여 너희가 여기에 무너져서는
아니 되며 흔들려서는 아니 됨이니라.
45 너희가 강하고 굳은 결의로써 나갔을
때 모두는 다 이루어지고 역사함을 알
아야 할 것이니라.
46 대제사장이 존재하던 2천 년 전에 교
회요, 성전을 가지고 있던 자들보다
지금 이 세상에 교회요, 성전의 수가
얼마나 많던가?
47 하루 자고 나면 수십 개씩 그저 헤아
릴 수 없이 내 발등 위에 교회라는 것
을 짓고 그가 존속하여 뿌리를 내려
감이니,
48 그들이 하나로 힘을 뭉쳐 너희를 공
격하고 핍박할 때, 그 방대한 힘과 능
력이 과연 어떠하겠는가?
49 감히 상상을 초월할 수 없이 돌변하는
자들로 변화될 것이니라.
50 왜 너는 그리 생각하지 못하는가?
51 그 뜻의 의미가 너는 무엇인 줄 알고
있는가?
52 "네, 아버님! 말씀하시는 그 뜻을 알
고 있사옵나이다.
53 대제사장이요, 종교 지도자들이 2천
년 전에 저희가 가지고 있는 교회요,
성전은 얼마 되지 아니하였사옵나이
다.
54 몇 개 되지 않는 그것도 내놓기가 억
울하고 아까우며, 내놓을 수 없기에
그들이 예수님을 따르지 아니하며 예
수님을 죽게 만든 그들이요,
55 그들은 예수님을 믿음이요, 아버님의
자식이요, 아버님의 뜻이 아니라 밀어
붙이는 것이 아니라,
56 정치적인 면에서 왕이라 하여 그와 같
이 간악한 방법으로 그를 죽이는 치밀
하고 사악한 방법을 쓴 것이 대제사장
이요, 그 종교 집단인 줄 알았사옵나
이다.
57 정녕 저희가 종교적인 믿음이 잘못되
어 예수님을 죽였다 하면, 정녕 예수
님을 따르는 백성이 예수님을 진정한
아버님의 아들이라 했을 때, 저희가
뿌리를 잃을 것이며 설 곳이 없기에,
58 그들은 종교적인 믿음으로써 예수님
을 죽게 한 것이 아니요, 왕이라는 그
단어 한마디에 왕이 된다는 그것으로
그들이 정치적으로 인간의 법을 적용
하여 예수님을 죽게 한 그 사악한 자
들이옵나이다.
59 그들은 종교적인 반목이요, 종교적인
이념이 다르기에 그와 같이 한 것이
아니라,
60 아주 치밀한 계획으로써 그들이 그와
같이 간교하고 간악한 짓을 한 자들이
었사옵나이다.
61 저희가 가진 모든 것을 내놓아야 하
며, 그를 버리는 것이 두려웠기에,
62 저희의 믿음이 잘못된 믿음이요, 예수
님이 진정한 아들로서 참진리를 가지

고 온 것을 그들은 알고 있사옵나이다.
63 그러기에 감히 종교적인 믿음으로써는 공격하지 못하며 예수님을 죽음으로 몰고 가지 아니하고,
64 정치적으로 선동한 자로서 그리고 반란한 자로 정치적으로 개술하여 인간법을 적용하여 교묘히 죽게 하였음이니,
65 정치적으로 아니 하고 교회의 믿음으로써 죽게 하여 그것이 진정한 아버님의 아들이요, 부활이라는 그 역사가 이루어졌을 때,
66 저희는 감당할 수 없는 그 무서운 변화가 이루어질 것이며, 저희 자신이 설 자리가 없기에,
67 그와 같이 편하게 비켜 가는 아주 치밀하고 간교한 방법으로써 정치적으로 왕이라는 명분의 올가미를 씌워 예수님을 십자가에 죽게 하는 치밀한 계획으로써 역사한 것이 오늘날 종교의 뿌리들이옵나이다.
68 오늘날 교회를 짓고 역사하는 자들은 그와 같이 간교한 자들의 그 뿌리가 이와 같이 교회를 다 이루고 있으며 이 세상을 역사하는 이와 같은 형국으로 가고 있사옵나이다.
69 예수님의 그 부활의 의미가 무엇이옵나이까?
70 모든 종교 지도자들이 그 의미를 모르고 있사옵나이다.
71 아버님께서 예수님을 3일 만에 부활시킨 그 역사는 무엇이옵나이까?
72 아버님의 아들이요, 아버님으로부터 선택된 백성이요, 아버님의 뜻을 가지고 이 세상에 나온 아버님의 진정한 대행의 임무를 수행하는 아버님의 아들이라는 것을 증명한 것이 3일 만에 부활한 것이 아니옵나이까?
73 그러니 그들이 3일 만에 부활한 예수님의 그 뜻을 안다면 이는 진정한 아버님의 아들이요, 참진리요, 하늘이 역사한 것이라 하여, 저희가 그 부활의 의미를 알아 그대로 지키고 행하며,
74 예수님께서 전하고 가르치고자 했던 것을 그대로 행하고 지키면 저희가 구원을 받을 것을,
75 그리하여 예수님의 부활한 것은 아버님의 아들이요, 아버님의 명받은 자요, 그리고 만백성을 구하기 위해 내려온 그와 같은 그 역사를 증거하며 그를 깨우쳐 주고 그를 보이기 위해 아버님께서 부활의 역사를 행하지 아니하였사옵나이까?
76 그와 같은 그 부활의 역사를 그들이 정녕 두려운 줄 알고 무서운 줄 알면 오늘과 같이 이와 같이 사악한 짓은 할 수 없으며, 짓지 말라는 교회와 성전을 짓지 아니하였을 것이옵나이다.
77 그리하여 예수님은 아버님에 대해 어떠한 방법으로 역사할 것이며 그 역사할 때 종교적으로 예수님을 죽게 한 대제사장이요, 그 지도자들이 저희가 설 자리가 없기에,
78 종교적으로 탄압하여 죽인 것이 아니요, 정치적으로 왕이라는 그것을 죄목으로 뒤집어 씌워 정치하는 자들과 합작하여 예수님을 죽게 한 그 간교하고 간악한 방법까지 연구하고 쓴 자들이니,
79 그들이 아버님이 내리신 성경인 구약

이요, 신약의 그것을 얼마나 가감했으며 손을 댔으며 저희 것으로 만들었을 것인가를, 지금의 백성은 그것도 모르며 그 의미도 생각하는 자가 종교 지도자 중에 없사옵나이다.

80 그러니 이를 바로잡고 그를 깨우치기에는 그 길이 얼마나 어렵고 힘든 것인가를 저는 알고 있사옵나이다.

81 그러나 주저하지 않겠사옵나이다.

82 제 목숨이 다한다 해도 이는 역사할 것이며, 죽음의 두려움이 없이, 저 자신은 죽음을 이미 포기한 지 오래이며, 제가 죽음으로써 모두를 다 이룰 수 있다면 그 길을 가기 위해 제 마음은 굳어져 있사옵나이다.

83 어떠한 형국이든 그를 이룰 수 있도록 제가 그리 이룰 것이옵나이다.

84 아버님께서 근심과 걱정을 하지 말아주시기를 바라오며, 더 이상 걱정하시지 아니하셔도 저는 그 길을 가겠사옵나이다.

85 예수님보다 더 고통스럽고 힘든 그 길이라도, 그들이 예수님을 그와 같이 죽게 하며 간교한 방법으로 뒤집어씌운 그 죄목을 만백성에게 전하여,

86 지금 잘못 가고 있는 백성이요, 이방인이라는 그 백성까지도 그 뜻을 다 깨우쳐 전하는 그 대명을 다 역사할 것이옵나이다.

87 부활의 의미는 아버님의 아들이라는 것을 증명한 것이며, 그 증명한 것은 아버님의 뜻을 가지고 세상에 나왔다는 것을 만백성에 깨우쳐 주며 종교 지도자에게 가르쳐 주고자 했거늘,

88 그들은 그래도 저희가 저지른 죄가 있으며 저희의 악행이 있기에 그를 받아들이지 아니하며 끝까지 그 모두를 다 거역하였으며,

89 예수님께서 전하고자 했던 아버님께서 역사하고자 한 것을 반대 방향이요, 거역한 방법으로써 그들이 이와 같은 오늘의 이 역사를 이루어, 세상이 썩어져 있으며 더러워졌으며 말세와 같은 시대가 되었음을 알고 있사옵나이다.

90 그를 바로잡기 위해 모두를 다 바칠 것이며, 그를 바로잡기 위해 저의 제자와 저 자신이 목숨을 바쳐 그 역사를 할 것을 지금 다시 한 번 맹세드리오니,

91 아버님께서는 너무 괴로워하시지 말며, 아버님께서는 불안한 생각을 갖지 아니하셔도 될 것이라 이 자식은 말씀을 드리옵나이다.

92 제가 예수님께서 그 길을 가지 아니하며, 그 잔을 받지 아니하게 해 달라 그리 기도한 마음이 아니오라,

93 저는 이미 모두 결정이 되었으며, 모두 굳어져 있으며, 어떠한 고통과 시련이라 해도 그 길을 가겠사옵나이다.

94 예수님께서 누명을 썼으며 예수님께서 억울하게 당했으며, 그들의 간교한 방법으로써 정치적으로 왕이라는 그 죄목을 뒤집어 씌워 그것으로써 그리 살해한 자들,

95 정녕 믿음이요, 종교적으로 갑론을박하여 그를 밝히고자 한 것이 아니요, 후세에 그것이 밝혀지면 저희가 무너지는 것이 두렵기에 그와 같이 한 자들,

96 그리고 아버님께서 진정한 아버님의
아들이라 하여 부활의 그 역사를 이룬
것을 보고서도 그들이 깨우치지 못하
며 변하지 못한 그 백성의 후손이, 오
늘 아버님께서 직접 모두 다 태워 내
리는 성령을 짓밟고 태우는 그와 같은
일은 결코 없을 것이옵나이다, 아버
님!"
97 사랑하는 나의 아들아, 서서히 가야
할 것이니라.
98 의지요, 욕망을 가지고 모든 게 다 이
루어지는 것이 아니니라.
99 안으로는 너의 제자들을 한 사람이라
도 다스려 만들 것이며, 외부로는 네
가 나의 법전을 만들어 전하는 그와
같은 일꾼들을 찾아야 할 것이며, 서
서히 가라.
100 성급해서는 아니 됨이니라.
101 앞서 가고자 하면 네가 모두 다 다치
고 넘어지게 되어 있음이니 그리 알라.
102 그 간교한 방법과 사악한 방법을 너는
지금 그 모두를 알고 있지 않은가?
103 그들이 어떠한 방법으로써 예수를 죽
였으며, 어떠한 형태의 계산까지 두고
미래에 이루어질 것, 10년이요, 20년
안에 제사장이 죽기 전에 진정 예수
가 나의 아들이라는 것이 밝혀져,
104 모든 백성이 예수가 진정한 하나님의
아들이요, 참진리를 전하는 자라 하
여, 저희가 살아서 죽기 전에 몇십 년
후에 변화될 그 길을 빠져나오는 것까
지 연구하고 치밀하게 만든 자들이
그들이니,
105 암실에서 간악한 그 무리가 얼마나 어
디까지 연구했겠는가?
106 그러니 나의 성서가 가감된 것은 그와
같은 자들이 손을 대고 만들었음이니,
107 예수의 뜻이요, 나 여호와의 뜻이 깊
이 반영되기 전에 결정적이고 중요한
것은 저희가 임의로 만들어 가감했음
을 너는 알아야 할 것이며,
108 그리하여 그 모두를 밝히는 것이 오늘
의 너의 대명임을 알라, 사랑하는 나
의 아들아!

7,020 번째 하나님 말씀

2003년 8월 6일 18시 07분

1 사랑하는 나의 아들아!
2 "네, 아버님! 말씀하옵소서."
3 진정한 참진리요, 진정한 복음을 전하
는 길은 그것이 무엇이더냐?
4 나의 사랑하는 백성을 구원하는 것이
요, 거듭나는 그 생명의 영생을 얻게
하는 것이 아니더냐?
5 그러니 나의 백성으로서 너희에게 내
가 내려 준 그 모든 은혜 속에 살다 나
의 품에 돌아오라 그리 내가 모두를
다 내려 주었거늘,
6 어찌하여 진정한 하늘의 뜻이요, 진정
한 복음을 전하거늘, 너희는 그를 깨
우쳐 하늘에 오르지 아니하는가?
7 너희가 이 세상에 살면서 가장 지키고
목숨을 다 바쳐 사수할 것이 무엇인
줄 알겠느냐?
8 진정한 복음을 전하는 길이요, 그리고
진정한 진리를 깨우쳐 하늘에 오르는
그 길을 어떠한 방법이든 지키고 사수
하는 것이 가장 중요한 것이거늘,
9 어찌하여 너희는 보이는 육의 삶에

모두를 다 바치며, 보이지 않는 다음
에 영원히 사는 그 세상을 위하여 과
연 얼마만큼 투자를 하며 노력하는가?
10 그 자신을 한번 돌아다봐야 함을 알
아야 할 것이니라.
11 그리고 나로부터 선택된 백성이요, 그
리고 또한 내가 초청한 백성 너희가
가야 할 길이 무엇인 줄 알겠느냐?
12 이제는 이 세상이 황폐해질 대로 황폐
해지고 썩을 대로 썩은 이 속에서 내
가 새로운 생수를 내림이니,
13 이를 받아 듣고 깨우친 너희는 만백
성을 구하는 그 길을 가야 할 것이며,
그 길을 위하여 너희 모두를 다 바치
는 그와 같은 삶을 살아야 하는 것이
너희가 가야 하는 길임을 잊어서는 아
니 될 것이니라.
14 사랑하는 나의 아들아!
15 "네, 아버님! 말씀하옵소서."
16 비록 너의 제자들이 지금은 나약하고
보잘것없으나, 그들은 내 뜻을 따라
역사할 것이니라.
17 사랑하는 너의 제자들에게 너는 전해
야 할 것이니라.
18 너희가 가는 그 길은 남들이 아니요,
너희 형제요, 같은 민족이요, 같은 백
성이 너희에게 고난을 주며 핍박을
줄 것이며 고통과 시련을 가게 할 것
이라는 것을 절대 잊어서는 아니 될
것이니라.
19 나의 아들 예수를 그와 같이 죽게 한
백성이 어떠한 백성이더냐?
20 이방인이라는 백성이더냐, 유대의 같
은 민족의 백성이었던가?
21 믿음의 길을 가는 백성이요, 한 민족
인 그 백성이 나의 아들을 그리 죽게
만들었음이니,
22 이 동양의 작은 나라에서 나의 성령이
요, 하늘의 빛이 세상에 내려와, 이를
만들어 만백성을 구하는 나의 법전이
요, 새로운 성경이 태양처럼 세상이
지금 다시 솟아나건만,
23 그와 같은 것을 보는 그 백성이 이를
사탄이요, 이단이라 하며 그를 은혜라
생각하지 아니함이니,
24 그들로부터 너희가 받는 고통이요, 시
련이요, 압박이 어떠한 민족보다도 더
처참할 것이며 잔혹하며 가혹할 것이
니라.
25 그와 같은 것이 종교 지도자요, 믿음
의 길을 가는 백성의 그 행태요, 그들
이 행하는 짓이니라.
26 어느 백성이요, 어느 민족이 나의 아
들 예수를 죽게 했더냐?
27 같은 시대의 같은 민족이요, 같은 백
성이 그와 같은 짓을 하지 아니하였더
냐?
28 그러니 지금 내가 선택한 동양의 이
작은 나라가 백 년도 안 돼 그 공동묘
지 같은 그 성전이요, 교회라는 것을
그리 많이 지어놓은 백성의 그 열과
성의요, 또한 그들이 잘못 가는 나름
대로 자부심이요, 오만함이요, 긍지를
가진 것이 얼마나 대단하더냐?
29 너희는 백 년도 안 되면서 이 세상 어
느 민족도 너희 동양의 작은 나라의
백성을 따라갈 수 없듯이, 그들이 견
고해졌으며 굳어져 있으며, 그와 같이
옹벽보다도 더 단단하게 된 자들이니
라.

30 그러니 거기에서 나의 성령이 나의 뜻
이 세상에 내려감이니 과연 그들이 얼
마나 무서우리만큼 핍박을 할 줄 알
겠느냐?
31 그것이 바로 너희가 2천 년 전에 나의
아들이 당했던 그것보다도 더 무서운
절차가 이루어질 것이니라.
32 이 동양의 나라가 백 년도 안 되어 어
찌하여 오늘과 같이 그 사악한 사탄들
의 그 죄의 온상인 교회가 공동묘지
가 생기듯이 그와 같이 많이 쉽게 생
기며,
33 그저 슬슬 십자가만 내걸면 그것이
구원의 길이라 그리 깨닫고 있으며,
아무리 호화롭고 찬란해도 거기는 묘
지와 같은 곳이며 죽음의 구석이라 내
가 아무리 말해도 너희가 듣지 아니
함이니,
34 이 동양의 나라가 어찌하여 이와 같
이 믿음이 백 년도 안 되는 그 역사가
몇천 년 동안 흘러온 그 백성보다도
앞질러 가 있으며, 그들보다 몇십 배
극성을 부리며 너희가 그와 같이 짜
여 있으며 그와 같이 번진지 아느냐?
35 모든 사탄이 동양의 작은 나라에 모두
를 다 바쳤기 때문이니라.
36 그들은 이 동양의 작은 나라에 나의
성령이요, 나의 뜻이 내려올 것을 알
고 있었으며,
37 나로부터 명을 받은 나의 아들이 예수
처럼 세상에 나와 만백성이요, 그들을
다 뽑아 버리며, 그들을 제거하며, 그
들을 다 이 세상에 발붙이지 못할 그
와 같은 역사가 이루어진다는 것을 알
고 있었기에,
38 오늘을 대비하여 그들이 이와 같이
나의 피조물 만백성을 사악하게 만들
었으며, 그 많은 종교 지도자들을 그
들이 양성하고 육성하였음이니라.
39 그리하여 나의 법전이 세상에 나오기
시작할 때, 나의 아들이 세상에 나의
법전을 전하여 모두를 다 다시 고치고
다시 잡으려 할 때,
40 그 모든 핍박과 그 고통과 시련을 다
너희에게 가하여 그들이 너희에게 모
두를 다 뒤집어씌우며 모두를 다 밀어
붙여, 너희가 그 핍박과 고통에서 정
녕 견딜 수 없는 그와 같은 사악한 형
국으로 몰고 가고자 그 모든 사탄의
힘이 지금 동양의 작은 나라에 미리
와 대기하고 있으며, 이리 집중되어
있다는 것을 너희는 모를 것이니라.
41 그러나 나 여호와가 하늘에서 내려보
는 그 모두는 내가 알고 있지 아니한
가?
42 이 동양의 작은 나라가 백 년도 안 되
면서 몇천 년의 역사를 가진 믿음의
길을 가는 백성보다도 몇십 배 더 굳
어져 있으며,
43 너희가 이와 같이 혼란을 이루고 있
으며, 그저 너희 세상인 것처럼 온통
지금 요란을 떨고 있으며,
44 그 누구도 받아들이려 하지 아니하며
그 누구도 용서하지 않을 만큼 이렇게
견고하고 무섭게 다져진 백성은 그 사
탄들이 나의 아들이 이곳에 올 줄을
알고 있으며, 이 동양의 작은 나라가
새로운 성경으로써 그들을 심판하며
그들의 뿌리를 뽑으며 그들을 불 속에
태우는 그와 같은 무서운 형국이 이루

어지는 것을 알고 있기에,
45 그를 예방하며 그를 막기 위해 그가
내리지 못하도록 지금 그들이 만반의
준비를 여기에서 하고 있었음을 너희
는 알아야 할 것이니라.
46 이 모두를 사탄들은 알고 있으며 사탄
들은 어떠한 변화의 역사가 있다는 것
을 아느니라.
47 그래서 그들은 그걸 막아 보고자 나의
선택된 동양의 백성에게 좁고 협착한
그 길로 가는 것이 하늘에 오르는 길
이 아니요, 십계명을 지키는 것이 하
늘에 오르는 길이 아니요, 나의 율법
을 지키는 것이 하늘에 오르는 길이
아니요,
48 넓고 평탄한 길로 달려가기만 하면
구원을 받는다며 그들을 유혹하여,
49 그들이 힘들고 어려운 길을 가지 아니
하고 넓고 평탄한 길이 천국에 가는
길로 알고 그들이 다 들어 서 있음이
니, 바로 그 길은 지옥으로 가는 길이
니라.
50 그들이 평탄하고 넓은 길을 하늘에 가
는 길이요, 천국에 가는 길로 알고 편
안하게 달려가는 거기서 새로운 길이
요, 협착하고 고통스러운 그 길을 가
는 것이 하늘에 오르는 길이요, 어려
운 십계명을 지키고 사는 것이 하늘에
오르는 길이라 너와 너의 제자들이 부
르짖을 때,
51 그들이 얼마나 무섭게 변할 것인가는
상상을 초월할 것이니라.
52 그러니 거기에 대한 대비를 철저히 해
야 할 것이며, 그를 위하여 내가 서서
히 한 권 한 권 나의 법전이 세상에 전
해짐을 알라.
53 네가 기도를 하여 나에게 말했듯이,
네가 죽음을 두려워하지 아니하며 네
죽음 하나로써 나의 법전이 정녕 나
여호와의 뜻임을 전할 수 있다면 그
길을 가겠다는 그와 같은 생각을 할
때, 너의 제자들 또한 그와 같은 제자
가 나올 수 있음이니 그리 알라, 사랑
하는 나의 아들아!
54 지금 너희가 이루는 모든 것, 나의 법
전이 오는 것, 이와 같이 새로운 시대
가 여기서부터 이루어진다는 것을 모
두 다 알고 있음이니,
55 그 백성이 따르지 못하도록, 그 백성
이 협조하지 못하도록, 그 백성이 영
광이라는 것을 모르도록 그들의 눈을
막고 귀를 막느니라.
56 그리하여 2천 년 전에 같은 민족이 나
의 아들 예수를 죽였듯이,
57 그보다 더한 핍박과 고통과 시련을 너
희에게 주기 위해 그 사탄들이 만반
의 준비를 해 놓고 있는 것이 오늘의
이 시점임을 너의 제자들과 나의 법전
을 읽고 깨우친 백성 너희는 알아야
할 것이니 그리 알라.
58 죽음의 고난으로써 견디고 나간다 생
각하면 너희는 반드시 승자가 될 것이
요,
59 무서워서 주저앉는 자, 피하는 자, 돌
아가고자 하는 자는 영원히 구원받지
못하며, 그 사탄의 자식이 되어 지옥
불로 가는 고통을 얻게 될 것이니 그
리 알라.

7,021 번째 하나님 말씀

2003년 8월 6일 18시 14분

1 사랑하는 나의 아들아!
2 "네, 아버님! 말씀하옵소서."
3 모든 종교 집단이요, 그리고 나의 백성이 이 세상에 살면서 육의 세상에서 무엇으로 승자와 패자라는 것을 결정하느냐?
4 오로지 눈으로 보이는 그 결과를 가지고 승자와 패자를 결정하였으며, 또한 인간의 값어치를 등급을 매겼으며, 그것으로써 모든 백성을 평가하는 그와 같은 삶을 살아왔느니라.
5 그러나 이제 나의 아들을 따르는 제자요, 나의 법전을 읽고 깨우친 백성 너희는,
6 이제 승자와 패자라는 것을 육의 세상에서 볼 수 있고 만질 수 있는 그것으로 등급을 매기며, 그와 같은 것으로써 승자와 패자를 평가하고 점수를 매겨서는 아니 됨을 너희는 알아야 할 것이니라.
7 모든 백성이 지금의 종교 집단이요, 믿음을 오는 그 백성은 육으로 보이는 것으로써 평가하고 등급을 매긴다 해도 너희는 그와 같이 해서는 아니 됨이니라.
8 너희가 영혼의 패자와 영혼의 승자를 구분할 줄 알아야 하며 그 길을 가야 함을 너희는 알아야 할 것이니라.
9 이제 너희는 육에서 보이는 것으로써, 육에서 얻고 잃는 것으로써 승자와 패자를 나누지 말라.
10 오로지 너희 자신과 싸워서 자신을 다스릴 수 있는 그와 같은 삶이요, 너 자신을 다스려서 그것이 바로 승자의 길이 되는 것, 그와 같은 길을 가야 함을 알라.
11 악과 선의 그 갈림길에서 너희 자신을 다스려 악을 버리며 선으로 선택하여 꿋꿋이 갈 수 있는 것, 그것이 너희 영혼을 구원하는 것이요, 영혼을 살리는 것이니,
12 너희는 승자와 패자라는 것을 영혼을 선한 길로 가게 하여 나에게 오르는 것이 승자요, 너희 영혼이 지옥으로 가는 것이 패자이니,
13 나의 아들을 따르는 제자들이요, 나의 법전을 읽고 깨우친 백성 너희는 육의 세상에서 승자와 패자에 연연하지 말며, 영혼에서 이기는 그와 같은 승자가 되도록 하라.
14 너희가 영혼에서 이길 수 있는 승자의 심판은 육의 세상에서 살면서 어찌 살아가느냐 하는 것이니라.
15 너희가 육의 세상에서 비열한 방법으로 승자가 됐으며 추한 모습으로써 너희가 말하는 성공한 자요, 권력을 잡은 자요, 너희가 말하는 등급의 최상을 받는다 해도,
16 비굴한 방법으로써 남을 속이면서 남에게 피해를 입혀 가면서 죄의 온상에서 그와 같은 것을 얻는 것은 인간의 육에서 잠시나마 피었다 지는 꽃처럼 승자라 할 수 있으나,
17 영혼의 삶이요, 영원히 사는 그 세상에서 패자가 되는 것이니라.
18 그러니 나의 아들을 따르는 백성 너희는 그와 같은 승자의 삶을 살도록 그

리하라, 사랑하는 나의 아들딸들아!
19 나 여호와의 뜻을 위한 역사의 삶을
사는 것, 너희가 하늘을 향하여 한 점
의 부끄럼이 없는 삶을 사는 것, 그것
이 너희가 영원히 사는 승자라는 것
을 알라.
20 나는 나의 아들을 따르며 나의 법전을
읽는 백성 너희에게 이를 전하고 싶
은 마음이니라.
21 자신과의 싸움에서 서열이나 등급이
얼마나 위대한 것인가를 육의 세상에
서 논하지 말며,
22 영혼의 세상에서 심판을 받는 그 등급
을 위하여 너희가 육의 삶을 선과 악
이 대치해 싸울 때, 너희가 선을 선택
할 수 있는 그 굳건한 그 마음이 영원
히 사는 영혼을 살리는 길이며, 영혼
을 살리는 그 삶이 영원히 승자가 되
는 길임을 너희는 잊지 말라.
23 그 싸움을 위하여 너희는 얼마나 투
자하며 얼마나 노력해야 하는가를 알
아야 할 것이니라.
24 영원한 삶의 그 승자의 길을 가기 위
해 육의 세상에서 얼마만큼 노력해야
하며 얼마만큼 투자해야 하며 너희
자신을 얼마나 다스려 나가야 하며,
너희 자신을 얼마나 매섭게 회초리로
다스려 가면서 가야 하는가?
25 그 길을 넘으라.
26 넘지 못하는 자는 나에게 와 승자로써
나에게 상을 받을 것이 없음이니라.
27 육의 세상에서 보이는 서열이나 등급
이요, 상급을 위하여 모두를 바치는
그와 같은 삶을 살지 말라.
28 오늘의 모든 종교 집단이요, 지도자들
이요, 구원을 받았다 하는 그 백성이
바로 그와 같은 삶을 사느니라.
29 육의 세상에서 보이는 서열로써 육의
세상에서 그 등급을 그들이 소중히 하
며, 육의 세상에서 받는 상급을 위해
살아가는 자들이니라.
30 그러니 그들은 자신과의 싸움에서 자
신을 구원할 줄을 모르며, 어렵고 힘
든 그 길을 피해 가고 평탄하고 넓은
그 길을 가고자 하는 자들이요,
31 어렵고 힘든 고난의 그 길을 가고자
하지 아니하는 자들이 그들이니라.
32 그리하여 그들의 삶의 후에는 결국 무
엇이더냐?
33 지옥으로 가게 됨이니라.
34 이를 깨달아 나로부터 선택된 백성 너
희가 나의 법전을 정독하고 깨우친 나
의 법전을 들고 그들의 가슴에 전하
여, 그들도 영혼이 승자가 될 수 있도
록 그리 깨우쳐 주라.
35 뭐라 말하든 그들이 너희에게 침을
뱉든 핍박을 하든 무엇을 하든, 너희
는 그저 법전을 전하고 깨우치며 묵묵
히 가는 그 길밖에 너희가 해야 할 길
이 없음을 알라, 사랑하는 나의 아들
딸들아!

7,022 번째 하나님 말씀

2003년 8월 6일 23시 28분

1 사랑하는 나의 아들아!
2 "네, 아버님! 말씀하옵소서."
3 한 장 한 장의 나의 새로운 법전이요,
새로운 성경이 기록되어 세상에 나갈
준비를 하고 있음이니,

4 네가 그만큼 기도를 열심히 하며, 내가 내리는 그 성령을 받고자 이 밤 또한 네가 나에게 이와 같은 경배의 기도를 드림이니,
5 그 노력이 없이는 아무것도 이루어지지 아니하는 것을 너는 알지 않느냐?
6 내가 너에게 경배의 기도를 드리지 아니하면 내가 너를 통하여 성령을 내리지 못하며,
7 네가 십계명을 반드시 외우고 난 다음에 내가 나의 성령을 내려보내도록 그리 너에게 명하였음이니,
8 네가 단 한 번도 십계명을 암송하지 아니한 적이 없으며, 네가 기도할 때마다 천 번 만 번 다 나의 십계명을 암송하고 나의 성령을 받음이니, 그는 아무도 그리 쉽게 할 수 없는 길이니라.
9 너는 몇 년 동안 나의 성령을 받아 나의 법전을 만들며,
10 믿음이 무엇이고 나 여호와가 어찌 역사하는 것이며 열여섯 권의 기초의 법전을 세상에 만들기 위해 그 기도를 하기 시작함이니,
11 하루도 거르지 아니하고 네가 몇 해를 거듭하며, 이와 같이 나에게 기도하고 경배함이 단 하루도 거름이 없음이니라.
12 그리고 네가 그 많은 시간 동안 나에게 경배하고 나의 성령을 받으며, 처음에 십계명을 암송하고 받지 아니한 적이 없으며, 모두를 시작할 때 네가 십계명을 암송하며 시작하는 그 역사는 아무나 누구든지 그리할 수 없음이니라.
13 인간사 얽히고설키는 그 생활 속에서 또는 자신이 흐트러지는 그 생활 속에서 그와 같이 역사를 할 수 없는 것이니라.
14 다만, 그 기초를 본다 해도 네가 나로부터 선택된 나의 아들이요, 네가 그와 같이 역사할 수 있는 것을 과연 인간인 네 능력으로써 했다고 생각하는가?
15 인간의 능력으로써 네가 그와 같이 갈 수는 없었을 것이니라.
16 그 모두는 나 여호와가 너를 주관하며, 오늘까지 살아온 너의 성격이요, 너의 인품이요, 그 모두를 가지고는 네가 준비된 삶이요, 그와 같이 살 수 없는 너이거늘,
17 네가 이 세상에 나와 60평생이 되도록 살면서 네가 바르게 지키고 하나의 실수도 없이 곧게 약속을 어기지 아니하고 지킨 것이 있다면 단 두 가지가 있음이니,
18 하나는 네가 나에게 기도요, 경배하는 그 순간에 십계명을 암송하지 아니한 것이 한 번도 없으며,
19 열여섯 권의 법전이 세상에 나와 네가 나의 뜻이 무엇인가를 알며 내가 역사하는 것을 알고 네가 나에게 그 경배의 기도를 드리는 것을 단 하루도 거르지 아니하고 그와 같이 간 그 역사요,
20 그것만이 네가 지금까지 살아온 가장 아름다운 삶이며, 모든 약속을 지키는 삶을 산 것이니라.
21 그 위에서 네 인생이 다시 시작되는 것이며 네 삶이 다시 시작되는 것을

알아야 할 것이니라.
22 이제 네가 나의 법전을 만들어 만백성
을 구하기 위해 90여 권의 법전이 세
상에 나올 준비를 하고 있음이니, 너
를 따르는 제자들이요, 이를 도와 일
한 너의 제자들 또한 나 여호와가 사
랑함을 알라, 그리 말하라.
23 내가 법전을 만들고 역사한 자를 사
랑하며, 나의 아들이 경배의 기도를
드릴 수 있고 나의 성령을 받도록 모
든 면에서 같이 버팀목이 된 너희를
내가 사랑하며 기억함이니라.
24 그러나 내가 기억한다 하여도 일순간
에 넘어지는 그와 같은 삶으로써 갔을
때는 그 또한 너희는 지옥문에 가 통
곡할 것이니라.
25 나 여호와는 공의의 하나님이니라.
26 내가 너희에게 바로 살아가는 길이요,
나의 성령을 듣게 하며, 나의 아들을
통하여 내리는 기도를 듣고, 너희들이
그를 보고 만드는 그것으로써 너희 스
스로 나의 아들과 같이 변해 오고 다
스려 오는 그와 같은 삶을 살아야 한
다는 것을 내가 너희에게 다시 한 번
전함이니 그리 알라.
27 인간 세상에 살아가는 속담이 있느니
라.
28 '할아버지가 아이를 예뻐하면 할아버
지의 수염을 잡고 그네를 뛰고자 한
다'는 말이 있듯이,
29 너희가 나의 기도요, 나의 성령을 들
으며 나의 아들을 따라 법전을 만드는
그 세월 속에 너희 스스로 무너지며,
스스로 태만하며, 지금 가는 길의 소
중함을 모르고 살아가는 그와 같은 백
성이 되어 살아갈 수도 있음이니,
30 내가 너희를 사랑하기에 그 길에서
물러나는 자가 되지 말라 너희에게 전
함이니라.
31 내가 나의 아들을 통하여 열여섯 권의
그 기초의 법전에 뭐라 기록하였더냐?
32 너희가 나의 아들이 있는 그 성전이
요, 그곳에 와 나의 법전을 가슴에 안
고 나가는 자는 그때 내가 너희 머리
에 손을 얹고 나 여호와의 이름으로
너희 죄를 용서한다고 그리 말하지
아니하였더냐?
33 그러나 다만 내가 거기에 붙인 조건이
있었음이니라.
34 그 조건이 무엇이더냐?
35 어린아이처럼 살라 함이니라.
36 갓 태어난 아이요, 세 살 미만의 그 아
이들이요, 이제 말을 배우는 그와 같
은 아이들 모습으로 사는 것이 너희가
나에게 오르는 길이요, 내가 너희 죄
를 용서해 줄 수 있다 하였음이니,
37 그는 내가 너희에게 죄를 용서해 줌
이 아니요, 너희가 나로부터 죄를 용
서받을 수 있는 그와 같은 아름다운
아이의 모습으로 변하는 것이며,
38 나에게 상을 받음이 너희가 죄를 지
은 것보다도 더 크기 때문이니, 이를
잊지 말고 명심하라.
39 내가 나의 아들 예수를 통하여 성경에
뭐라 기록하였느냐?
40 나의 아들에게 오는 그 어린아이들을
말리는 자를 보고 나의 아들 예수가
뭐라 말하였더냐?
41 '천국은 오로지 저 아이들 것이요, 저
와 같은 아이들이 천국에 와서 산다'

그것을 나의 아들 예수가 너희에게 깨우치고 먼저 가르쳐 주지 아니하였더냐?

42 어린아이들과 같은 자, 그 마음을 가지고자 하는 자가 천국에 올 수 있으며, 천국은 그와 같은 아이들 것이라 하였음은, 그 마음을 그리 가져야만 한다는 그 뜻을 성경에 이리 기록하여 너희에게 가르쳤음이니라.

43 그와 같이 나의 아들 예수가 어린아이들 것이 천국이요, 어린아이들 마음과 같이 변한 것이 천국이라 한 것은 하나님의 말씀이요, 나의 아들 예수의 그 가르침이라 너희가 그리 말하면서,

44 내가 마지막 시대의 나의 성령을 태워 내려보내는 나의 아들에게 기록하여 전하는, 어린아이 같이 변하는 자, 너희가 세상에 그 아이처럼 변하는 그와 같은 자, 그것만이 나에게 용서받을 수 있는 백성이요, 그리고 너희 죄를 사해 준다는 그 뜻과 그 가르침이 다 같거늘,

45 어찌하여 앞의 것은 하늘의 뜻이요, 뒤에 내가 내리는 마지막 시대에 역사하는 것은 사탄이요, 사악한 자가 하는 말이라 그리 말하느냐?

46 너희는 이 말을 함으로 인해서 너희가 어떠한 죄를 짓고 어떠한 사악한 자들인가를 알겠는가?

47 거지가 말하든 불쌍한 자가 말하든, 너희가 말하는 거지라 하여 남에게 신세 짓는 자라든지 몸이 불편한 자요, 고질병에 걸려 있는 자요, 아무리 못생긴 자가 말하더라도, 그가 말하는 진리의 뜻은 진리이거늘,

48 그가 말하는 것이 진리가 아니라 하면 너희는 과연 어떠한 것이 진리라 말할 수 있더냐?

49 너희는 나의 아들 예수가 2천 년 전에 너희를 깨우치고자 말한 그 뜻이 뭐라 말하였더냐?

50 어린아이들 같은 자가 오는 것을 막지 말라, 천국은 그들의 것이며, 그들만이 천국에 갈 수 있다고 그리 가르친 말은, 어린아이가 되면 그 심성이 천국에 간다 하였음이니라.

51 그리하여 2천 년이 흐른 다음에 너희가 잘못 가고 잘못 흘러가기에 지금 내가 나의 아들을 통하여 나의 법전이요, 새로운 성경에, 그와 같이 어린아이가 되는 것이 용서를 받는 길이며, 어찌해야 용서를 받는 것이며 죄 사함을 받는 것인가를 상세히 기록하여 너희에게 깨우쳐 주거늘,

52 오늘의 나의 법전이요, 나의 성령을 사탄이요, 사악한 자요, 말세에 오는 거짓 선지자가 하는 말이라 하면,

53 2천 년 전에 내가 나의 아들 예수를 통한 그 말과 내가 지금 나의 아들을 통하여 전하는 그 말의 가르침이 똑같을진대,

54 2천 년 전에 나의 아들 예수가 전한 그 말은 너희가 성경은 한 획도 고치도 말고 더하지도 말아야 하며, 구세주라 찬양하며 그저 구원의 예수라 그리 말하면서, 나의 아들이 지금 법전에 기록하여 너희에게 전하는 똑같은 내용이 잘못되었다면,

55 나의 아들 예수가 2천 년 전에 한 말도 사탄이요, 이단이요, 사악한 자가

한 말이라 하는 것임을 너희는 어찌
모르는가?
56 그와 같이 똑같은 형국으로써 전하는
그들임을 너희는 알아야 할 것이니라.
57 높은 자가 가진 검정 연필은 검정이
라 하며 서민이 가진 검정 연필은 검
정이 아니라고 말한다면,
58 서민이 가진 검정 연필이 검정이 아
니라면 높은 자요, 제왕이 가진 검정
연필도 검정이 아니라 말하는 것이 당
연한 것이 아니더냐?
59 이와 같이 종교 집단이요, 지도자들이
어리석은 행위를 하고 있음이니,
60 너희는 무슨 말을 하는지도 모르며 무
엇을 가르치는지도 모르는 자들이 지
금 종교 집단이요, 지도자라 하며 이
세상에 나의 피조물 만백성들을 구원
한다 하고 있음이니,
61 너희가 그 어리석음을 이제는 깨우칠
때가 되었음을 알라.
62 그와 같이 성서의 뜻도 모르며 생각나
는 대로 인간의 뜻대로 그리 가르치는
것을, 이제는 그 모두를 너희가 가릴
때가 되었으며, 더 이상 존재할 수 없
는 시대가 내려옴을 알아야 할 것이
니,
63 여기서 깨우치는 자는 구원을 받을 것
이요, 그렇지 못한 자는 너희야말로
가장 험악한 지옥 불에 가 그 대가를
치른다는 것을 절대 잊지 말라.
64 내가 너희에게 다시 한 번 기회를 주
기 위해 그 모든 실상을 나의 아들을
통하여 나의 법전에 기록하여 너희에
게 전하는 이 수고로움의 역사의 시간
을 갖고 있음을 알아야 할 것이니라.

7,023 번째 하나님 말씀

2003년 8월 6일 23시 37분

1 사랑하는 나의 아들아!
2 "네, 아버님! 말씀하옵소서."
3 내가 너희가 바라는 그 뜻을 알고 있
음이니, 이제 서서히 나의 법전을 세
상의 만백성을 위하여 전하는 그 역사
를 시작함이니라.
4 내가 이제 그 모든 역사를 시작함이니,
5 너를 따르는 제자들이요, 나의 법전을
읽는 백성이요, 그리고 강론을 듣는
나의 백성에게 조급히 서두르지 말라
그리 이르라.
6 너희가 조급한 마음으로써 무엇인가
를 이루기를 바라며 기다리는 그와 같
은 마음을 가지고 있을 때, 너희는 실
수하게 되어 있음을 알아야 할 것이
니라.
7 조급한 마음은 욕심이요, 그 욕심으로
하여 너희가 앞을 보지 못하는 그와
같은 불행한 일을 초래할 수도 있기
때문이니,
8 그들에게 너무 조급한 마음으로써 서
두르지 말라 그리 전하라.
9 다만, 너희가 시간이 이르면 역사할
것이며, 너희가 그 모두를 보게 될 것
이라 내가 말하지 아니하였던가?
10 너희는 흐르는 시간 속에 너희 자신
이 깨달으며 변화되는 그와 같은 삶을
다져 나가도록 그리해야 할 것이니라.
11 그리하여 너희가 눈을 뜨며 귀가 열
리고 또 세상 것을 볼 수 있게 높이 오
르도록 자신을 다스려 가는 데 최선을
다하도록 그리 전하라.

12 아무리 큰 제방도 개미가 다닐만 한
그 작은 구멍으로써 물이 새기 시작하
면, 그 물을 막지 아니할 때, 그 물은
점점 흐르고 흘러 그 물이 흐르는 것
은 조금 더 커질 것이며, 조금 더 커진
곳에 더 많은 물이 흘러 빠지기 시작
하면 또 커질 것이니라.
13 그리하여 결국은 그 모든 제방이 무너
지며 그 물이 터져 나가는 그와 같은
현상을 너희는 잘 알고 있으며 보지
아니하였더냐?
14 그러니 처음에 그 개미구멍과 같은 작
은 구멍으로써 흐르기 시작하는 그 물
줄기와 같은 것이 지금 너희가 가고
있는 길이며, 역사하고 있는 길임을
잊어서는 아니 될 것이니라.
15 시간이 지나면서 물이 좀 더 흐르면
너희가 충분히 들어갈 수 있는 것으로
써 변화될 것이며, 그렇지 아니하면
조금 더 세월이 지나고 난 다음에 너
희의 몸통이 들어갈 것이며,
16 누가 막고 처리하지 아니하면 그때는
너희가 상상할 수 없을 만큼 서서히
무너져 그 물줄기는 거세지고 물이 빠
지는 속도가 빨라질 것이니라.
17 그리하면 그를 다스릴 수 없는 그와
같은 형국으로 이루어지듯이,
18 나의 법전이 만백성을 다스리고 깨우
치는 데 그와 같은 형국으로 가고자
하며 내가 그리 계획하여 감을 너희는
이제 알아야 할 것이니라.
19 이제 서서히 내가 시작함을 알라.
20 너희는 그 제방의 물을 일시에 무너뜨
려 그 물을 흘려보내고자 하는 그와
같은 생각을 하지 말며, 일순간에 그
제방에 안에 있는 그 물들을 다 마르
도록 하려 하지 말라.
21 물이 흐르기 시작한다면 시간이 지나
면 지날수록 그 제방의 물은 급속도로
흐를 것이며, 그 흐르는 물줄기는 점
점 팽창해지며 더 커지게 되는 그와
같은 당연한 현실을 이루지 않는가?
22 그와 같은 것으로써 나의 법전이 세상
에 전해지는 그 역사가 나의 뜻이니라.
23 그렇지 아니하면 나의 법전이 세상에
나가 빛을 볼 수 없으며 지금의 모든
종교 집단이 하나가 되어 너희를 공격
하고 핍박해 올 때 너희가 견딜 수 없
다고 내가 그리하지 아니하였더냐?
24 이제 물이 흐르기 시작하였음이니라.
25 나의 법전을 세상에 전하는 것이 시작
되었음이니라.
26 그러니 이는 곧 제방의 물이 새기 시
작하는 것이니,
27 자고 나면 그 제방의 물이 흐르는 것
은 팽창되며 그 속도는 빨라질 것이
며, 흐르는 그 물의 양은 너희가 상상
할 수 없을 만큼 기하급수적으로 늘
어날 것이니 걱정하지 말라.
28 이제 시작하였음이니라.
29 서서히 뿌려 나가며 서서히 전하며 서
서히 역사하는 그와 같은 변화가 시작
됨이니,
30 너희 스스로 지금 깨닫고 느끼는 자가
있을 것이니 그리 알라.
31 이미 시작하였음이니라.

7,024 번째 하나님 말씀

2003년 8월 6일 23시 50분

1 사랑하는 나의 아들아!
2 "네, 아버님! 말씀하옵소서."
3 너희는 나의 아들 예수를 죽게 한 그
백성이 스스로 나의 백성이 아님을
자처했으며, 그들이 나의 백성이 아니
라는 것을 증거했다 너희는 그리 가
르치느니라.
4 그리하여 구약 시대의 사람들과 신약
시대의 모두는 구분되었다고 말하는
뜻이 거기 있지 아니하는가?
5 나의 아들 예수를 죽게 한 것은 구약
의 시대 사람들이 죽게 하였으며 그리
해서 구약의 시대는 그리 끝났으며,
6 신약의 시대는 나의 아들이 세상에 와
죽어 가는 그 순간에 신약의 시대가
열렸음이니,
7 이제는 신약의 시대에 따라 그와 같은
백성이 한 시대를 다시 이어 가는 그
와 같은 대변화가 이루어졌다 그리 말
하느니라.
8 그리하여 구약과 신약의 시대를 구분
하여 이를 지금 따지고 짚고 넘어가
며, 그리하여 구약은 뒷전으로 하며
너희는 신약 시대에 태어난 백성이요,
신약의 시대를 열어 가는 자들이라 자
처하느니라.
9 그래서 차별화를 하려 하는 것이 너희
가 아니더냐?
10 그리하여 구약의 시대 사람들은 나의
백성이기를 포기했으며, 그리하여 그
들이 나의 아들을 죽게 하였다 하였음
이니라.
11 그리고 너희는 나의 아들 예수의 뜻을
따라 그를 행하는 백성으로 다시 태어
난 자들이요, 다시 역사하는 백성이라
그리 말하며,
12 그리하여 구약과 신약을 엄연히 구분
하는 그와 같은 형태로 지금 믿음을
이끌어 가고 있는 것이 종교 집단이
요, 지도자들이니라.
13 그리하여 구약 시대의 믿음은 끝이 났
으며 신약의 시대가 새로 시작되었음
이니,
14 지난 사람들은 다 구약의 시대요, 오
늘을 사는 너희는 신약의 시대 사람
이라 그리 구분하고 있으며,
15 나의 아들 예수가 존재할 때도 나의
아들 예수를 죽게 한 자들은 나의 백
성이 아니기를 그들이 원했으며 나의
백성인 것을 포기한 것이며,
16 예수를 따르는 그 백성은 새로운 시
대요, 구약의 백성과는 아무런 관계가
없다며 그와 같이 차별화를 했느니라.
17 그러나 나의 아들을 죽게 한 그 백성
이 과연 구약 시대의 백성이며 그들
이 구약 시대의 백성으로서 모두가
끝났다 너희는 말하는가?
18 너희는 그 백성의 후예요, 그 백성의
가르침을 그대로 지금 계승해 오는
것이 아니던가?
19 나의 아들을 죽게 한 그 구약의 시대
가 모두 신약의 시대와 단절되었다 하
면, 지금 신약의 시대와 구약의 사람
들이 처음에 그와 같이 구분되었던가?
20 너희가 정녕 그와 같이 역사를 한다면
나의 아들이 죽는 그 시점에서 구약의
사람들은 서쪽 편에 살며, 신약의 사

람들은 동쪽 편에 사는 것과 같이 구
분하여 갈라섰으며, 그와 같이 흑백논
리로 구분되었다 말하는가?
21 그와 같이 구분된 역사가 없으며, 그
백성이요, 그 시대 사람들의 그 후손
들이 지금과 같이 계승하여 흘러오는
믿음의 세계를 가고 있지 않은가?
22 신약의 시대의 사람들은 서쪽이요, 구
약의 사람들은 동쪽이요, 그와 같이
갈라 놓고 구별했더라면 너희는 신약
과 구약의 시대를 구분할 수 있을 것
이니라.
23 그러나 너희는 신약의 시대가 다시
시작했다며 신약의 시대가 다시 역사
하기 때문에 너희는 구약 것을 버리
고 신약 것을 배운다고 말하나,
24 너희는 구약의 시대와 신약의 시대를
성서로써는 구분하여 그리 가르칠 수
있으나, 인간 자체는 그리 구분되지
아니하였음을 알아야 할 것이니라.
25 너희가 정녕 구약과 신약의 시대를 구
분한다면, 성서를 가지고 구약 것이
요, 신약 것을 구분하는 것이 아니라,
인간인 너희가 신약과 구약의 사람으
로서 변화돼야 할 것이니라.
26 구약의 시대 사람들이 다 끝났으며 신
약의 시대를 살아가는 이 시대의 사람
들이라면,
27 너희는 예수가 행하였던 예수가 베풀
고자 했던 사랑의 그 의미요, 그 모두
를 지키고 살아오는 것이 바로 신약의
사람으로서 신약 시대의 백성으로서
구분되는 것이지,
28 구약의 시대 것을 가지고 그대로 답습
하면서 구약과 신약을 구분한다는 것
은, 구분돼야 할 그 인간은 구분하지
아니하며, 성서만을 구분시켜 놓고 모
두 구분됐다고 말하는 것이니라.
29 너희가 신약 시대의 사람이라면 정녕
나의 아들 예수의 그 가르침은 그대로
행하는 것이 신약 시대의 사람이요,
30 그러나 너희는 구약 시대의 종교 집단
이요, 지도자들이 행했던 그 믿음을
그대로 지금 행하고 가는 자들이니,
31 너희는 신약 시대의 사람이 아니요,
너희를 구원하고자 온 나의 아들 예수
를 죽인 그들과 같은 동족으로서 그
후손들인 너희가 지금 이 세상을 지
배하고 있으며 신약의 시대를 열었다
고 함이니라.
32 그러니 너희는 구약과 신약이라는 그
구분 자체도 모르며, 너희는 그와 같
은 자격이 없음을 알아야 할 것이니라.
33 나의 아들 예수를 통하여 내가 이루고
자 가르치고자 했던 그를 너희가 그대
로 깨우쳐 그대로 행하고 지키고 오는
백성이라면 너희는 그와 같은 말을 할
수 있으나, 너희는 그와 같은 길은 저
버렸음이니라.
34 그 어렵고 힘든 길은 접어 두고 구약
의 폐습을 그대로 가도록 너희가 교회
를 지으며 성전을 지으며, 오늘날 이
와 같은 것으로써 지금까지 흘러왔음
이니라.
35 그러니 너희는 구약의 시대요, 신약의
시대라는 그 말을, 감히 내가 듣는 하
늘을 향해서 그 소리를 하지 말라.
36 인간인 너희가 구분되어야 하는데, 정
녕 인간 너희는 구분되지 아니하였음
이니라.

37 그래서 구약과 신약을 구분되지 아니
한 그와 같은 형태로써 지금 흘러왔음
을 알아야 할 것이니라.
38 이제 나는 너희를 탓하고자 함이 아
니니라.
39 지금 나의 아들을 따르는 백성 그들도
또한 그러하니라.
40 나의 법전을 듣고 깨우치고 공부하는
그 백성이 구약의 시대요, 신약의 시
대의 그 성서를 읽으면서 나의 법전을
읽고 강론을 들으며 공부하고 깨우쳐
가는 그 백성 너희가 또한 차별화의
그 의미를 깊이 깨우쳐야 하기에, 내
가 너희를 가르치고자 함이니라.
41 너희는 구약과 신약과 제3의 시대의
새로운 성경이요, 나의 법전을 읽고
깨우친 백성을 구별하는 것은,
42 곧 나의 법전이요, 내가 내리는 새로
운 성경대로 행하고 살아가는 그것이
너희를 구분할 수 있는 것이요,
43 너희가 구약과 신약 시대의 그 전통이
요, 그 역사를 그대로 답습해서 그리
온다면, 아무리 나의 법전을 읽고 깨
우쳐도 너희는 변화되는 백성이 아님
을 알아야 할 것이니라.
44 지금 십일조요, 각종 헌금이요, 그리
고 구약에 기록되어 있는 그 모두는
너희가 행하면서, 너희는 지금 차별화
되었다 그리 말함이니라.
45 구약의 모든 것을 전수받아 행하는 자
들이 어찌하여 구분되었다 그리 말할
수 있는가?
46 그와 같은 말을 하지 말라.
47 그 말을 하는 너희를 바라보는 나 여
호와가 너희를 향하여 눈을 뜨고 싶
지 않으며, 너희를 바라보고 싶은 마
음마저 없음을 알라.
48 다만, 이제 나의 아들을 따르는 제자
들이요, 나의 법전을 보고 깨우쳐 공
부하는 백성 너희를 변화시키고자 함
이니라.
49 너희들이 차별화가 되는 그 변화가 무
엇인지 너희는 알 것이니라.
50 너희가 바로 나의 법전대로 살아가는
것이니라.
51 지금의 교리를 갖고 그 교리의 뼈대를
가지고 똑같이 믿음의 길을 간다면 너
희는 나의 법전을 가지고 변화되는 삶
을 살 수 있는 백성이 아님을 알라.
52 너희는 완전히 변화되는 그와 같은 삶
을 살아야 함이니라.
53 구약이요, 신약이요, 그 뼈대를 가지
고 지금 인간이 가감하여 만들어 놓은
그 설교요, 그리고 너희가 유리한 쪽
으로 각종 헌금이요, 십일조요, 그저
성전을 짓기에 혈안이 된 그와 같은
악습을 따르며, 나의 뜻이 아닌 것을
역사하고자 하는 그와 같은 형태로 간
다면,
54 나의 법전을 아무리 읽고 정독하고 통
달했다 해도 너희도 그들과 똑같은
백성이요, 새로운 시대를 역사하는 백
성이 아님을 알아야 할 것이니라.
55 너희는 성서를 가지고 구약과 신약을
논하지 말라.
56 인간인 너희가 신약의 시대의 사람으
로 변화되어야 하나, 너희는 신약의
사람으로 변화된 백성이 아니요, 구약
의 너희 조상이 그와 같이 사악한 행
위를 했으며 저희의 추한 모습을 가

리고자 했던 것을 그대로 답습하며 감
추고 나를 속이며 오는 그와 같은 종
교 집단이니,
57 너희는 구약의 시대에서 신약의 시대
로 변하는 것이 아님을 알라.
58 아무것도 변한 것이 없으며 나의 신약
이요, 나의 아들 예수의 가르침은 그
저 흙에 묻혔으며 그들은 다 없어지는
그와 같은 형국의 오늘이 되어 있음을
나만이 알고 있음이니 그리 알라.

7,025 번째 하나님 말씀

2003년 8월 7일 0시 03분

1 사랑하는 나의 아들아!
2 **"네, 아버님! 말씀하옵소서."**
3 너희가 구약의 시대의 4천 년의 역사
가 흐른 후에 신약의 시대가 또 이루
어짐이니,
4 그리하여 구약과 신약의 그 시대가 이
루어지며 그 변화가 되는 그것을 간단
히 생각하고 깨우침을 얻는다면 오늘
나의 제3의 시대요, 나의 법전이 내려
오는 이 시대는 마지막 심판의 시대라
하여 내가 나의 성령을 기록하여 내리
는 이 새로운 역사가 이루어지는 것을
다 알고 깨우칠 수 있지 아니한가?
5 그를 다 알 수 있거늘 어찌하여 그리
깨달음을 얻지 못하느냐?
6 내가 나의 법전의 머리말에 뭐라 기록
하여 너희에게 전하였느냐?
7 '너희 인간이 수년 수십 년 평생 성서
를 공부하고 기도하는 것은 하늘나라
나에게 오르고자 함이 아니냐?' 내가
그리 말하였느니라.
8 '그러나 수천 년 전의 너희 이념과 인
간의 생활 방식과 지금의 너희 마음의
차이가 너무 크니, 선지자를 통하여
책의 표지처럼 하늘에 오르는 길을 열
여섯 권의 책으로 만들어 전하니, 너
희는 쉽게 깨우치고 뉘우쳐서 하늘에
오르는 길을 찾으라.'
9 이는 나 여호와의 뜻이며 여기에 나의
뜻이 모두 있으며, 구약의 시대에서
신약의 시대로 변화되는 그 과정이 또
한 그 의미가 여기에 있거늘, 어찌하
여 너희가 그를 깨우치지 못하는가?
10 구약의 4천 년의 시대의 그 백성과 예
수 시대의 백성이 이념과 인간의 생활
방식이 그 차이가 그때도 그리 컸음
이니, 그리하여 내가 너희 마음의 차
이가 너무나 커 내가 구약의 시대에서
신약의 시대를 열었던 것임을 너희는
알아야 할 것이니라.
11 지금 또한 어떠한 것이더냐?
12 2천 년 동안 신약의 시대라 하여 살아
온 지금의 너희 삶이 오늘의 나의 백
성이 살아가는 그 생활이 너무나 격이
크고 차이가 멀어 내가 이와 같이 나
의 법전을 나의 아들을 통하여 내려
너희를 깨우치고자 한 것은 바로 무엇
이더냐?
13 바로 이와 같은 열여섯 권의 법전의
그 기초 안에 기록한 지금 수천 년 동
안 살아가는 그 생활 속의 이념과 인
간의 생활 방식과 모두 그 격이 너무
나도 멀고 차이가 나기에 내가 이 시
대를 열어 간다는 이 의미를 안다면,
구약에서 신약의 시대가 열린 그 의미
를 너희가 알 수 있는 것이니,

14 다만 흐르는 그 역사 속에서 나의 뜻
에 따라 나의 계획에 의하여 그와 같
이 흘러가고 이루어졌음을 너희는 알
아야 할 것이니라.
15 그러니 오늘 나의 아들을 통하여 너희
인성과 생각하는 생활 방식이 모두가
달라 새로운 시대를 연다는 것을 깨달
으며, 구약의 시대에서 신약의 시대를
열도 그와 같은 의미임을 너희는 알
아야 할 것이니라.
16 다만, 나의 법전이 내려오는 그 뜻이
그때와 다를 뿐이니라.
17 나의 법전이 만백성을 심판하는 마지
막 시대의 것이요, 나의 백성을 위하
여 내가 마지막으로 역사하는 시대라
는 그 차이뿐이니라.
18 그것 외에는 너희의 모든 그 인성이
요, 생각하고 깨달은 방법이요, 삶의
모두가 달라 새로운 시대를 연 것처
럼, 구약의 시대에서 신약의 시대도
그와 같은 의미에서 열렸다는 것을 안
다면 이 모든 흐름을 알 것이며, 이를
가지고 구약의 역사가 어떠했으며 신
약의 시대가 어떠했으며 제3의 시대
는 사탄이요, 사악한 자라는 그와 같
은 말을 하지 말라.
19 어찌하여 너희는 구약의 시대도 무시
하며 신약의 시대만 이 세상을 지배하
는 시대요, 이 모든 백성을 구원하는
시대라 하는가?
20 너희는 어찌하여 제3의 시대, 마지막
시대를 열어 내가 직접 관장하는 이
시대를 또 무시하며 그를 인정하지 아
니하려는 것은 너희의 고집이요, 오만
함에서 오는 형국이니라.
21 신약의 시대를 열어가면서 신약의 시
대에 존재한다는 너희는 시대는 변했
으나 너희 마음은 변화된 것이 하나도
없음이니라.
22 내가 구약의 시대에서 신약의 시대로
너희 인간성을 바꾸고자 했을 때, 너
희가 그대로 따랐으면 오늘과 같은 역
사는 이루어지지 아니하였을 것이니
라.
23 너희 인간의 삶의 본성이 격차가 너무
크니, 내가 지금 마지막 시대에 나의
뜻을 내려보내며 그리하여 모든 백성
을 다스리고 깨우치고자 하는 그 역사
가 이루어지는 이 깊은 의미를 너희가
스스로 안다면,
24 구약이요, 신약이요, 제3의 시대를 갑
론을박할 것 없으며 시시비비할 것이
없음을 너희는 알아야 할 것이니라.

7,026 번째 하나님 말씀

2003년 8월 7일 0시 10분

1 사랑하는 나의 아들아!
2 "네, 아버님! 말씀하옵소서."
3 나의 아들 예수가 그와 같이 고통의
죽음을 통하여 과연 무엇을 이루고자
했던가?
4 모든 사랑의 뜻을 전하며, 또한 가장
중요한 것은 나 여호와가 존재함을 나
의 아들 예수로 하여금 나의 백성에게
깨우쳐 주며 너희에게 알려 주고자 한
그 뜻이 거기 있음을 알아야 할 것이
니라.
5 또한, 부활의 의미도 그러하니라.
6 부활의 의미는 무엇이라 내가 말하였

느냐?
7 나 여호와의 뜻이요, 예수가 나의 대
명을 받고 내려가 세상에 존재했던 나
의 아들이라 하여 그를 내가 부활하는
그 역사를 이루었다 하지 않았더냐?
8 나의 아들 예수가 그 고통의 세월 속
에서 그 모두를 인내한 것은 나의 사
랑을 전함이요, 나의 큰 사랑의 위대
함을 보여 주는 것도 중요하나,
9 우선 나 여호와가 하늘에 존재한다는
것을 너희에게 깨우쳐 주기 위해 그
역사를 이루었음이니라.
10 그러니 너희가 진정 신약의 시대에
역사하는 백성이요, 새로 태어난 백성
이라 그리 말하며 다시 선택된 백성이
요, 다시 태어난 백성이라 그리 말한
다면,
11 모든 종교 집단이요, 지도자요, 그리
고 신도라 하여 지금 더불어 가는 그
백성이 해야 할 일이 무엇이던가?
12 수년 수십 년 동안 교회를 다니며 성
경을 가지고 공부한 백성 너희가 바
로 깨우치고 배웠다면 바로 무엇이더
냐?
13 나의 아들 예수처럼 인간으로서 이
세상에 살면서 하늘에는 나 여호와가
존재함과 나의 사랑과 내가 이루고자
하는 뜻이 무엇인가를 많은 백성에게
깨우쳐 주고 전하는 것이 너희의 대
명이요, 소명임을 알아야 할 것이니라.
14 너희가 가장 중요한 것은 나 여호와가
하늘에 존재하는 것을 가르치면 되거
늘, 그리하여 내가 성전이요, 교회라
는 것이 필요 없다 말하였음이니라.
15 그리하여 말로써 이웃에 전하며 그 어
떤 뜻으로써 내가 존재함을 가르치고
일깨워 주는 그것이 가장 중요한 사명
이며 그리 행해야 하는 것이니라.
16 그러나 모든 종교 집단이요, 지도자
요, 신도라 하는 그 백성이 과연 어찌
가고 있는가?
17 너희는 교회를 짓고 제왕적인 대우를
받기 위해 몸부림치며 나의 백성을
종과 같이 부리며 군림하고자 하는 그
종교 지도자 밑에 가서, 나의 뜻과는
관계없는 사탄의 자식으로 전락한 그
들에게 재물과 시간을 바치며 구원을
받겠다 아우성치는 그와 같은 형국이
니라.
18 지도자는 궁궐과 같은 데서 제왕적인
대우를 받고자 하며 백성은 구원을
받는다는 그것 때문에 앞을 가리지 못
하고 서로 아우성이 되어 물불을 가
리지 아니하며 맹종맹신하며 가는 것
이 오늘의 그 형국이니라.
19 그러니 그 모두가 다 잘못되었음이니
라.
20 그와 같은 것에 다 손을 놓으며 그와
같은 것을 다 버리며, 오로지 나 여호
와가 존재함을 나의 아들 예수가 만백
성에게 깨우쳐 주고 전하고자 했듯이,
너희가 믿음의 길을 가는 백성이요,
진정 나의 뜻에 따라 가는 백성이라
면 나 여호와가 존재함을 만백성에게
그저 전하는 그것으로써 그와 같은 삶
을 사는 것이 가장 중요함이니라.
21 그와 같은 역사를 이루며 그와 같은
역사를 이루고 전하는 자들을 바라볼
때 너희가 한 점의 부끄럼이 없는 그
와 같은 삶으로써 살아가는 것이 너희

가 해야 할 일임을 알라.
22 나의 아들 예수처럼 살아 만백성에게
나를 인식시키고 내가 존재함을 가르
치는 것, 그것이 너희가 가는 길이요,
23 그를 행하지 아니하며 그 역사를 이루
지 않는 것은 사탄의 자식이라는 것을
너희는 알아야 할 것이니라.
24 이제 나의 법전을 읽고 깨우친 나의
아들을 따르는 백성 너희는 과연 너
희의 대명이 무엇이며 역사할 것이 무
엇이며 너희가 살아가는 길이 무엇인
가를 알아야 할 것이니라.
25 모든 백성에게 나 여호와가 존재함을
깨우쳐 주는 것이 그것이 가장 중요한
대명임을 잊지 말라.
26 나 여호와가 누구며 내가 무엇을 역사
하고자 하며 내가 이루고자 하는 것을
아는 백성 너희는 나 여호와가 하늘
에 존재함을 먼저 가르쳐 주며 그들에
게 깨우쳐 주라.
27 그리하려면 너희가 그들에게 말했을
때 그들이 인정하며 따를 수 있는 오
늘의 삶이 가장 소중하다는 것을 잊지
말라.
28 사랑하는 나의 아들아! 그러기에 너
희가 가는 길이 어려우며 너희가 역
사하는 길이 어렵다는 것이니,
29 나의 아들딸 너희는 이를 잊지 말고,
주저하지 말며 포기하지 말며 두려워
떠는 그와 같은 마음의 자세로 살지
말라.
30 당당한 모습으로써 힘차게 밀고 나가
며, 나 여호와가 존재함을 만백성에게
전하는 데 최선을 다하도록 그리하라,
사랑하는 나의 아들딸들아!

7,027 번째 하나님 말씀

2003년 8월 7일 08시 09분

1 사랑하는 나의 아들아!
2 "네, 아버님! 말씀하옵소서."
3 나의 법전이 세상에 전해져 나갈이니,
나의 사랑하는 백성 너희가 그를 읽
고, 이는 정녕 나 여호와의 뜻이며 새
로운 성경이요, 이 시대에 너희를 하
늘에 오르게 하는 길로 깨우치는 글이
라 전해졌을 때,
4 너희 마음은 하루아침에 모두 다 이
법전을 읽고 정독하고자 하게 될 것이
니라.
5 인간의 마음은 아침저녁으로 수시로
변하는 것이 인간의 마음이요, 또한
이해관계를 따져서 선택하는 능력이
있으며, 옳고 그름을 판단하여 옳다
생각할 때 그를 따르는 백성이 있음
이니라.
6 그러니 너희는 주저하지 말며 그저
나의 법전을 만들어 만백성에게 전할
수 있는 그 준비에 최선을 다하도록
그리하라.
7 지금 아무리 철옹성 같으며 너희를
적대시하며, 너희를 이단이요, 사탄이
요, 사악한 자라 말하며 너희를 상대
하지 아니하려 해도, 그들의 마음이
변하기 시작하면 또한 하루아침에 변
하게 되어 있음이니 너희는 너무 염
려치 말라.
8 온 세상의 모든 백성이 나의 법전을
읽지 아니하면 아니 되며 이를 행하지
아니하면 나에게 오르는 길이 없음이
니라.

9 그리고 내가 십계명이라는 것을 직접
친필로 써 내렸듯이 그를 읽고 깨우치
지 아니하는 자는 영혼을 다스릴 수
없다, 내가 그리 말하지 아니하였던가?
10 너희가 영혼의 구원이요, 하늘에 오르
는 그 길이 십계명을 암송하지 아니하
면 십계명을 공부하지 아니하면 아니
된다, 내가 그리 말하였음이니라.
11 그리하여 모두를 내가 상세히 풀어서
그리고 너희가 지켜서 가야 할 것을
세세히 기록한 것이 나의 법전이니,
이 법전을 정독하지 아니하고 읽지 아
니하고는 결코 오를 수 없기 때문이
니, 그를 아는 백성이 나올 것이며 그
를 깨닫는 백성이 나올 것이니라.
12 그리하여 서서히 변화의 역사는 시작
할 것이니라.
13 두려워하지 말며 나의 법전을 만들고
준비하는 단계에서 최선을 다하라.
14 그리해 놓으면 그를 다 인수하며 그를
다 맡아서 할 자들이 올 것이니, 너는
그때까지 기다리면 되는 것이니라.
15 두려워할 것이 없느니라.
16 이 세상에 모든 백성을 나 여호와가
구하고자 함이니, 나의 법전이 세상을
덮는 날이 머지않았음을 알라.

7,028 번째 하나님 말씀

2003년 8월 7일 08시 23분

1 사랑하는 나의 아들아!
2 "네, 아버님! 말씀하옵소서."
3 지금의 모든 종교 집단이나 지도자들
이 나의 사랑하는 백성을 그리 가르
치는 것이 무엇인 줄 알겠는가?
4 인간은 인간이 지은 죄를 서로 용서해
줄 수도 없으며 용서해 줄 능력도 없
으며 저 자신이 용서를 받을 수 있는
그와 같은 능력도 없는 것이 인간이
요, 인간으로서 살아가는 도리라 그와
같이 말하느니라.
5 그러나 내가 너희에게 뭐라 가르쳤느
냐?
6 인간은 남을 평가할 수 없다는 것을
내가 너희에게 가르쳤음이니라.
7 인간인 너희는 나의 아들딸로서 누구
나 다 평등하게 동등한 자격을 가지고
세상에 나갔음이니,
8 그 누구도 나의 아들을 평가하며 그를
점수를 매기고 등급을 매기는 그와 같
은 행위는 할 수 없다고 내가 가르쳤
음이니라.
9 그러나 지금의 모든 종교 집단이요,
그들이 행하는 행위는 과연 무엇이던
가?
10 저희는 인간을 차별화하였으며 차등
을 만들었으며 그리고 저희는 완벽한
성역을 만들어 저희의 생활에는 조금
도 침해하지 못하도록 나의 피조물 만
백성들에게 군림하는 것이 모든 종교
집단의 지도자 그들이 하는 행위이니
라.
11 그러면서 인간은 누구나 지은 죄를 서
로 용서할 능력이 없으며 자격이 없다
말하며, 그리고 너희가 살아가면서 스
스로 지은 죄 또한 절대 용서해 줄 수
없으며 용서받을 수 없는 것이 인간이
라고 나의 피조물 만백성들 앞에 그리
가르치며,
12 그리하여 오로지 저희가 지은 죄의

온상인 교회요, 성전에 와 재물을 바
치고 회개의 기도를 하는 자, 그리고
나의 아들 예수의 이름을 부르며 그
예수의 보혈로써 구원을 받으며 오로
지 그 길만 나의 아들딸들이 구원을
받는 길이라 그리 가르치고 있음이니
라.
13 그러나 너희는 알아야 할 것이니라.
14 하늘의 법도를 내가 일찍이 너희에게
깨우쳐 주고 전해 주지 아니하였던가?
15 너희가 남의 죄를 정죄할 수 없으며
남을 평가할 수 없으며 남을 차등하여
시시비비할 수는 없는 것이라 내가 그
리하였음이니라.
16 모든 것은 나 여호와가 주관한다 한
나의 그 뜻을 너희는 알고 있을 것이
니라.
17 그러나 남이 지은 죄를 용서할 수 있
는 자격은 너희에게 있음을 알아야
할 것이니라.
18 남이 지은 죄를 너희가 사랑으로 바
라보는 것, 사랑으로 다스려 주는 것,
그와 같은 마음이 남들이 너희에게
지은 죄를 용서해 줄 수 있는 그 자격
이 있는 것이 아니던가?
19 그가 나에게 와 심판을 받고 안 받는
것은 관계없이 마음으로써 너희가 용
서하고 사랑으로 다스려 줄 수 있는
것 사랑으로써 다스리며 사랑으로써
보는 그 마음, 그리고 그와 같은 마음
이 곧 남들이 지은 죄를 용서해 주는
그 마음의 자세라는 것을 너희는 알
아야 할 것이니라.
20 나로부터 용서받고 못 받는 것은 관계
없으며, 너희는 모두를 다 용서해 줄
수 있는 그와 같은 자격이 있으며 그
와 같은 마음을 가지고 살아야 하는
것이 너희임을 알아야 할 것이니라.
21 스스로 자신이 지은 죄 또한 용서받는
길이 없으며 용서받을 수 없다 그리
말하였음이니라.
22 그러나 나는 너희에게 깨우쳐 전하였
느니라.
23 너희가 죄를 지었을 때 그 죄의 대가
를 원상태로 해 놓고 너희로부터 손
해를 입은 자에게 진정으로 용서를 빌
며 그와 같은 마음으로 그 용서를 비
는 길을 찾아야 한다 했으며,
24 너희가 남의 물건 하나를 도둑질했을
때 그것을 열배 백배로써 그를 보상
하고 변상하며 그와 같은 자세로 살아
갈 때, 그리고 도둑질한 것을 뉘우치
는 마음으로 생활할 때,
25 너희가 지은 죄는 지워질 수 없으며
너희에게서 떠나지 아니한다 하였으
나,
26 너희가 그와 같이 아름다운 쪽으로 변
하며 나의 뜻에 따라 살며 두 번 다시
도둑질하지 않도록 그와 같은 마음의
뿌리를 뽑았을 때, 그것이 바로 회개
요, 깨달음이 아니더냐?
27 그와 같이 회개하며 깨달음을 가지고
사는 너희 삶에 상이 있음이니, 너희
가 남의 것 하나 훔치는 것보다 더 많
은 상을 받을 수 있도록 노력하는 그
것이 너희 자신이 용서받을 수 있으
며 내가 너희를 용서할 수 있는 그와
같은 방법이라 내가 너희에게 일깨워
주었음이니라.
28 모든 종교 집단 지도자들은 그저 모든

남의 죄를 용서할 수 없으며 제 죄도
용서받을 수 없는 것이라 그리 가르치
며 그 길은 없는 것이며,
29 오로지 나의 아들 예수를 찾으며 저
희가 지은 성전에 와 그저 재물을 바
치며 예수의 보혈로써 구원을 받았다
는 말로 그리하면 다 용서를 받는다고
말하나,
30 그것으로써는 절대 용서를 받을 수 없
으며 그 죄를 지울 수가 없음이니라.
31 다만, 너희가 죄를 지울 수 있는 것은
그 몇 배의 선을 행하며 회개하며 두
번 다시 그와 같은 죄를 짓지 아니할
때,
32 그 죄는 떠나지 아니한다 해도 너희가
선하고 아름다운 일을 많이 했을 때
그 받는 상으로써 그를 덮을 수 있다
내가 너희에게 가르쳤음을 명심해야
할 것이며,
33 너희가 남의 죄를 용서해 주는 것은
너희가 용서해 주는 마음이요, 사랑하
는 마음으로써 그와 같은 마음을 갖고
네 형제를 네 이웃을 네 몸과 같이 사
랑하는 그와 같은 마음으로 살아가는
것이 남의 죄를 용서해 줄 수 있는 능
력이 있으며 자격이 있다는 것을 잊지
말라.
34 그와 같은 것을 모두 다 말살하며 그
와 같은 자격이 없다 하여, 너희가 육
의 세상에서 아름답게 사는 그 삶마저
도 행하지 못하도록 하는 것이 오늘의
종교 집단이요, 지도자들이니, 그와
같이 간교한 방법이요, 그 원인의 뿌
리가 어디 있는가?
35 그저 저희만을 경배하며 저희 뜻에
맹종하라는 것이며, 그저 저희에게 재
물을 바치라는 그와 같은 것이니라.
36 아무것도 생각하지 말며 저희를 따라
와 그저 끌려오는 짐승처럼 그와 같이
살라 하는 것이 그들의 간교한 수법이
고 방법이니 그것이 곧 사탄이니라.
37 인간의 인격을 무시하며 인간으로서
구원의 길을 받을 수 있는 것을 무시
하며 그리고 다시 태어나는 그 길마저
막는 것이 그들이니라.
38 오늘의 모든 종교 집단이 하늘에서 구
원의 빛이 내려가는 그것마저도 차단
하며, 암흑의 세상을 만들어 독버섯처
럼 존재하는 그와 같은 사악한 자들이
영원히 저희가 존재할 것 같으나, 저
희 또한 육이 죽어 와 나에게 심판을
받는 날이 있을 것이니,
39 그와 같은 죄의 두려움과 무서움을 모
르는 자들이니, 그들이 얼마나 오만방
자한 자들이며 교만한 자들인 줄 알겠
는가?
40 내가 성경에 기록하여 전한 그 내용이
요, 또 그와 같은 내용을 나의 법전에
기록하여 상세히 내가 풀어서 전하거
늘, 앞에 있는 것은 나 여호와의 뜻이
요, 뒤에 것은 사탄의 것이라 한다면,
41 뒤와 앞이 똑같은 그 행동이요, 그와
같은 말이요, 그와 같은 가르침을 전
하는 선생이 있다면,
42 앞의 선생은 너희가 존경하는 선생이
요, 뒤에 선생은 사탄이요, 이단이요,
그리고 사악한 자요, 거짓 하는 자라
한다면 앞에 선생이 가르친 그것까지
도 다 부정하는 자들이니,
43 그 어리석음을 모르고 사는 것이 지금

의 종교 집단이요, 지도자요, 그리고
맹종맹신하는 신도라는 그 불쌍한 백
성이니라.
44 그들을 깨우치는 데 최선을 다하라,
사랑하는 나의 아들아!
45 그들이 미워하는 마음 사악한 마음 굳
어져 있는 마음을 녹여 주어야 하는
것이 너희들이니라.
46 그저 어린아이 손이 얼었을 때 너희
품에 안아 손을 녹여 주며 두 손을 꼭
쥐어 그 손을 녹여 주는 너희가 사랑
하는 자식들에게 베푸는 그 따뜻한 사
랑보다도 더 진한 사랑으로써 그들을
사랑하며 그들을 용서하는 마음을 가
지고 살도록 그리하라.
47 남들이 지은 죄를 용서하지 못한다 하
나, 나의 법전을 읽고 깨우친 백성이
요, 나로부터 선택된 백성 너희는 어
린 자식의 언 손을 두 손으로 만져 녹
여 주며 그리고 너희 가슴으로 손을
녹여 주듯이, 그와 같은 사랑으로써
그들을 녹여 주고 그들을 깨우치라.
48 언제 변할지 알 수 없는 것이 그들의
마음이니, 너희가 정성을 다하도록 그
리하라, 사랑하는 나의 아들딸들아!
49 그것이 너희가 가야 할 길이며 너희
가 행해야 할 길이며, 참진리요, 나 여
호와의 뜻을 아는 가장 위대한 알곡식
으로 그득히 차 고개를 숙이고 있는
너희가 해야 할 일이라는 것을 잊지
말라, 사랑하는 나의 아들딸들아!

7,029 번째 하나님 말씀

2003년 8월 7일 08시 32분

1 사랑하는 나의 아들아!
2 "네, 아버님! 말씀하옵소서."
3 나 여호와가 너희에게 인간의 세상에
살면서 더불어 행하는 삶이 얼마나 소
중한 것이며 행하며 사는 것이 얼마나
중요함인가를 내가 너희에게 깨우쳐
주었음이니라.
4 너희가 구원을 받고 못 받는 그 모두
가 믿음이라는 말로써 가는 그것이 아
니요, 인간 세속에서 이웃과 더불어
살아가는 행함이요, 행동이요, 언행
그 모두가 다 너희에게 점수의 대상이
되며 심판의 대상이 된다 하였음이니
라.
5 그러니 나 여호와가 직접 너희에게 모
든 영광과 은혜를 내리지 아니함을 너
희는 알아야 할 것이니라.
6 너희는 개개인에게 내가 은혜와 영광
이요, 그 모두를 내린다고 그리 생각
하며 작고 큰 것까지 그저 손톱 밑에
가시 하나 빼는 것까지도 나에게 영광
이요, 은혜라 그리 말하나, 그것은 너
희의 노력이요, 너희가 살아가는 생활
의 하나의 그 방편이니라.
7 그러나 전체를 내가 주관한다는 그 틀
로써 나에게 항상 감사하는 마음으로
살라 하는 것임을 알라.
8 내가 작은 것, 큰 것 모든 것을 개인에
게까지 직접 은혜와 영광을 내리는 것
이 아니니라.
9 그 모두는 다 선택된 인간들을 통하여
내가 인간으로 하여금 인간이 사역하

여 너희를 다스려 가며 너희가 소원
하는 것을 이루고자 하는 것이 나 여
호와의 뜻이니라.
10 나는 너희의 작고 큰 사사로운 것을
도와주며 그를 관장하는 나 여호와가
아니요, 너희는 60점 안에서 노력하
는 삶에 의하여 모든 것을 얻고 잃을
수 있도록 내가 미리 다 주었다 하였
음이니라.
11 다만, 너희가 나에게 오는 길이요, 천
사와 같은 삶을 살아갈 수 있는 그 큰
틀은 모두 내가 너희에게 내려 주는
가장 큰 은혜요, 영광이라 함을 알라.
12 그러한 나의 뜻을 너희가 안다 하면,
지금 내가 한 사람을 통하여 이 세상
에 모든 것을 다 내려보내며 그로 하
여금 거둬들인다는 나의 그 뜻을 깊이
깨우쳐야 할 것이니라.
13 그러니 너희가 나에게 모든 은혜요,
영광을 직접 바칠 수 없으며, 나를 사
랑하는 것 나를 소중히 하는 것을 물
질적으로 어떤 마음의 전달도 나에게
직접 할 수 없듯이, 내가 너희에게 내
리는 모든 은혜와 사랑도 내가 직접
너희에게 내리지 아니함이니라.
14 그러니 너희가 나에게 전하고 나에게
바치고자 하는 것, 나에게 기쁨을 주
고자 하는 그것은 네 주변의 인간관계
에 의해 이루어진 것들이며 그 인간관
계로 이루어지는 것으로써 너희가 나
에게 전하며 나에게 바치며 나를 공경
하며 나를 사랑하는 그와 같은 마음을
표현하며 살아가게 되어 있음을 알아
야 할 것이니라.
15 너희가 나로부터 듣지 못하며 나를 보
지 못하며 내가 너희에게 내리는 은
혜라 하여 무엇을 내리는 것을 알지
못하듯이, 또한 너희가 나에게 바치고
나에게 전하는 것을 내가 받고 안 받
고 함을 너희는 모르지 아니하느냐?
16 그 모든 것은 다 인간을 통하여 이루
어짐을 알라.
17 그러기에 인간 세상에 살아가는 삶이
얼마나 소중한 것인가를 다시 한 번
너희가 깊이 깨우쳐야 함을 알아야
할 것이니라.
18 너희가 나에게 직접 사랑을 전할 수
없는 것처럼 너희가 네 이웃을 사랑
하는 것 그리고 네 이웃에게 베푸는
것은 그 모두가 나에게 전하는 것이며
그 행동이 나에게 전해지는 것이니,
인간을 통하여 역사함을 이제는 알 것
이니라.
19 그러니 내가 모든 것을 인간을 통하여
역사하듯이 너희가 인간에게 베푸는
것 인간을 사랑하는 것, 그리고 그와
같이 나누어 주는 것, 네 이웃을 네 몸
과 같이 사랑하는 그 마음이 곧 나 여
호와를 사랑하는 것이요,
20 너희 뜻은 그를 통하여 나에게 전해
지는 이것이 하늘의 이치이며 너희가
살아가는 법도라는 것을 절대 잊지 말
도록 그리하라.
21 모세를 통하여 내가 그 역사를 이루었
으며 또 예수를 통하여 그 모든 역사
를 이루었듯이 지금은 나의 아들을 통
하여 너희에게 모든 역사를 하는 것이
니, 오로지 인간을 통하여 내가 그 모
든 은혜와 상을 내림이니라.
22 그러니 내가 내리는 것은 개인 한 사

람의 그 역사함을 도와주는 것이 아니
요, 은혜를 내려 주는 것이 아니라,
23 나는 큰 뜻이요, 너희가 하늘에 오르
는 그 길을 깨우쳐 주고 그 빛을 봐 하
늘에 오를 수 있도록 그를 내가 내려
줌이니라.
24 인간이 작은 것을 얻고 못 얻는 것, 너
희가 넘어지고 일어서는 것, 그리고
작은 은혜를 입는 것, 재물을 모으는
것, 명예를 얻는 것, 그리고 남으로부
터 칭송을 받으며 학문을 이루는 것,
또 과학적인 것을 만들어 인간의 삶에
도움을 주는 것, 그 모두는 다 60점 안
에서 너희가 노력하며 지혜를 가지고
어찌 살아가느냐에 따라서 거기서 다
이루어지는 것이니,
25 그 모두는 다 범사요, 한 통속이요, 하
나로서 엮어져 너희가 나에게 사랑하
는 마음을 그저 애정으로 가지고 살면
됨이니,
26 그때마다 내가 직접 너희에게 은혜를
내린다고 생각하지 말라.
27 그와 같은 방법으로써 나 여호와는 너
희에게 은혜를 내리며 너희에게 사랑
을 내리는 것이 아님을 알라.
28 그저 구원의 사랑이요, 구원의 은혜
요, 나 여호와가 내리는 그 큰 사랑을
너희는 봐야 할 것이니라.
29 그러니 너희가 나에게 사랑을 전하며
나의 기쁨을 너희가 이루어 주고자
하며 나 여호와에게 무엇인가를 전하
고 나 여호와에게 무엇인가를 바치고
자 한다면,
30 그것은 네 이웃에게 너희 형제들에게
그리고 어렵고 가난한 사람들에게 그
리고 어렵고 힘든 자에게 그리 베풀고
사는 것이 나 여호와에게 베푸는 것이
요, 나에게 사랑을 전하는 것이니라.
31 인간에게 하는 것이 곧 나를 통하여
너희가 그 모든 것을 역사하는 길이라
는 것을 절대 잊지 말라, 사랑하는 나
의 아들딸들아!
32 너희가 그리 살아갈 때 그 모두는 나
의 아들을 통하여 모두가 하늘에 상달
되며 전달된다는 것을 잊지 말도록
그리하라.

7,030 번째 하나님 말씀

2003년 8월 7일 08시 39분

1 사랑하는 나의 아들아!
2 "네, 아버님! 말씀하옵소서."
3 내가 나의 아들 예수를 통하여 천국은
어린아이들과 같은 자들의 것이라 그
리 말하여 가르쳤음을 법전에 기록하
였음이니라.
4 그리고 또한 나의 법전을 가지고 전하
는 백성은 그 죄를 내가 다 거둬들임
이니, 앞으로 어린아이와 같이 아름다
운 삶을 살라 그리하였음이니라.
5 그리하면 곧 그것이 너희가 나에게
오를 기회니, 나에게 오른다는 것 너
희 죄를 모두 벗어나는 것은 죄지은
것보다 열배 백배 아름다운 삶을 살았
을 때 그 모두가 이루어진다는 뜻이
아니더냐?
6 너희는 지금까지 믿음의 길이요, 종교
집단이요, 지도자들이요, 그 많은 세
월 속에 평생 나를 찾으며 그 종교 지
도자들의 설교요, 강론을 들으며 살아

온 백성 너희가 과연 지금 어린아이
와 같은 그 심성으로 되어 왔단 말이
더냐?
7 나의 아들 예수가 2천 년 전에 그와
같은 말을 너희에게 전했음이니, 2천
년 동안 흐른 세월 속에서 너희가 어
린아이와 같이 선량하고 착한 사랑하
는 마음을 갖고 살아가는 순수한 아이
들처럼 변하고자 노력했다면 지금의
믿음의 길을 가는 그 백성은 모두 지
금 다 어린아이처럼 아름다운 마음을
가지고 세상을 살아가도록 이 세상은
만들어졌을 것이니라.
8 그것이 곧 하늘에서 이루어진 것같이
이 지상의 낙원이 이루어지는 것이거
늘,
9 과연 종교 집단이요, 지도자요, 그리
고 평생 믿음이라는 길을 간다는 자,
말로써 구원을 받은 자, 말로써 실천
한다는 너희가 과연 어린아이들처럼
마음이 되어 있는가?
10 너희의 마음은 사악하기 한이 없으며
너희는 그 마음이 사악하여 그 욕심의
뿌리가 썩고 썩어 이제는 냄새가 진동
하는 그와 같은 죽은 자들이라 하면
과연 너희는 믿겠는가?
11 너희 자신이 과연 나의 아들 예수를
통하여 전했듯이 어린아이들과 같은
자가 천국의 것이라 했으며, 나의 아
들을 통하여 내가 어린아이 같은 마
음으로 사는 자는 그 죄를 용서해 줘
나에게 오를 수 있다 하였음이니,
12 과연 너희 가슴에 손을 얹고 생각해
보라.
13 모든 종교 집단이요, 지도자요, 그리
고 신도라는 백성 너희가 과연 어린
아이 마음같이 살고 있는가?
14 그 마음이 아니면 너희는 구원을 받
을 수 없음을 알아야 할 것이니라.
15 성경을 배우고 또 가르치는 너희가
과연 어린아이가 되지 못하였다면 너
희는 나에게 오를 수 없으며 천국이라
는 그 문을 들어설 수가 없으며,
16 너희는 인간의 삶의 도리를 제대로 살
지 못한 자들이요, 나의 뜻을 거역한
자들이요, 너희가 구세주라 부르며 찬
양하는 자라 부르며 그 피로써 구원을
받는다고 말하며 너희 말대로 너희 죄
를 대속해서 죽어 간 나의 아들 예수
의 그 삶을 비웃는 자들이요, 거역하
는 자들이요, 그를 행하지 아니하는
사악한 자들이니라.
17 너희가 나의 아들 예수의 죽음으로써
보혈의 은혜를 받으며 구원의 은혜를
받았다면 너희는 예수가 전한 그 뜻
을 지키고 행하는 것이 보답하는 길이
아니던가?
18 너희가 어린아이처럼 지금 변했다면
참진리요, 진정한 종교요, 그리고 진
실한 믿음으로써 참진리의 길을 가는
자들이요, 그렇지 아니하고 너희 손으
로 지은 성전에 내가 임한다 하며 그
리고 궁궐처럼 아름답게 지어 놓은 그
속에서 한 자매요, 형제라는 너희가
서로 시기하며 질투하며 음해하는 이
야기를 하며 남의 단점을 즐겁게 말하
는 그와 같은 자들이 있다면 그것이
어린아이 마음이더냐?
19 어린아이 마음이 아니 된 그 종교 집
단이요, 교회라는 것은 너희가 말하는

죽은 무덤이요, 너희가 아무리 겉은
화려하나 속은 다 죽고 썩은 자들이
있음이니라.
20 죽은 것뿐이 아니라 죽어서 이미 뼈
가 다 흙이 된 그와 같은 자들이 있는
곳이 바로 교회라는 것을 너희는 잊
지 말라.
21 이것이 내가 너희에게 전하는 것이며
너희를 깨우치고자 함이니, 그래도 너
희가 이것이 잘못되고 틀렸다 하면
너희는 나의 법전을 태우고 찢어 버려
도 말하지 아니할 것이니라.
22 너희가 수십 년 동안 믿음을 가고 있
는 자, 그리고 가르치는 종교 지도자
들이 어린아이가 되지 못하였다면 그
것은 천국에 가는 백성이 모인 것이
아니요,
23 죽은 자들이요, 썩은 자들이 모인 것
이요, 죄의 온상이라는 것을 잊지 말
라.
24 이제 내가 나의 아들을 통하여 나의
법전을 세상에 내려보낸 그 뜻이 어디
있는지 알겠느냐?
25 수천 년 동안 살아오면서 어린아이로
변하지 못하며 어린아이 마음으로 살
지 못하는 자들이니, 그리하여 천국에
올 수 없는 자들이기에,
26 어린아이 마음이 되는 길을 가르쳐 주
며 어린아이로 만들고자 내가 오늘 이
길을 가며 이 길을 역사하며, 나의 아
들을 내려보내며 나의 성령을 태워 모
두를 책으로 근거하여 내려보냄이니,
27 이를 보고 깨우치는 자만이 하늘에 오
를 수 있으며 심판을 받을 수 있는 자
격이 있다 하였음이니라.
28 그러니 너희가 이 무서움을 알라.
29 그리하여 마지막 시대요, 심판의 시대
가 시작된다는 뜻이 또한 여기에 포함
되어 있음을 잊지 말라, 사랑하는 나
의 아들딸들아!

7,031 번째 하나님 말씀

2003년 8월 7일 13시 18분

1 사랑하는 나의 아들아!
2 "네, 아버님! 말씀하옵소서."
3 네가 나의 법전을 기록하고 나의 성령
을 받음에서 네가 십계명을 항상 암송
하며 또 십계명을 암송한 다음에 나로
부터 그 뜻을 받아 기록함이니, 네 마
음의 자세요, 네 생각이 과연 어떠하
던가?
4 "네, 아버님! 그렇사옵나이다.
5 제가 아버님의 성령을 받아 기록할 때
처럼 십계명을 이와 같이 암송한 것
을 책으로 만든다 하면 이 책 또한 몇
십 권이 세상에 더 기록되는 그와 같
은 역사를 할 만큼 십계명을 암송하고
또 암송하였사옵나이다."
6 사랑하는 나의 아들아!
7 너는 나에게 원망 섞인 말을 하고자
함을 내가 알고 있음이니라.
8 네가 지금 십계명을 제일 많이 암송하
는 사람이 되었음이니, 세상에서 제일
으뜸인 자가 되지 아니하였더냐?
9 너는 나에게 말하고자 함이 아니더냐?
10 너보고 수천수만 가지 세상에 제일인
자가 되라 하는 나 여호와가 원망스
러우며, 너는 도저히 그 길을 갈 수 없
다는 그와 같은 말을 하고 싶어 하는

것이 아니더냐?
11 이 세상의 모든 운동이요, 모든 기록
을 보유하는 자가 세상에서 일인자가
되기 위해 노력하는 것과 그 고통이
얼마나 힘들고 어려우며, 그를 이루기
위해 그가 얼마나 피나는 노력을 했
는가, 당사자 외에는 아무도 모르느니
라.
12 그리하여 한 가지를 제일인자가 되기
위해서도 그 모두를 다 바쳐야 이룰까
말까 한 그것이 제일인자요, 모든 백
성의 일인자의 자리라,
13 그러니 그것도 지킬 수 없는 너를 아
들이라 부르며 나의 법전을 기록하여
전하라 하는 그 뜻을 나에게 원망 섞
인 그 기도를 드리고 싶으며 그 말을
하고자 하는 것이 아니더냐?
14 이 세상에 남들이 하나의 기록 보유자
가 되는 것 너는 그 한 가지도 할 수
없는 자요, 무능한 자라, 그리 나에게
말하려 생각하며,
15 그리하여 세상에 제일인자가 될 수
없는 것이 너라 그리 말하며, 너를 어
찌하여 선택했는가, 나 여호와를 마음
속으로 원망하며 그 말을 나에게 하고
싶은 것이 네 속이 아니더냐?
16 그러니 내가 너에게 미리 말했음이니
라.
17 너는 이미 이 세상의 모든 사람이 갈
수 없는 십계명을 제일 많이 암송하며
그를 많이 읽으며 그를 많이 생각하는
나의 아들로서 지금 가고 있지 않으
냐?
18 하나는 벌써 네가 이 세상에서 제일
많은 일인자를 보유하였음이니, 그 일
인자의 보유가 무엇이더냐?
19 기능공이 어떤 기능에 대해 우승을 하
는 길을 위해 살아가는 것이며 늘 일
인자가 되어 있는가?
20 체육이요, 운동 시합에서 일인자가 되
는 그와 같은 자의 그 길을 가기 위해
네가 일인자가 되었더냐?
21 너는 나의 피조물 만백성을 구하는 창
조주 나 여호와가 친필로 직접 써 내
린 그 십계명이요, 너희의 생명이요,
빛이 되는 그 십계명을 네가 제일 많
이 암송하는 자로서 이 세상에 일인
자가 되었다 하면 그것보다 더 위대한
일인자가 과연 어디 있겠느냐, 사랑하
는 나의 아들아!
22 그러니 너는 네가 일인자가 될 수 없
다는 그와 같은 마음의 아픔을 나에게
하소연하려는 생각을 하지 말라.
23 다만, 네가 일인자가 되고자 노력하는
그 마음이 소중함을 알라.
24 네가 이제야 십계명을 가장 많이 암송
하는 일인자가 된 것은 너도 모르는
사이에 그와 같이 네가 역사하지 아니
하였더냐?
25 이제는 네가 십계명을 제일 잘 지키는
일인자가 되도록 그리 노력하고 가면
될 것이며, 나의 십계명을 지키는 자
는 이 세상의 모든 것에 일인자가 되
지 아니할 수 없거늘,
26 어찌하여 네가 나 여호와가 너를 잘못
선택했으며 너를 내가 잘못 추천하여
또 내가 너를 잘못 명했으며 내가 너
에게 이 모든 역사를 이루도록 한 것
이 잘못된 것이 아니냐 하는 그와 같
은 기도를 드리고자 하며 나에게 묻고

자 하는 것이 네 마음이지 않더냐?
27 그와 같은 마음을 거둬들이라.
28 그리고 그와 같은 생각을 거둬들이며,
네가 나에게 그와 같은 기도를 하는
것도 네가 오만이요, 자만이요, 아직
깨달음이 부족함이니라.
29 창조주 나 여호와의 뜻에 따라 모두
가 역사하며 내가 이루는 그와 같은
계획하에 이루어진다면 네가 감히 어
찌 그와 같은 생각을 할 수 있으며, 네
가 그와 같은 기도를 나에게 드리고자
하는가?
30 그것은 네가 겸양이요, 겸손이 아니고
오만이요, 자만이며 그와 같이 일반
백성이 가지고 있는 마음의 한계를 아
직도 벗어나지 못하고 있음을 알겠는
가?
31 그리하여 내가 너에게 일찍이 십계명
을 암송하는 일인자가 되게 하였으며
너는 일인자가 되었음이니, 그와 같은
원망의 길이요, 부족한 자가 나의 법
전을 받아 만백성을 구하는 그 역사를
하는 것은 나 여호와가 잘못 선택한
것이며 잘못된 것이라 그리 말하고 기
도하고 싶은 마음이 네 마음속에 있
어서는 아니 됨이니라.
32 그것이 다 네가 오만해서 이루어지는
생각이니, 겸손이요, 겸양해서 이루어
지는 것이 아니니라.
33 네가 겸손하고 겸양한 나의 아들로서
만백성을 구하는 그 대명을 이루고자
한다면 너는 그저 묵묵히 내가 행하는
데로 갈 것이며,
34 십계명을 제일 많이 암송하는 자로서
네가 선택받았음이니, 이제는 가장 잘
지키는 그와 같은 아들로 가라.
35 네가 불안해하며 고통스러워하지 아
니하며 내가 너를 잘못 선택하여 네가
그와 같은 역사의 길을 가며 네가 나
에게 누를 끼치며 네가 나에게 욕되는
일을 하지 아니하는가, 그것 때문에
네가 괴로워하나, 그리 생각하지 말
라, 사랑하는 나의 아들아!
36 너는 이 세상에 일인자가 될 수 있음
이니라.
37 네가 이 세상에 제일인자가 되는 것이
얼마나 힘들고 어려운 길이라는 것을
알고 있음이니, 아는 자는 그것을 헤
쳐 갈 수 있음이니 두려워하지 말라.
38 그리고 차후는 이와 같은 생각이요,
그와 같은 기도를 나에게 드리려 하지
말라, 사랑하는 나의 아들아!
39 네가 그와 같은 기도를 드리면, 그를
듣는 나 여호와의 마음은 과연 어떠하
겠는지 생각했는가?
40 자식이 아버지에게 효도하는 것이 무
엇이더냐?
41 네가 행동하고 말하는 것을 그 부모가
어찌 생각하며 어찌 받아들이느냐가
중요한 것이 아니더냐?
42 네가 그와 같이 고통스러움이요, 그
겸손한 마음으로써 기도할 때, 네가
오죽이나 힘들고 어려우면 그와 같은
기도를 할까 하는 나 여호와요, 부모
의 마음이 아픔을 네가 어찌 생각하지
못하는 어리석은 아들로서 만백성의
빛이 되며 그들을 이끌어 가고자 하느
냐?
43 이제 너의 제자들에게 전하라.
44 너희는 모두 다 나의 아들을 따라서

세상에 제일인자가 되어야 됨이니라.
45 한 가지가 일인자가 되면 다음 것도 일인자가 될 수 있는 것이니라.
46 그러나 너희는 모두를 다 통제하며 모두를 주관하는 나 여호와가 직접 쓴 나의 십계명을 가장 많이 암송하는 일인자가 되어 있음이니,
47 이제 그를 지키고 행하는 그와 같은 삶을 살면 되는 것이니, 너무 두려워하지 말며 괴로워하지 말며 고통스러워하지 말라.
48 그리고 너무 겸양하게 생각하지 말라.
49 너는 자격이 있으며 능력이 있는 자요, 나의 아들이요, 내가 선택한 나의 아들이니, 네 임의대로 생각하지 말라.
50 그저 너는 묵묵히 십계명을 지키고 오늘 악습 하나를 버리며, 내일 또한 네가 버리지 못하는 악습을 하나하나 벗어던지고 가면 언젠가는 네 머리가 백발이 되었을 때 완벽한 사람으로 설 수 있다고 말하지 아니하였더냐?
51 그날을 위하여 오늘 이루어지는 과정이요, 성장하는 과정에서 두려워하지 말라.
52 너나 너의 제자들이 다 같이 하나하나 깨우쳐 가 나의 백성으로 같이 오는 자들이니, 동반자로서 서로 위로하고 격려하며 남의 아픔을 달래 주는 그와 같은 형제의 마음으로써 사랑노래를 부르며 나에게 올 수 있는 그와 같은 삶을 살도록 하라.
53 너희가 고통스럽고 어렵다 하여 거기에 지치고 무너지는 그와 같은 삶을 살지 않도록 그리하라.
54 너희가 가지고 있는 모든 너희의 개성이요, 특성이요, 욕심의 마음이요, 사악한 마음이요, 그 모두를 너희 스스로 뽑아냈을 때, 거기에 나의 성령이 임하는 그 순간에 너희는 영원히 축복과 영광이요, 나에게 오는 그 길을 그저 오는 백성이 됨을 잊지 말라, 사랑하는 나의 아들딸들아!

7,032 번째 하나님 말씀

2003년 8월 7일 13시 23분

1 사랑하는 나의 아들아!
2 "네, 아버님! 말씀하옵소서."
3 너희가 사랑이라는 그 마음으로 너희 가슴이 그득히 차 있을 때, 너희는 세상의 아름다움을 볼 수 있는 것이니라.
4 그러나 욕심이라는 사악한 사탄이 너희 가슴에 그득히 차 있음이니, 그와 같은 사탄들이 존재함으로 인하여 이 세상의 아름다움이요, 인간관계의 그 아름다움을 보지 못하고 사는 것이 너희임을 알아야 할 것이니라.
5 사랑으로써 가슴에 그득히 차 있는 자는 하늘에 오르는 길이 어떠한 길이며 하늘에 오르는 길의 삶을 사는 것이 어떤 것이며 나로부터 선택된 백성이 살아가는 그 길이 무엇이며 너희가 가야 할 길이 무엇인지 그 모두를 다 알 수 있느니라.
6 그렇지 아니한 자는 그를 볼 수 없는 것이 너희니라.
7 그리하여 믿음의 길을 가는 백성은 사랑으로 가득 차 있어야만 함을 알아야 할 것이니라.
8 수천 년 동안 나를 찾으며 나에게 경

배하며 나 여호와를 찾으며 온 너희가
과연 그 가슴속에 사랑이 그득 차 있
는가, 너희 스스로 자신을 다스려 보
라.
9 수천 년 동안 믿음을 왔다는 그 백성
이 사랑으로써 가슴에 가득 차 있지
아니하였다면 그것은 정녕 잘못되었
음을 너희는 알아야 할 것이니라.
10 그리되었을 때만이 네 마음속에 악을
뽑아 버리며, 그 악을 뽑아 버린 그 자
리에 나의 성령이 임하게 됨을 너희는
알아야 할 것이니라.
11 성령이 가슴에 임하는 것은 무엇인 줄
알겠느냐?
12 너희가 사악한 마음의 욕심이요, 그
모두를 다 뽑아 버리고 너희 가슴에
사랑이요, 성령으로 그득히 차 있을
때,
13 너희는 다시 태어나는 그와 같은 역사
를 얻을 것이며 하늘에 오를 수 있는
그 길을 받게 되며, 그 성령의 인도로
너희가 나에게 오를 수 있는 것임을
알아야 할 것이니라.
14 너희가 욕심이라는 것을 버리며 성령
으로써 사랑의 마음으로써 너희 가슴
이 가득히 채워졌을 때, 나 여호와와
인간인 너희와 너와 내가 하나가 되
는 그와 같은 역사가 이루어진다는 것
을 너희는 잊어서는 아니 될 것이며,
15 또한 어떠한 형상이 이루어지는지 알
겠느냐?
16 너희가 사랑으로 가득 차 있으며 성령
으로 가득 차 있을 때 너희는 인간 세
상에서 남과 남으로 구성되었다 하나,
너희는 인간 세상에서 또 하나로 만드
는 그 위대한 힘의 역사가 거기에 있
음을 너희는 알아야 할 것이니라.
17 사랑으로 가슴이 차 있는 자, 성령으
로 차 있는 자는 인간과 인간이 하나
로 엮어지는 그리고 하나로 만들어지
는 위대한 그 힘이 있으며,
18 나 여호와와 너희가 하나가 되는 그
와 같은 기적 같은 역사가 이루어지는
것이 성령으로 가득 차 있는 자요, 사
랑으로 가슴을 가득히 메운 백성이 그
리 행할 수 있다는 것을 너희는 절대
잊어서는 아니 될 것이니라.
19 또한, 하나로 만든 그 위대한 힘이야
말로 성령이 임하는 것이기 때문에 너
희가 하늘에 오르는 길을 알며 그 빛
을 보게 되며, 너희가 나에게 구원을
받으며 내 품에 올 수 있는 역사가 이
루어지는 것이니, 그리하지 아니하고
는 절대 이루어질 수 없음을 알라.
20 너희 가슴에 사악한 마음이요, 욕심이
그득히 차 있을 때 성령이 방황하며
성령이 들어갈 데가 없으니, 하늘에
인도자가 없으며 안내자가 없으며,
21 너희가 나와 하나가 되지 못하며 사랑
하는 나의 만백성 너희 형제가 하나가
되지 못할 때 너희는 백사장의 모래
처럼 산산이 부서지니,
22 파도에 쓸려 가는 그와 같은 형국으로
써 지옥으로 각자가 쓸려 감을 너희는
알아야 할 것이니라.
23 서로 뭉쳐 하나가 되는 그와 같은 성
령의 아름다움을 너희가 가슴에 받지
못하고, 백사장의 모래처럼 서로 자기
의 오만방자함이요, 저만 최고요, 저
를 주장하다 밀려오는 파도에 그저 하

염없이 쓸려 내려가는 모래알과 같은 것이 너희가 오늘의 지옥으로 가는 그 형국임을 알아야 할 것이니라, 사랑하는 나의 아들딸들아!

7,033 번째 하나님 말씀

2003년 8월 7일 13시 31분

1 사랑하는 나의 아들아!
2 "네, 아버님! 말씀하옵소서."
3 나로부터 모든 은혜요, 생명이요, 그 모두를 받아 나가 세상에 태어난 너희는 과연 어떠한 삶을 살아가는 것이 너희가 가는 길이며 정도이며 도리라 생각하느냐?
4 나의 피조물 만백성 너희가 인간의 삶의 길을 선택하여 살아갈 것인가, 그렇지 않으면 창조주 나의 뜻에 의한 삶이요, 내가 원하는 그 삶의 길을 선택하여 갈 것인가 너희는 생각해 보며, 이제 결정할 때가 되었음을 알아야 할 것이니라.
5 너희가 인간 세상의 삶이요, 그 욕심이라는 것을 버리지 못하며 인간의 부귀영화와 그를 위하여 삶을 산다면, 너희는 정녕 남에게 양심에 부끄러운 죄를 짓지 아니하고 살 수 없는 것이니라.
6 그러나 거기에 욕심을 버리며 순리대로 살아가는 그와 같은 마음을 가지고 산다면 너희는 인간으로서 양심을 팔지 아니하며 양심을 저버리지 아니하며 양심의 가책을 느끼지 아니하고 살아갈 수 있는 것이 너희 삶이니라.
7 그러나 너희가 인간의 그 욕심이요, 한계를 버리지 못하고 인간의 삶에만 연연하다 보면 양심의 가책을 두려워하지 아니하며 그를 무서워하지 않는 것이 너희니라.
8 처음에 행했을 때는 양심에 부끄러움이요, 양심의 가책을 느끼나, 두 번 세 번 사악한 짓을 반복함으로써 만성이 되어 죄인 줄 모르며 양심을 파는 줄 모르며 가책을 느끼지 못하는 것이 너희 마음이기에,
9 내가 인간 욕심의 본연의 그와 같은 삶을 살아갈 것인가, 나 여호와의 뜻에 따라 살아가는 그 삶을 살 것인가, 너희가 이제는 결정할 때가 되었다 함이니라.
10 성령이 임한 나 여호와의 삶이요, 나 여호와를 따라서 사는 것은 나 여호와가 존재함을 아는 것이며 내가 존재함을 느끼고 사는 자들이니라.
11 이 세상 모두를 사랑하는 그 눈이 뜨임이니라.
12 너희가 나 여호와의 성령으로 내가 원하는 삶을 살며 내가 존재함을 믿고 사는 너희는 너희 가슴에 사랑의 눈이 뜨이게 되며, 그리되면 너희는 세상 모두를 다 사랑하지 말라 해도 너희가 사랑하지 아니할 수 없는 마음으로 변하게 됨이니라.
13 아무리 미워하고 아무리 저주하는 마음을 너희 가슴속에서 키우고자 해도 너희가 사랑의 눈이 뜨이며 나 여호와에 의한 삶을 산다면 너희는 남을 미워할 수도 없으며, 사랑을 하지 말라 해도 남을 사랑하게 되는 것이 너희가 사는 삶이요,

14 그래서 그와 같은 마음의 자리가 잡혔
을 때 너희는 추악한 짓, 사악한 짓,
더러운 일을 행하라 해도 행할 수 없
는 것이 나의 사랑의 마음이요, 내 뜻
에 살아가는 그와 같은 삶을 사는 백
성이 가는 길임을 너희는 알아야 할
것이니라.
15 이것이 나 여호와의 삶을 사는 백성이
가는 길이며 너희가 은혜 속에 사는
백성이라는 것을 잊지 말라.
16 나 여호와를 믿지 못하며 네 마음속에
나를 잊어버렸을 때 너희는 천사와
같은 어린아이들과 같은 그 삶을 살지
못하게 되며, 너희가 어린아이와 같은
천사와 같은 그 아름다운 마음으로 세
상을 살지 못할 때 너희는 이 세상 모
두가 다 미워지며 너희 가슴속에 시
기하고 질투하는 마음 그리고 사랑하
는 마음이 없어지며 모든 것을 다 미
움으로써 보는 그와 같은 마음의 자리
가 너희에게 잡힘이니,
17 너희 가슴속에 사랑이 없고 미워하는
마음이 그 뿌리가 자리를 잡기 시작하
는 그 순간에 너희는 나에게 오르는
길이 아니요, 지옥으로 가는 그와 같
은 백성의 삶을 사는 것이 너희임을
알아야 할 것이니라.
18 사랑하는 나의 아들딸들아!
19 너희는 나 여호와에 의한 삶을 살라.
20 그것이 모든 것을 얻는 길이요, 인간
인 너희의 최대의 영광이요, 너희가
그리 갈구하는 축복이요, 구원의 길에
들어설 수 있으며 구원을 받는 길이라
는 것을 잊지 말라.
21 나 여호와에 의한 삶을 살라.
22 나의 성령에 의한 삶을 살라.
23 나의 계명에 의한 삶을 살라.
24 그리고 내가 나의 아들을 통하여 이
많은 법전이요, 많은 시간 속에 고통
과 시련 속에서 만들어 내는 160권의
나의 법전을 읽고 깨우쳐, 욕심이 그
득 찬 인간의 삶을 살려 하지 말라.
25 그리하는 것은 모두 죽음이요, 지옥행
이라는 것을 잊지 말라.
26 나의 법전을 읽고 깨우치며 십계명을
지키고 사는 그와 같은 삶으로써 너희
가슴속에 있는 그 욕심을 다 뽑아내어
사랑하는 마음으로 모두를 채우면 너
희는 눈을 뜨게 되며,
27 사랑의 눈이 열렸을 때는 너희가 아무
리 악한 짓을 하고자 해도 할 수 없으
며,
28 아무리 미워하는 자가 아무리 악한 짓
을 해도 그 모두가 사랑으로 보이며
소중함으로 보이는 그와 같은 대변화
의 역사가 이루어지는 것이 나 여호와
의 성령에 의해 사는 백성이 얻는 은
혜요, 영광이요, 축복임을 잊지 말라,
사랑하는 나의 아들딸들아!

7,034 번째 하나님 말씀

2003년 8월 7일 13시 35분

1 사랑하는 나의 아들아!
2 "네, 아버님! 말씀하옵소서."
3 너희가 가장 자유롭고 행복한 마음으
로써 살아가는 그 길이 무엇인 줄 알
겠느냐?
4 참진리의 길을 가는 백성이요, 나 여
호와에게 오고자 하는 백성의 삶이

그러해야 하느니라.
5 너희가 지금 신앙이요, 믿음이요, 나를 경배하는 곳이라 하여 모여들고 하는 그곳에서 과연 가장 자유로우며 가장 편안한 삶을 살아가는 그 삶을 이루어 주며 보장하는가?
6 그렇지 아니함이니라.
7 지금의 모든 종교 집단이요, 교회는 가장 자유가 없는 곳이 되어 버렸으며, 나의 백성 너희들이 그 자신의 가치까지도 소멸하였으며 너희 자신을 돌이켜 볼 수 없는 그와 같이 삭막한 곳이 바로 교회요, 종교 집단이 그리 타락되었음이니라.
8 사람들이 세뇌되어 정상적인 삶을 살지 못하며 비정상적인 삶으로써 지금 내가 돌아보는 너희는 다 타락된 자들이며,
9 참진리요, 진정한 삶마저도 기준 점수에서 무너져 있는 너희니라.
10 너희가 얼마나 폐쇄적인 사람들이며 옹졸한 자들이며 자기만 알면 되는 그와 같은 종교 집단으로 변했는지 알겠는가?
11 가장 이기주의요, 남을 모르며 이웃을 모르며 그와 같이 살아가는 것이 너희니라.
12 그러면서 말로는 가장 사랑하며 가슴으로는 가장 뜨겁다 말하나, 너희는 냉혈 동물처럼 가슴은 식어 있으며 사랑을 찾아볼 수 없으며,
13 오로지 비평과 시비요, 서로 갑론을박하며 이해관계에 의하여 언제 돌아설지 모르는 화약 앞에 불과 같이 오늘의 믿음의 길을 가는 자들이니라.
14 자기가 구원받으려면 무엇인가를 더 역사해야 하며 남이 하는 것보다 더 많이 해야 하며 남보다 더 많이 하여 제 이름 한 번 불러 주기를 바라며 자기는 구원받은 자라는 그와 같은 소리를 종교 지도자로부터 듣기 위해 너희가 얼마나 간악한 생각으로 시기 질투하는 마음으로 살아가는가?
15 너희는 정녕 사랑을 모르는 자들이며 나누는 것을 모르는 자들이며 아무것도 모르는 자들이니라.
16 오로지 지난 역사의 흘러온 전례나 교법에 따라 그를 벗어나지도 못하며, 그저 구원을 받는다는 것 그저 축복을 받아 하늘에 오르는 길이라는 것 그것만을 위해 그것을 사기 위해 온갖 수단과 방법을 가리지 않고 뒷거래하는 자요, 뇌물을 주고받는 그와 같은 삶을 사는 것이 너희가 믿음을 믿는 세월 동안에 이루어지는 것이니라.
17 너희가 평생을 믿는 자는 평생 뒷거래요, 뇌물을 받고 주고받는 행위를 하는 자요, 10년이면 10년 동안 한 그 죄이니,
18 오래 한 사람일수록 그 죄가 무겁고 그 대가를 치르는 것이 얼마나 무서운 것인가를 너희가 죽어 내 앞에 왔을 때 알게 될 것이니라.

7,035 번째 하나님 말씀

2003년 8월 7일 13시 45분

1 사랑하는 나의 아들아!
2 "네, 아버님! 말씀하옵소서."
3 신앙의 생활이요, 믿음의 그 길을 가

는 백성 너희는 과연 어떠한 길이 나
에게 오르는 길이라 했느냐?
4 너희 자신의 악습과 그 능력을 모두
다 돌아다볼 수 있는 그와 같은 너희
자신이 돼야 한다 내가 그리하였음이
니라.
5 그리하여 너희 자신의 악습과 너희가
가지고 있는 능력과 그 사악한 욕심의
그 뿌리를 다 들여다볼 수 있는 것은
자기를 버리는 마음이요, 자신을 의식
하지 않는 마음으로 살아가는 것, 이
곧 욕심이라는 것을 버리고 살아가는
그와 같은 삶에서 그를 볼 수 있음이
니라.
6 그리하여 너희가 나에게 오르는 길은
그 모두를 바라다볼 수 있는 그 삶에
서 너희 자신을 다스릴 줄 알아야 한
다는 것이 내가 너희에게 가르친 뜻
이 아니던가?
7 너희는 살아가면서 천사와 같은 삶을
사나 불화하는 근성이 불과 같이 일
어나는 그와 같은 내면에 있는 그 성
격들을 욕심이라는 것 때문에 버리지
못하고 그 심성을 다스리지 못하고 사
는 것이 너희니라.
8 유사시에 폭발할 수 있는 불화의 그
근성의 성격 같은 것을 모두 다 다스
리지 못한다면 너희는 정녕 나에게
오르는 그 길을 볼 수 없는 것이라 하
였음이니라.
9 너 자신을 완전히 해부하여 완전히 그
모두를 헤쳐 보며 그와 같이 자신을
심판하지 않는 자는 정녕 거듭날 수
있는 그 영광을 얻을 수 없다 함을 알
아야 할 것이니라.
10 나의 사랑하는 백성 너희는 너희 자
신을 매우 잘 알고 있으며 너희를 완
벽히 안다고 그리 말하나, 너희는 너
희 자신을 모르면서 살아가는 자들이
니라.
11 그러니 네 속에 있는 나로부터 받은
특성의 그 능력이요, 남으로부터 따를
수 없는 가장 소중한 가장 나로부터
받은 특성 그 자체도 발휘하지 못하
며, 그것을 알지 못하고 살며,
12 너희 마음 한구석에 항상 도사리는
악습의 그 한계를 모르며 알지 못하고
살아가는 너희기 때문에,
13 유사시 핵폭탄처럼 터지는 그와 같은
성격이 너희에게 잠재해 있는 것을
너희는 그를 모름이니라.
14 그 불화의 근성까지도 모두 다스리는
것은 자기 자신을 다스리는 그와 같은
마음이요, 너희도 알지 못하는 악습의
한계를 모두 다스릴 수 있다는 것을
알아야 할 것이니라.
15 너희는 부닥치고 살아가면서 벌어지
는 수천수만 가지 일 속에 그때마다
그 성격이 돌출되는 그와 같은 환경에
서 너희 자신의 엄청난 내면을 알게
될 것이며,
16 너희 자신도 놀라며 당황하는 그와 같
은 성격이 내면에 도사리고 있다는 것
을 고통과 시련을 겪지 아니하고는
결코 알 수 없는 것이니라.
17 더욱이 종교 지도자요, 그들은 어떠하
던가?
18 내면 모두를 다 헤쳐 놓고 너희 자신
을 다스리며 자신을 아는 자가 종교
지도자라 말할 수 있음이니라.

19 저 자신을 모르며 저 자신을 다스리
지 못하며 제 내면에 어떠한 성격이
있는지조차도 모르는 자들이 나의 피
조물 만백성들을 가르치고 깨우친다
하니, 그것이 다 허황된 결과가 나오
게 되며 오늘과 같이 험악한 시대의
역사가 이루어졌음을 너희는 알아야
할 것이니라.
20 네 제자들을 왜 고통과 고난의 그 훈
련을 연속하여 내리는 줄 알겠는가?
21 너희는 고통과 시련 속에서 가슴속 모
두를 다 해부하여 마음속에 있는 그
모두를 다 뱉어 내고 토해 내야 함을
알아야 할 것이니라.
22 그리하여 너희 스스로 자아를 발견하
는 그와 같은 새로 거듭남이 없이는
너희는 나에게 오를 수 없다는 것을
알아야 할 것이니라.
23 사랑하는 나의 아들아!
24 "네, 아버님! 말씀하옵소서."
25 너는 지금 내가 너에게 전한 그 뜻을
알겠느냐?
26 "네, 알겠사옵나이다.
27 아버님! 감사하옵나이다.
28 아버님! 감사합니다.
29 자아를 발견하고 저를 발견하기 위하
여 모두를 다 헤쳐 버려야 하며 고난
과 고통 속에서 부닥치고 부닥치는
그 속에서 나를 발견할 수 있으며,
30 저의 보이지 않는 그 내면의 악습을
볼 수 있는 그 훈련을 내리심을 이제
야 감사함을 알았사옵나이다.
31 제가 작은 것에서는 천사요, 가장 작
은 것에는 저의 제자들이 아름다운
모습으로써 변화된 모습으로 살아가
나,
32 너무나 큰 역사 앞에 부닥칠 때 저희
는 욕심을 생각하며 불화하는 마음이
폭발되어 그를 무너트리고 그를 성사
시키지 못한다면 저희가 결국 천국에
갈 수 없으며 아버님께 갈 수 없는 그
와 같은 그 위험하고 무서운 그 함정
이 도사리고 있음을 이제야 알았사옵
나이다.
33 모두를 헤치는 훈련이요, 모두를 고통
속에 이겨 내는 훈련이요, 그리하여
고통과 시련 속에서 그때마다 부닥치
는 것을 아버님의 진리를 찾아 저를
발견하는 그와 같은 삶이 정녕 하늘에
오르는 길이요, 아버님이 사랑하신다
는 것을,
34 이제야 아버님의 사랑이 무엇이며 아
버님의 은혜가 무엇인지, 부귀영화를
내리는 것만이 아버님의 사랑이 아니
요, 고통과 시련 속에서 모두를 다 토
해 낼 수 있는 그와 같은 훈련이야말
로 얼마나 위대하고 값진가를 이제야
알았사옵나이다.
35 부귀와 영화를 주심으로 인하여 제 악
습이요, 저희가 불화하는 마음이요,
유사시 터질 수 있는 그 사악한 마음
의 뿌리를 볼 수 없기에 부귀영화요,
명예를 주시지 아니하며,
36 저의 제자들과 더불어 오늘날 하나하
나 고통을 쌓으며 그 속에서 한 가지,
열 가지, 백 가지를 깨닫도록 하시는
아버님의 그 뜻에 감사하며 그 은혜에
감사를 드리옵나이다, 아버님!
37 자신도 모르고 오늘날까지 살아왔으
며 자신도 모르는 그 무엇이 터져 나

왔을 때, 그때는 감당키 어려운 것이
며 감당키 어려운 그걸로 인하여 저희
가 좌절할 수 있고 무너질 수 있는 그
와 같은 것을 미리 대비하고 그와 같
이 넘어지지 아니하도록 아버님께서
강도 높은 훈련을 역사하시는 그 의미
가 사랑이요, 은혜의 영광이요,
38 부귀와 명예와 재물을 주지 않는 것만
섭섭하며 억울하고 분하며 때로는 견
딜 수 없는 그 고통 속에서 아버님을
원망하는 마음도 있었음을 이제야 그
마음을 다 지울 수 있으며,
39 그 모든 고통과 시련 속에서 자아를
발견하며 저를 해부하는 것이며 저의
제자들의 마음을 다 해부하는 것이며
제자들의 마음속을 다 갈기갈기 헤쳐
놓고 거기에서 한 점의 부끄럼이 없
이 하여 다시 봉합하시어 아버님께서
쓰시고자 하는 그 뜻을 이제 알았사옵
나이다.
40 아버님, 감사하고 감사하옵나이다."
41 나의 아들아! 네가 그와 같이 말하며
그와 같이 깨달음이니, 나 여호와가
기쁘기 한이 없느니라.
42 너희는 모든 경험 속에서 너희가 넘
기 어려운 그 길이요, 험난한 것을 다
넘고 넘었을 때 나의 자식인 너희가
나를 알게 될 것이며 나에게 와 영원
히 내 품에서 살 수 있는 자식으로 올
수 있기 때문이니 그리 알라, 사랑하
는 나의 아들딸들아!

7,036 번째 하나님 말씀

2003년 8월 7일 13시 51분

1 사랑하는 나의 아들아!
2 "네, 아버님! 말씀하옵소서."
3 너를 따르는 제자들과 나로부터 선택
된 내 사랑하는 백성 그들에게 다음과
같은 그림을 마음껏 그려 보며 천사의
날개를 달아 하늘에 날아오도록 그리
전하라.
4 천국이요, 나의 나라에 오르는 그 그
림을 그들 가슴속에 머릿속에 마음껏
그려 보라 그리 전하라.
5 천국의 그림을 그려 보며 그리고 너
희가 천사가 되어 천국에 날아오는 그
와 같은 마음을 한번 펼쳐 보라 그리
하라.
6 그리고 천국에 와 사는 삶의 그림을
너희 가슴속에 마음껏 그려 보라 그리
하라.
7 그리고 천사가 되어 훨훨 날며 나에
게 와 영원히 사는 그 세상에 와 너희
자신이 산다 생각하며 그 그림을 마음
껏 그리고 펼쳐 보라 그리하라.
8 그러면 너희 마음이 과연 어떠하겠는
가?
9 너희 마음가짐을 어찌 살아야 하는가
를 알게 될 것이니라.
10 그러면서 또한 지옥에 대한 그림이요,
지옥에 가서 고생하는 그 모두를 너희
가 한번 스스로 상상하며 그 그림 또
한 한편에 그려 보라 그리하라.
11 그러면 너희가 어떻게 살아야 할 것
이며 어떠한 길을 선택해야 할 것인가
를 알게 될 것이니라.

12 그러니 너희 자신이 천국에 오는 그
림을 마음껏 그려 보며, 너희 나름대
로 지옥 가서 고생하는 그림을 마음
에 그렸을 때, 너희가 어떠한 육의 삶
을 살아야 할 것이며,
13 오늘의 삶에서 양심을 저버리며 양심
의 가책을 느끼고 살아가는 그와 같은
삶을 살아도 되는 것인가?
14 그리고 육의 부귀영화를 위하여 삶을
살아갈 것인가?
15 그리고 육의 부귀영화를 위하여 무엇
을 더 달라, 더 이루어 달라, 그리고
너희만 더 갖고자 하는 그와 같은 욕
심이 그득한 그 기도를 나 여호와에게
너희가 할 수 있는 것인가?
16 너희가 죄를 짓지 않는 용기를 달라고
기도하며 나 여호와가 내린 친필로 쓴
계명을 지키며 그대로 살아갈 수 있는
용기를 너희에게 달라는 기도를 할
것인가?
17 그리고 악한 것을 보면서도 그 악함을
모르고 거기에 편승해서 그저 인간 세
속의 향락을 위하여 살아가는 그 삶의
마음의 자세가 더 굳어지며 그와 같은
삶을 살 것인가?
18 그렇지 않으면 바른 행위를 하며 바른
생활을 하며 바른 마음으로써 바르게
설 수 있는 그와 같은 힘과 용기를 달
라고 기도할 수 있는 마음을 가질 것
인가?
19 너희는 여기서 이제 천국의 그 황홀한
그림을, 그 꿈과 같은 천국을 실컷 그
려 보며, 그리고 하늘나라에 너희가
훨훨 날아오는 그와 같은 그림을 그려
보라.
20 그러면 너희는 정녕 어떠한 길을 살아
야 할 것인지 또한, 지옥의 그 처참한
것을 너희 가슴속이요, 머릿속에 나름
대로 한번 실컷 그려 보라.
21 그리했을 때 너희가 설 자리며 살아
가야 할 방법이며 가야 하는 길이 어
떠한 길인가를 스스로 알게 될 것이
니, 그와 같은 현명함도 어찌하여 얻
지 못하는가?

7,037 번째 하나님 말씀

2003년 8월 7일 16시 37분

1 사랑하는 나의 아들아!
2 "네, 아버님! 말씀하옵소서."
3 모든 백성이 제가 제일 잘났으며 제
가 최고라 말하지 아니한 백성이 있는
지 한번 물어보라.
4 어떠한 형국에 있는 사람도 제 자존심
이요, 제 나름대로 제가 최고라는 그
와 같은 생각을 하고 지금 살아가는
것이 나의 백성 너희가 가지고 있는
마음이니라.
5 그러기에 너희는 양보가 없으며 미덕
이 없으며 사랑이 메말라 있는 백성임
을 알아야 할 것이니라.
6 그러니 나의 법전을 읽고 깨우친 백성
너희에게 내가 뭐라 말하였느냐?
7 모든 곡식이 알이 차서 익으면 고개를
숙인다 하였음이니, 나의 성령으로써
너희보다 크고 위대하고 소중한 알곡
식으로 모든 게 채워진 자가 없다 하
였음이니, 너희가 가장 낮은 자로서
살아가라 하는 그 의미를 알겠는가?
8 이 세상 모든 백성이 제가 최고요, 제

가 제일 잘난 자요, 저만 소중하며 저
보다 더 소중한 자가 없다 그리 생각
하고 사는 자들이요,
9 남의 아픔이요, 남의 슬픔을 생각하지
아니하며, 남의 큰 슬픔과 큰 아픔도
네 작은 아픔과 슬픔에 비교하여 그
큰 아픔을 이해하지 아니하려 하며 큰
상처를 이해하지 아니하며,
10 오로지 네 작은 상처의 아픔만을 먼저
관리하고 생각하는 그와 같은 형국의
마음 자세가 나의 백성 너희니,
11 과연 그와 같은 백성이 얽히고설킨
이 세상에 과연 사랑이 어디 있으며
나눔이 어디 있으며 진정한 그 믿음이
어디 있단 말이더냐?
12 그러니 너희가 지금 수천 년 동안 흘
러오면서 그 헤아릴 수 없는 그 모든
종파가 저만 최고요, 저희 집단만이
최고요, 저희에게 오는 자만이 구원을
받는 길이라 서로 그리하고 있음이니,
13 과연 이게 하나가 될 수 있단 말이더
냐?
14 나의 성령으로써 태어나는 그 백성은
내가 뭐라 말하였느냐?
15 성령으로 선택된 백성은 너희와 나
여호와가 하나가 되는 것이며, 모든
백성이 하나가 될 수 있는 그 위대한
역사가 이루어지는 것이 너희가 성령
으로 임한 백성이라 그리하였음이니,
16 너희가 서로 종파 간에 물고 뜯으며
하늘에 오르는 길이라 하며 나의 뜻을
가르치는 자들이라면서 서로 시시비
비를 하며 물고 뜯고 비방하며 그와
같이 하나가 될 수 없는 행태로 살아
간다면 과연 너희가 나의 성령으로써
다시 태어난 백성이라 말할 수 있겠느
냐?
17 하늘에 오르는 그 길은 성령으로써 충
만하지 아니한 자는 나에게 오를 수
없음을 너희는 알아야 할 것이니,
18 그러니 성령으로 충만 된 백성은 모두
가 다 하나가 되는 그와 같은 그 역사
요, 나 여호와와 너희가 하나가 되는
그와 같은 위대한 영광을 얻게 되는
것이 성령으로 충만된 백성이니라.
19 그러니 성령으로 충만된 백성이 과연
어떤 것인가를 알았는가?
20 모든 종교 집단이요, 지도자 모든 백
성은 과연 성령으로써 충만된 백성인
지 스스로 너희를 바라보라.
21 너희는 이단이요, 사탄이라 그리 말하
느니라.
22 너희가 말하는 나를 찾지 아니하며 나
를 믿지 않는 백성이 이단이 아니요,
사탄이 아님을 알아야 할 것이니라.
23 이단이요, 사탄이라면 너희는 인간을
벌레만도 못하며 징그러운 벌레만큼
도 생각하지 아니하는 그 사악한 마음
으로 나의 백성을 봄이니,
24 이단이요, 사탄이라는 것은 무엇인 줄
알겠느냐?
25 나의 성령을 믿으며 나의 뜻을 믿으며
나의 길을 온다는 자들이 참진리요,
나의 뜻을 믿는 것이 아니요, 나와는
관계없는 길을 가며 나를 거역하는
행위요, 참진리를 믿지 아니하며 거짓
진리를 참진리라 부르짖는 백성,
26 즉 말하자면 기독교 안에 있는 신자들
성당에 다니며 회당에 다니는 모든 종
교 집단에 속해 있는 자가 잘못 가르

치고 잘못 믿는 것이 이단임을 너희는 알아야 할 것이니라.

27 열 중에서 몇 개를 잘못 듣고 잘못 지켰을 때 그것이 이단의 형국이 아니더냐?

28 그러니 이방인을 갖다 이단이라 그리 말하는 그 자체가 얼마나 어리석고 잘못된 줄 아느냐?

29 나를 찾으며 믿음의 길을 가는 그 속에 있는 백성이 잘못된 자, 그리고 잘못 가는 자들이 이단이니라.

30 그러니 과연 너희가 바로 다 이단이라는 것을 알아야 할 것이니라.

31 너희는 나의 뜻을 거역하고 사는 자들이요, 나의 뜻에 순종하고 사는 자들이 아니요, 내가 원하는 그 삶을 사는 것이 아니니라.

32 나의 아들 예수가 너희에게 전하고 깨우쳤던 그 길이 아니요, 그 모두를 거역하는 길을 가는 것이 너희니,

33 이단이란 바로 너희 집단이 이단임을 알아야 할 것이며, 이단의 그 의미를 알며, 이단이라는 것이 그 무엇인지 그 정의를 알라.

34 너희가 과연 지금 이단이라 말하는 백성이 무엇이 이단이더냐?

35 너희 스스로 깨우쳐서 진리가 아니요, 비진리를 가지고 가는 자들이 이단이라 말하는가?

36 거짓된 자요, 사탄의 종이 된 종교 지도자요, 목회자가 그 종파는 이단이요, 그가 가지고 있는 책은 이단이요, 그가 만든 것은 이단이라 그리 말하면, 너희는 그 순간부터 그것은 이단이라 생각하며 어금니를 갈고 그를 깨물어 없애려 하며 그를 씹어 없애려 하며 물불을 가리지 않는 그와 같은 형국으로 바뀌지 않는가?

37 너희는 서로 물고 물며 약한 자를 죽이며 강자가 약한 자를 잡아먹는 그와 같은 형국보다도 더 무서우리만큼 물고 늘어지려 하는 것이 그 순간이니라.

38 잘못된 사탄의 종교 지도자가 저 집단은 이단이요, 저 책은 이단이요, 그가 말하는 것은 이단이라 그리 말하면,

39 너희는 들여다보려 하지도 아니하며 그 순간부터 무조건 이단이라 하여 악을 쓰면서 그를 물고 늘어지는 그리고 인간을 인간으로 취급하지 않는 그 사악한 행태로 지금 가고 있는 것이 이단을 평가하는 것이며 이단을 따지는 기준이니, 그게 바로 무엇이더냐?

40 그러니 너희가 얼마나 불쌍한 백성이던가?

41 그러니 이단인 사탄의 자식이요, 사탄의 후예가 이단이라는 것이 이단이란 말이던가?

42 그러니 너희가 바로 깨우쳐야 함을 알아야 할 것이니라.

43 그러니 이제 이단의 기준이라는 것이 무엇인지 그 의미부터 안다 하면 너희는 이단이라는 소리를 함부로 하지 못할 것이니라.

44 나의 뜻에 따른다면, 나의 성령이요, 나의 성경에 나의 법전대로 행하지 아니하고 산 자가 이단이니라.

45 나의 아들을 따르는 백성이요, 나의 아들을 따르는 제자들이요, 내가 선택한 백성 너희도 내가 내린 나의 새로운 성경이요, 법전대로 살지 않는 자

는 그게 바로 이단이라는 것을 알라.
46 그리고 사탄으로 전락됨을 알라.
47 그러니 나의 아들을 따르는 선택된 백
성이요, 나를 따르는 모든 백성 너희
는 알아야 할 것이니라.
48 이제는 정녕 지금의 종교 집단이요,
성서를 가지고 공부한 백성과 이단이
요, 삼단이요, 시시비비할 것이 아니
라,
49 내가 명한 나의 법전대로 나의 뜻대로
살지 아니하며 나의 법전을 가지고 공
부하고 깨우치지 않는 것 그게 바로
이단이요, 사탄의 자식이 됨이니,
50 너희 제자들과 나의 법전을 읽고 깨우
친 만백성 너희는 너희 자신이 이단
이라는 그 길을 가지 아니하도록 그리
하라.
51 이단이라는 길을 가고 거기에 발을 들
여 놓은 그 순간에 나와 멀어지며 나
의 백성이 아니 됨이니, 모든 종교 집
단 지도자는 이를 알며 신도라는 자,
너희는 알라.
52 너희 안에서 이단자가 있는 것이요,
너희 안에 있는 백성이 아닌 자는 이
단자가 아니며 이단이라 할 수 없으
며, 그와 같이 벌레 보는 심정으로 벌
레 보는 마음으로 봐서는 아니 된다는
것을 너희는 깨우쳐야 할 것이니라.
53 너희가 이단이라 하여 물고 늘어지며
벌레만도 못하게 징그럽게 따지며 징
그럽게 보는 자들을 과연 너희는 무
엇을 기준으로 하여 이단이라 보는가?
54 그들이 가르치는 진리요, 그들이 공부
하는 것 그 책을 실제로 읽어 깨우쳐
보고 이단이요, 삼단이라 그리 말하는
가?
55 잘못된 사악한 종교 지도자가 너희가
등을 돌리고 떠날까 봐 저희의 수입
원이 적어질까 봐 두려워서 그들에게
이단이라 하며, 옆에 있는 것도 다 이
단이요, 사탄이요, 거기에 가면 지옥
이라 그리 말하니,
56 그 말을 듣는 그 순간부터 종교 지도
자의 말 한마디에 너희는 이단이요,
사탄이라는 것을 규정지으며 결정지
으니, 너희는 천국에 가는 길이요, 참
진리도 못 보는 가장 어리석은 자들이
라는 것을 잊지 말라.
57 지금 모든 종교 지도자들이 말하는 것
을 보고 이단이라 규정짓는 것, 그들
이 말하는 책을 보지 말라는 것, 그 책
은 이단이라 하여 보지도 않고 이단이
라 결정 짓는 것,
58 이웃의 종교 집단은 이단이라 하여 그
들이 강론하고 설교하며 가르치며 그
들이 가는 길을 보지 못하게 하고 이
단이라 하여 그저 벌레만큼도 취급하
지 않는 것은 바로 너희가 그와 같이
벌레 같은 자가 되는 것임을 잊지 말
라, 모든 나의 백성들아!
59 그러나 내가 너희를 사랑함이니라.
60 모두가 다 구원의 길에 오기를 바라느
니라.
61 나는 너희의 영혼이 영원히 사는 삶
을 올 수 있도록 내가 기다리고 바라
고 있음을 잊지 말라.
62 너희 모두를 다 사랑함이니라.
63 내가 사랑하는 백성 너희가 내가 내
린 나의 법전을 읽고 깨우치고 하늘에
오르고 못 오르는 그 모든 것은 너희

가 마지막 선택할 길이며 너희 마음이요, 너희 생각에 달렸음을 잊지 말라.

7,038 번째 하나님 말씀

2003년 8월 7일 16시 44분

1 사랑하는 나의 아들아!

2 "네, 아버님! 말씀하옵소서."

3 너희가 세상에 살아가면서 인간인 너희 형제와 동료가 지은 아름다운 글귀의 시 한 수를 보며 하나의 문장의 그 글귀를 읽고 감명을 받았을 때 눈물을 흘리며 감동의 마음을 주체 못 하는 그와 같은 삶을 살며 너희 마음이 그리도 여리고 착함이니라.

4 그러면서 그 인간이 쓴 시 한 수요, 그 문장의 한 구절보다도 더 아름답고 소중한 정녕 구원의 길이요, 나에게 오르는 길이요, 영원히 사는, 내가 나의 아들을 통하여 내리는 나의 뜻을 감사하다 느끼지 못하며 감사함을 모르며,

5 법전에 기록된 그 하늘의 뜻을 읽고 깨우치면서도 감사의 눈물을 흘리는 백성이 없구나!

6 그러니 과연 너희를 어찌해야 하겠는가?

7 지금 구원의 길이요, 나에게 오르고자 하는 자는 나의 법전을 보지 아니하며 깨우치지 아니하면 역사할 수 없다 하였음이니,

8 내가 나의 성령을 태워 내려보낸 나의 법전 속에 너희의 가슴을 울리는 그 아름다운 내용이 과연 없어서 너희가 눈물을 흘리지 아니하는가?

9 너희는 정독하여 깨우쳐 보라.

10 그리고 이 뜻이 나 여호와의 뜻이요, 내가 역사하는 것이며 내가 직접 너희를 구원하기 위해 내려보낸 글귀라면, 인간이 쓴 그 아름다운 시요, 한 구절의 문장의 소리보다도 그 문장의 글귀보다도 더 너희 가슴을 울리며 감동을 시키며 설레는 마음으로 밤잠을 못 이룰 그 내용들이 거기에 주옥같이 기록되어 있거늘,

11 어찌하여 이를 보지 못하게 하며 이를 보지 못하는 자들의 말에 현혹되어 이단이요, 사탄이요, 사악한 자가 만들어 낸 것이라 하여 나의 소중한 법전의 그 뚜껑을 열지 않는 자들이 지금 나의 피조물 만백성들이니, 그를 보는 내 마음의 아픔을 너희는 알겠는가?

12 정녕 너희가 나의 법전을 읽었을 때 인간이 쓴 시의 한 구절보다도 더한 감동이 수없이 거기에 있음이니, 어찌하여 감동이요, 감사의 눈물을 흘리는 백성이 이 세상에 없는가?

13 이를 보는 나 여호와의 마음이 이리도 아픔을 너희는 아느냐?

14 너희는 인자가 되는 길이요, 이 세상에 일인자가 되는 것이요, 그렇기에 그 모두를 다 걸고 살아가는 것이 너희가 행하는 그 삶이 아니더냐?

15 너희는 인간 세속에서 살아가면서 너희는 가장 위대한 인자가 되는 것이요, 또한 인간 세상의 모든 역사하는 것에 일인자가 되는 그와 같은 삶의 길을 가야 하는 것이 나에게 오르는 길이며 너희가 사는 삶임을 알아야

할 것이니라.
16 너희는 세상 속에서 살아가는 그 일인
자가 되는 것은 위대하다고 경탄하며
칭송을 아끼지 아니하면서,
17 어찌하여 나의 성경을 읽고 나의 뜻에
따라서 만백성 앞에 의인과 같은 일인
자가 되는 그 길을 어찌하여 가지 아
니하려 하며 그 길을 선택하려 하지
아니하는가?
18 너희가 의인의 일인자가 되는 것, 세
상에 의인의 일인자가 되는 것이 얼마
나 소중하고 위대한 것인가를 어찌하
여 모른단 말이던가?
19 구원의 길이요, 나에게 오르는 그 길
이 바로 의인의 일인자가 되는 길이라
는 것을 알라.
20 너희는 그 영광을 모를 것이니라.
21 그 축복을 너희는 모르는 것이니라.
22 무엇이 그보다 소중한 것이 있으며 무
엇이 너희에게 더 위대한 것이 있단
말이더냐?
23 나의 법전의 소중함이요, 나의 법전을
읽고 깨우쳐 이 세상에서 의인의 일인
자가 되는 것이 거기에 있거늘 어찌하
여 이를 모른단 말이더냐?
24 너희는 이 세상에 자연의 아름다움에
경탄하며 자연의 그 아름다움 앞에 숨
이 막힐 정도로 그 경탄을 금치 아니
하면서 어찌하여 그 자연을 아름답게
구상하여 만드는 창조주 나 여호와의
그 설계요, 내가 만든 것에 감사요, 경
탄의 말을 나에게 전하는 그와 같은
깨달음이 없는가?
25 너희는 자연의 그 위대함을 보며 그
속에 움직이는 모든 생태계요, 모든
동식물이요, 미물들이 살아가는 그와
같은 것을 보며 경탄의 소리를 함이니
라.
26 그러니 너희가 그를 보고 경탄해 마지
아니하며 너 자신이 놀라는 그 무엇
보다,
27 지금 이를 만들어 놓았으며 이와 같이
역사하여 놓은 창조주 나 여호와의 설
계에 대하여 감사하는 마음, 감탄하는
마음으로 세상을 볼 수 있으며 자연을
볼 수 있으면 내 마음이 오늘과 같이
이렇게 괴롭고 아프지는 아니할 것 같
구나!
28 이제 너희는 모든 것이 다 나의 뜻으
로 이루어진 것이며 나의 설계에 의하
여 나의 주관으로 이루어진다는 것을
깊이 깨우치라.
29 너희 몸에 있는 것, 너희가 지닌 팔다
리요, 너희와 같이 구성하고 있는 것
그 모두도 다 나의 것이 아닌 것이 없
다 하였으니, 이 세상의 그 모든 것이
나의 것이 아닌 것이 없으니,
30 창조주의 그 위대함이요, 전지전능한
아버지라 부르면서 내가 이루어 놓은
것에 감사하는 경탄하는 소리는 없으
면서 어찌하여 그를 보는 경탄의 소리
는 그리도 요란을 떨며 그것에 감탄하
며 감사하는가?
31 이제는 모두 나 여호와가 이루는 것에
대한 감사함을 알아야 할 것이며,
32 인간이 기록한 그 시 한 수요, 문장 한
줄을 읽고 가슴에 감명을 받아 눈물을
흘리는 백성, 너희는 나의 법전을 읽
고 거기에 구원의 길의 하늘의 뜻을
기록한 내용을 보고 감탄의 눈물을 흘

릴 때,
33 너희의 마음이 열릴 것이며, 하늘이 있으며 하늘의 뜻이 무엇인가를 깨달아 구원의 길에 들어서는 영광과 축복을 얻음이니,
34 너희는 나의 법전을 읽고 깨우치도록 그리하라.

7,039 번째 하나님 말씀

2003년 8월 7일 16시 50분

1 사랑하는 나의 아들아!
2 "네, 아버님! 말씀하옵소서."
3 나 여호와가 너희를 얼마나 사랑하고 있는지 내가 너희를 얼마나 소중히 아끼는지 그 자체를 모르고 살아가는 것이 나의 피조물 만백성들이니라.
4 내가 너희 생명을 세상에 내보냈으며 60점이라는 그 세상에서 살 수 있는 그 모두를 다 내려보내 너희가 노력하는 만큼 육의 부귀영화요, 행복을 누리며 살아갈 수 있도록 모두를 다 주었음이니라.
5 그 속에서 너희가 60점이라는 그 한계를 벗어나 영혼의 세계에 진입하는 그와 같은 아름다움으로 살다 내 품에 오라 너희에게 모두를 주었음이니,
6 내가 너희에게 더 이상 무엇으로써 어찌 더 사랑하는 것을 보여 주어야 한단 말이더냐?
7 나 여호와는 모두를 다하여 너희를 사랑하지만, 너희는 진정한 마음으로 나 여호와를 사랑하지 아니하며 나의 뜻을 따르려 하지 않는 것이 너희라면 과연 나의 뜻을 믿겠느냐?
8 나를 사랑함이요, 내가 바라는 것이 무엇인지 그 자체도 너희는 모르느니라.
9 너희는 나를 사랑하는 길을 모르며 사랑하는 것이 무엇이며 내가 너희에게 원하고 바라는 것이며 너희가 역사하는 것이 무엇인지 그 자체도 모르며 살아가는 백성이니,
10 그만큼 나에 대한 성의가 없으며 나에 대한 감사함이 없는 것이니라.
11 그러니 나의 백성이 나에 대한 큰 사랑이요, 내가 너희를 소중히 아끼는 그 마음을 전혀 모르고 살아가는 백성이니라.
12 그러려니, 그리하여 이루어졌으려니, 그리고 자연적으로 모두 이루어진 것이라 그리 생각하는 마음이 한구석에 크게 차지하고 있음이니,
13 내가 역사한 그 모든 큰 사랑이요, 아름다움을 너희는 모르는 것이니라.
14 너희를 구하고자 하는 나의 열망을 어찌 이리 외면하는가?
15 나 여호와가 너희가 지옥으로 가는 것에서 천국의 나의 품에 올 수 있도록 구원하고자 하는 나의 그 열망이 얼마나 강한 것인지 어찌하여 그를 모르며 외면한 체 삶을 사는가?
16 나의 뜻을 거역하는 믿음의 집단들이 지금 나를 능멸하는 것을 너희는 모르는가?
17 나의 뜻을 거역하는 것은 사탄의 자식이 되어 있다 내가 수없이 그리 말하였거늘, 나의 뜻을 따라오는 믿음의 길을 가는 백성이요, 지도자가 없음이니라.

18 나 여호와의 존재함을 파괴하려는 것이 지금의 믿음의 길을 가는 백성이요, 그 집단이요, 지도자요, 너희가 나의 아들 예수의 이름으로 구원을 받았다는 그 신도들이니라.

19 그들이 바로 나 여호와의 존재함을 파괴하는 자들이요, 나 여호와가 지상에서 낙원의 역사를 이루고자 하는 나의 설계도 자체를 파괴하려는 자요, 나의 뜻이 지상에 뿌리를 내리지 못하도록 하는 것이 너희니라.

20 그리하여 내가 너희에게 지금 나의 아들을 통하여 새로운 160권의 성경이요, 새로운 하늘의 뜻을 기록하여 내려 너희를 구원하고자 하지만,

21 너희는 나의 법전이요, 나의 아들까지도 제거하려 하며 이 세상에 존재하지 못하게 하고 뿌리를 내리지 못하도록 하는 데 모든 수단과 방법을 다 동원하는 것이 너희들이니라.

22 이제 나의 아들을 따르는 제자들이요, 나의 법전을 읽고 깨우친 백성 너희는 모든 열과 성의를 다하여 이를 대비하며 이에 대한 대책을 세워 서서히 나가는 현명함을 얻지 아니하면 아니 됨을 너희는 알아야 할 것이니라.

23 이 세상의 종교 집단이 하나로 뭉쳐졌을 때 그는 누구도 대적할 수 없으며 그를 다스릴 수 없으며 그를 바로 세울 수 없으며 그들이 가는 길을 되돌릴 힘이 없음이니라.

24 서서히 나의 법전으로써 한 사람 한 사람씩 되돌려 놓는 그와 같은 현명한 방법으로써 역사하지 아니하면 아니 됨을 깊이 깨우쳐야 할 것이니, 그리 알며 그리 행하도록 하라.

25 사랑하는 나의 아들딸들아!

7,040 번째 하나님 말씀

2003년 8월 7일 16시 57분

1 사랑하는 나의 아들아!

2 "네, 아버님! 말씀하옵소서."

3 많은 피조물 만백성 중에 너희가 나로부터 선택된 그 영광이 과연 어떠하던가?

4 수십억 인구요, 수천 년 동안 흘러오면서 나 여호와가 직접 선택하여 초청한 백성이 없었음이니,

5 오늘 내가 나의 아들을 통하여 나의 법전을 세상에 내려보내며 내가 선택한 백성으로서 너희를 초청하여 불렀음이니, 너희 스스로 그 영광되며 축복 됨을 알겠는가?

6 나로부터 선택된 백성 너희가 가야 할 길이 무엇인 줄 아는가?

7 일반 백성과 같이 또는 지금의 믿음의 길을 가는 그 잘못된 백성처럼 인간의 육의 삶을 위하여 욕심을 채우기 위해 그저 인간의 행복이요, 즐거움을 위해서 살아가는 그와 같은 삶을 살아가는 것이 수천 년 동안 흘러오는 그 수억 중에서 나로부터 부름을 받은 백성이 가야 할 길이라 생각하느냐?

8 이것은 아니니라.

9 수십억 인구 중에 너희가 선택되었음은 앞으로 나의 백성이 이 세상에 존재하는 그 백성을 깨우치고 그들이 깨우치는 기초를 다지기 위해 선택된 자들이며, 하늘에서 이루어진 것같이

이 땅에서 이루어지는 그 기초를 다지
는 것이니,
10 너희는 재물을 두려워하지 말며 그 능
력을 두려워하지 말며 고통의 그 길을
두려워해서는 아니 될 것이니라.
11 모두를 다 놓고 나의 법전을 만들어
세상에 전하는 데 모두를 다 바치는
그와 같은 길을 가야 하는 것이 나로
부터 선택된 백성이 가야 할 길이며
역사해야 할 길이라는 것을 잊어서는
아니 될 것이니라.
12 모두를 다 놓는다 해도 나의 법전을
놓아서는 아니 되며,
13 나의 법전을 전하는 데 권력이요, 재
물이요, 부귀영화요, 인간의 향락이
요, 그 모두를 다 접어 두며 그를 초개
같이 놓고 갈 수 있는 그와 같은 마음
이 되는 것이 나로부터 선택된 백성
너희가 가는 자세요, 마음의 자세임을
알아야 할 것이니라.
14 그리했을 때 나의 백성이 나의 품으
로 돌아올 수 있는 그 역사가 있으며,
너희들 하나가 변함으로 그 많은 백
성을 구할 수 있으며,
15 나의 아들을 따르는 제자들이요, 나의
법전을 읽고 깨우친 백성 너희가 모
두를 다 놓는다 해도 만백성을 구하는
길에 역사하겠다는 그와 같은 마음으
로 갔을 때 너희 하나를 희생하여 만
백성을 구하는 것이니라.
16 너희가 인간의 가장 소중함이요, 귀함
은 나에게 오름이니,
17 나에게 오를 수 있는 영광과 축복을
받은 너희가 인간 세상의 삶의 즐거
움이요, 흥겨움이요, 재물이요, 부귀
와 권위요, 그 앞에 너희 자신을 던져
버리지 못하는 자, 그리고 그 모두를
놓을 수 없는 자는 결코 만백성을 구
하는 그 길을 갈 수 있는 자가 아님을
알아야 할 것이니라.
18 너희 자신을 희생하여 그와 같이 갔을
때 이 세상이 지금의 암흑의 세상에서
자유로움의 세상이요, 평화로운 세상
이 이루어질 것이며,
19 그 자유로운 세상이 이루어진 그 위에
서 하늘의 영광이 이 지상에서 이루어
지는 기초가 되며 기반이 되며 그 역
사가 이루어진다는 것을 잊어서는 아
니 됨을 알아야 할 것이니라.
20 모든 백성이 회개하고 뒤돌아서 나에
게 올 수 있도록 그 역사를 하는 것은
오로지 너희만이 할 수 있다는 것을
잊어서는 아니 될 것이니라.
21 나의 법전이 만백성을 이끄는 빛이요,
생명의 길이기 때문이니라.
22 그 빛이요, 생명의 길을 전하는 너희
가 잠시도 게을리해서는 안 되며, 너
희 육의 삶을 위해서 이 역사를 게을
리하며 소홀히 한다면 나의 피조물 만
백성들이 깨우쳐 하늘에 오르는 그 길
을 오지 못함이니라.
23 오직 그들을 돌이켜 하늘에 오를 수
있는 것은 나의 법전뿐이니, 나의 법
전을 읽고 깨우치고 공부하는 백성 너
희가 이 역사를 이루지 아니하면 아니
됨을 알아야 할 것이니라.
24 이제 나의 아들을 따르는 제자들이요,
나의 법전을 읽고 깨우친 만백성 너희
는 혈맹의 동맹으로써 이루어지는 하
나가 되는 그와 같은 역사를 이루어야

할 것이며,
25 그와 같은 역사 속에서 반드시 나의
법전을 만백성에게 전하여 그들을 구
하는 데 너희가 최선을 다해야 될 것
이며,
26 나의 법전을 읽고 깨우친 백성 그리고
나의 아들을 따르는 제자 너희는 피
로써 맺어진 그 동맹의 형제로 이루어
진 것보다도 더 결속되고 강한 마음으
로써 모든 역사를 했을 때,
27 나의 법전이 세상에 전해져 만백성을
구하는 역사가 이루어질 것이니 그 뜻
을 그리 전하라.

7,041 번째 하나님 말씀

2003년 8월 7일 17시 14분

1 사랑하는 나의 아들아!
2 "네, 아버님! 말씀하옵소서."
3 나의 법전을 읽고 깨우쳐 양심이 있는
백성은 진정한 진리의 길을 갈 수 있
는 백성이니라.
4 그들이 이 세상에서 하나 둘 점점 늘
어나 아름다운 세상이 이루어지며 지
상의 천국이 건설된다는 것을 잊지
말라.
5 나의 피조물 만백성들이 나의 법전을
읽고 깨우쳐 양심 있는 백성이 아름
다운 모습으로 변하는 그와 같은 역
사가 이루어지기 시작할 때, 바로 내
가 말하는 하늘에서 이루어진 것같이
이 지상에 천국이 이루어짐이니,
6 그들에게 나의 법전을 전해 주는 것은
누가 해야 하는가?
7 바로 너희가 역사해야 함이니라.
8 그리하여 나의 법전을 읽고 한 사람이
깨우치고 두 사람이 깨우쳐 그 깨우치
는 백성이 늘어 갈 때는 배로 늘어나
게 될 것이며, 그리하여 아름다운 세
상, 지상의 천국이 이루어지는 데 너
희가 쉬지 않고 달려가는 그 역사가
이루어짐이니,
9 그는 무력으로써 지금의 종교 집단의
힘과 능력으로써 절대 그를 막을 수
없는 것이니라.
10 너희가 그를 거둬들이고자 하며 그를
탄압하고자 하여 나의 아들을 핍박하
며 나의 법전을 이단이요, 사탄이라
핍박할 때, 그 흐름의 속도는 배로 늘
어날 것이니 그리 알라.
11 깨닫는 양심 있는 백성이 수없이 늘
어나게 되어 있음이니 그리 알라.
12 그리하여 진정한 참진리요, 나의 뜻에
따라 나의 계명대로 법전대로 사는 백
성은 삶에 대한 태도와 모든 것을 다
변화시키는 그 역사를 이루는 것이기
때문에,
13 양심이 있는 백성이 나의 법전을 읽었
을 때 그들의 삶이요, 그들의 태도요,
그들의 언어요, 그들의 생활 방식을
모두 바꾸어 놓고 바로 세우고 바로
가게 됨이니, 그를 보고 깨우치는 백
성이 계속 늘어남을 너희는 알아야
할 것이며,
14 나의 법전을 읽고 스스로 변화되고
깨우쳐짐이 두렵고 무서움을 그들이
느낄 것이니, 그 스스로 행복감이요,
그 스스로 보람을 느낄 것이니라.
15 그리고 나의 법전을 읽고 깨우친 양심
있는 그 백성은 이 세상의 삶을 아름

답게 볼 수 있으며 삶의 영광을 알며 삶의 존재의 위대한 가치를 알게 될 것이니라.

16 나의 뜻을 알며 하늘에 오르는 길을 알며 인간이 살아가는 그 이치를 나의 법전을 읽고 깨우친 그 백성이 스스로 살아가는 그 행복은 이루 말할 수 없음을 알라.

17 너희가 어찌 나를 잊고 살 수 있다 말하며, 정녕 나를 떠나서 살 수 있다고 말하며, 내가 존재함을 잊어버리며 그를 생각하지 아니하고 살 수 있다고 말하는가?

18 내가 너희에게 나에게 오를 수 있는 그것은 뭐라 말하였느냐?

19 100이라는 점수가 나에게 올 수 있는 그 점수요, 그를 능가해서 오는 자들이 나에게 오르는 것이라 하였음이니라.

20 그리하여 모르는 백성을 위하여 내가 다시 한 번 전함이니라.

21 너희가 100이라는 점수를 가지고 나에게 오르니, 60이라는 점수는 육의 세상에 살아가며 너희의 노력으로 얻어질 수 있는 모두를 이미 다 내가 주었음이니라.

22 그리하여 그 육의 점수를 넘어서 사는 삶이요, 그 60점을 기본으로 하여 그 넘는 삶이 영혼을 위한 삶이요, 그때 영혼을 구원하는 삶이라 내가 너희에게 말하지 아니하였더냐?

23 그러니 60은 내가 준 것이요, 60의 삶을 바르게 살아 40점의 점수를 딸 수 있도록 육의 삶에서 영적인 삶으로 변화하지 아니하면, 그 영적인 삶을 위하여 노력하지 아니하면 그 점수는 절대 얻지 못한다 내가 너희에게 그리 깨우쳐 주지 아니하였더냐?

24 너희는 40점을 위한 삶을 살아야 할 것이며, 그 길을 갈 수 있을 때까지 최대의 노력을 다해야 함을 너희는 알아야 할 것이니라.

25 육에서는 누구나 공정하게 내가 60점이라는 그 한계를 다 내려 주었음이니라.

26 그러니 내가 내려 준 그 삶이 얼마나 중요한 것인가?

27 그 삶에 의하여 그 지옥이요, 천국이요, 나에게 오르는 것이요, 버리는 것이요, 나를 아버지라 부를 수 있는 그 모두가 결정된다 내가 너희에게 말하지 아니하였던가?

28 너희는 여기서 나의 이 뜻을 믿으려 하지 아니하며 나의 가르침을 믿으려 하지 아니함이니라.

29 또한, 믿는다는 백성까지도 진정으로 나를 믿으며 나를 갈망하는 백성이 아니니라.

30 그러니 너의 제자들에게 전하라.

31 너의 제자들에게 이를 깨우쳐 주어야 할 것이니라.

32 과연 너희에게 영원한 것이 무엇이 있으며 너희가 영원히 소유할 것이 무엇이 있는지 너희 자신을 들여다보도록 하라.

33 너 자신이 가지고 있으며 너희가 영원히 소유할 수 있는 것은 하나도 없으며,

34 모든 것은 나 여호와의 것이요, 내가 아니면 너희가 존재할 수 없으며, 내

것이 아니면 너희가 존재할 수 없다
는 것을 알라 하라.
35 나의 것이 아니면 아무것도 아니며 나
의 것이 아니면 너희는 하나도 영원
히 소유하고 가질 수 없고 관리할 수
없으며 지탱할 수 없는 것이 너희라는
것을 안다면,
36 너희가 어찌 나를 잊고 살며 나의 뜻
을 거역하며 내가 원하고자, 내가 이
루고자 하는 그것을 버리고 살 수 있
단 말이던가?
37 그러나 지금의 모든 종교 집단 그들이
나의 뜻에 사는 것이 아니요, 인간의
생각이요, 저희의 교리에 따라서 살아
가고 있음이니라.
38 그들이 살아가는 것이 하늘에 오르는
길이라 하나 그것은 지옥으로 가는 길
이니,
39 그와 같은 자들을 깨우쳐 바로 하늘에
오르는 길을 가르치며 바른 삶을 살
수 있도록 역사하는 것이 너희가 해
야 할 일이며, 나의 법전이 세상에 내
려가는 그 의미의 뜻임을 알아야 할
것이니라, 사랑하는 나의 아들딸들아!

7,042 번째 하나님 말씀

2003년 8월 7일 17시 25분

1 사랑하는 나의 아들아!
2 "네, 아버님! 말씀하옵소서."
3 사랑하는 백성에게 이 세상에 의인의
제일인자가 되는 그 길을 가라 그리
전하라.
4 그것만이 너희가 나에게 당당히 올
수 있는 그 길이라는 것을 잊지 말라
전하라.
5 그리고 모두는 나 여호와의 것이라는
것을 깨닫도록 그들에게 깨우쳐 주도
록 하라.
6 너희가 영원히 소유하며 갖고 관리할
너희 것은 아무것도 없다는 것을, 다
만 너희가 관리하고 지키고 있다는 것
을 잠시도 잊어서는 아니 되며,
7 모두는 다 나 여호와의 것을 관리하고
소유하고 있다는 것을 그들에게 전해
주고 깨우쳐 주라.
8 인간인 너희가 어떠한 형태로써 이루
어지는 것이며, 너희 것이 아무것도
없으며 영원히 소유할 것이 없으며 그
모두는 창조주 나 여호와의 것이라 그
리 안다면,
9 너희는 그 살아가는 자세의 방법이
달라야 할 것이며 깨달음이 달라져야
할 것이니라.
10 너희가 깨달을 수 있으며 또한 무엇인
가를 얻을 수 있으며 하늘에 오르는
그 길이 무엇이며 그 빛이 무엇인가를
볼 수 있는 그와 같은 형태임을 너희
는 알아야 할 것이니라.
11 그렇다면 너희 모두는 나 여호와의 것
이요, 내가 내려 준 그 시간과 공간 속
에서 살아가는 것이며 그리하여 너희
가 나에게 오르는 것이 이 세상에 가
장 의인의 일인자가 되는 길이 나에게
오르는 길이라는 것을 잠시도 잊지 아
니하고 산다면,
12 너희는 추하고 더러운 그와 같은 죄의
행동을 하고 과연 살 수 있겠는가?
13 그리되었을 때 너희는 그리 살 수는
없는 것이니라.

14 그러니 너희가 그와 같은 마음의 자세를 굳힘으로써 변화되는 그 역사를 할 수 있으며, 그와 같이 변화되는 속에서 나의 성령이 너희에게 임한다는 그 사실을 알아야 할 것이니라.

15 나의 성령이 너희에게 임하지 못하며 방황하는 그와 같은 사악한 삶을 살지 말며, 정녕 천국의 인도자는 성령이요, 그 성령이 그득했을 때 너희가 사랑을 느끼게 되며 그 사랑을 기초로 하여 너희가 나에게 구원을 받는 역사를 이룬다 하였음이니,

16 성령이 임하는 그와 같은 삶을 사는데 최선을 다할 것이며, 너희 것은 아무것도 없다는 그와 같은 무서움을 깨닫고 행하는 삶을 살도록 그리하라.

17 너희의 육은 죽고 영혼이 거듭나는 그 삶을 위해서 살아가는 것이 아니던가?

18 너희의 육은 죽어가며 영혼이 거듭나고 거듭 태어나려면 새로운 생수가 그치지 않고 계속 지속적으로 전달되며 너희에게 흘러들어 가야 함을 알라.

19 너희의 육은 가며 영혼은 나에게 와 새로 태어나는 그와 같은 생수라는 것, 생명수는 무엇인 줄 알겠느냐?

20 내가 나의 아들을 통하여 내리는 나의 성령이요, 나의 법전이요, 하늘에 오르는 길이요, 새로운 성경이니라.

21 너희가 말하는 창조주의 말씀이요, 나의 뜻이 생명수라는 것을 잊지 말라.

22 너희가 나의 생명수를 받을 수 있는 그와 같은 삶을 살지 아니한다면 너희는 영혼을 구원할 수 없으며 영혼을 구제받을 수 없다는 것을 알아야 할 것이니라.

23 너희가 살아가는 그 인생의 삶에서 그 생명수는 영원히 그치지 아니하며 계속 너희에게 공급되어야 할 것이며, 영원히 지속하여야만 너희가 살아갈 수 있으며 지탱할 수 있다는 것을 알라.

24 그리하면 너희가 생명수를 받을 수 있는 그 마음이요, 생명수를 받아 마음의 양식을 하나하나 차곡차곡 쌓아 자리를 잡는 그와 같은 삶이 아니면 절대 아니 됨을 너희는 알아야 할 것이니라.

25 그리하려면 아름다운 마음이요, 선한 마음이요, 천사와 같은 마음으로 갖고자 노력할 때 내가 너희에게 생명수를 부어 줌이니,

26 너희가 혼탁한 욕심이요, 욕심의 뿌리요, 마음속에 사악한 마음이 도사리고 있다면 아무리 내가 생명수를 부어 넣는다 해도 그를 받을 수 없으며 소화시킬 수 없음을 너희는 알아야 할 것이니라.

27 너희가 나의 생명수를 계속 받아 구원의 길이요, 하늘에 오르는 그 길을 오려면 너희 마음속에 도사리는 죄악의 근원의 뿌리를 완전히 뽑아버리고 해결하지 아니하고는 구원의 생명수를 내가 너희에게 계속 부어 줄 수 없으며 너희는 받을 수 없다는 것을 알라.

28 너희가 나로부터 생명수를 받지 못한다면 과연 어찌 되는가?

29 모든 식물이 물을 공급받지 못할 때 그들은 시들어 말라 죽을 것이니라.

30 생명수를 받지 못하는 그와 같은 삶은

꽃이요, 식물이 시들어 죽어 가듯이
너희도 곧 죽어 가는 삶이라는 것을
잊지 말라.
31 너희의 육은 살아서 세상 속에 살아가
고 있으나 나의 생명수를 받아나갔을
때 욕심의 뿌리요, 죄악의 근원의 뿌
리를 완전히 제거하고 해결하지 아니
하는 자는 생명수를 계속 부어 줄 수
없음이니,
32 너희는 육의 세상에서 삶도 죽은 자
요, 그 죽음의 삶은 육이 죽어 한 줌의
흙으로 가며 그 영혼은 지옥으로 가
육에서 받는 것과 똑같은 고통의 벌을
지옥에서 받는다는 것을 절대 잊어서
는 아니 될 것이니라.
33 너희가 그리도 갈급하게 구하며 구원
받기 위하여 새로 태어나기 위해 모
두를 다 바치고 사나, 영혼을 구원하
는 생명수를 공급받지 못한다면 너희
는 구원의 길을 올 수 없으며 나에게
올 수 없다 하였음이니라.
34 영원한 생명수를 공급받는 것은 너희
마음속에 있는 욕심의 뿌리요, 그리고
너희 마음속에 도사리는 죄악의 근원
의 뿌리를 완전히 제거하고 뽑아 버리
는 그와 같은 고통과 노력의 한계를
넘지 않고는 절대로 영원한 생명수를
내가 공급할 수 없으며,
35 생명수를 받지 못하는 너희 영혼의
성령은 너희에게 임하지 못하며 방황
하게 되어 있다는 것을 알라.
36 성령으로 그득히 역사하는 자가 그 성
령이 너희를 안내할 것이며 천국의
문을 열도록 그들이 인도할 것이니,
37 그리하여 성령이 그득 했을 때 너희와
내가 하나가 되며, 성령이 그득한 모
든 백성이 나와 하나가 되는 그와 같
은 위대한 역사의 은혜를 입는다는 것
을 내가 너희에게 전하였음이니,
38 이를 잊지 말고 명심하여 행하도록 그
리하라, 사랑하는 나의 아들딸들아!

7,043 번째 하나님 말씀

2003년 8월 7일 17시 32분

1 사랑하는 나의 아들아!
2 "네, 아버님! 말씀하옵소서."
3 나의 뜻이요, 나의 성령이요, 내가 너
희에게 내리는 참진리의 그 역사는
무엇이 다르더냐?
4 나 여호와가 역사하고자 하는 것 내가
너희에게 내리고자 하는 진리요, 내가
너희에게 깨우쳐 역사하고자 하는 그
모두는 변질되지 아니하며 변화되는
것이 아니요, 그대로 시행되며 그게
곧 법이요, 그게 진리이기 때문이니라.
5 그리하여 소중함을 너희가 알아야 할
것이니라.
6 천년만년 세월이 흘러도 그는 변질하
지 아니하며 그는 바뀔 수 없는 것이
나 여호와의 뜻이라 내가 너희에게 그
리 전하지 아니하였더냐?
7 그러니 이제 나의 법전을 너희가 제
대로 행하고 지키며 법전대로 살아가
야 하는 그 뜻을 알아야 할 것이니라.
8 나의 뜻이요, 나의 성령은 참진리이기
에 이 모두는 세월이 흐르고 역사가
흐른다 해도 변화되지 아니하며 그 모
두는 그대로 이루어지고 집행됨이니
라.

9 그리하여 너희는 나의 법전대로 살아
야 하는 것이며 나의 법전 그 속에 있
는 내용을 읽고 깨우쳐 그를 하나하나
행하는 삶을 살아야 하는 것이 너희
가 가야 할 길이라는 것을 잊지 말라.
10 나 여호와는 그와 같이 살아가지 아니
하고 나의 십계명이요, 나의 법전대로
살지 아니한 백성이 나에게 왔을 때
나는 그와 같이 살지 않은 자는 모른
다 한다는 그 답을 내리겠다는 것을
미리 나의 법전에 기록하여 전했음이
니,
11 이는 진리요, 나의 성령이기 때문에
그대로 행하지 않는 것은 너희가 나
의 뜻을 거역하는 것이며, 비진리를
따라서 살아온 자이기 때문에 진리를
버리고 비진리의 길을 따라온 자, '나
는 너를 모른다.' 그리 대답할 것이며,
또한 내가 너희를 보지 아니하며 너
희가 나를 볼 수 없다는 것을 잊지 말
라.
12 나의 법전과 나의 뜻을 그를 내가 수
정하여 변화시키며 변화되는 것이 아
니며, 그대로 실천할 것이며 그대로
역사되기 때문에 소중하다는 것을 너
희는 알아야 할 것이니라.
13 내가 나의 아들 예수를 통하여 나의
뜻을 전한 성경의 그 뜻을 너희가 가
감하지 아니하며 임의로 고치지 아니
하고 그와 같은 행위를 하지 아니하였
다면,
14 지금 이와 같이 제3의 시대가 역사하
지 아니할 것이며 새로운 성경이 내려
가는 그와 같은 일은 없었을 것이니라.
15 그러나 너희는 그를 가감하여 썼으며
너희가 필요한 대로 유리한 대로 고
치고 행하여 그리 사용한 것이 바로
성경이니라.
16 모든 것을 너희가 유익한 대로 필요
한 대로 그를 고치고 그대로 사용하였
음이니, 그게 바로 이단이요, 사탄이
행한 행위이니라.
17 나의 뜻을 하나도 버리지 아니하고 사
는 것, 나의 뜻을 지키고 사는 것, 그
것은 이단이 아닌 것이요,
18 나의 뜻을 거역하여 내가 원하는 삶을
살지 않는 그것이 바로 이단이요, 사
탄이 되어 가는 것임을 알라.
19 이제 내가 제3의 시대에 나의 성령을
내려보내 법전이라 하여 너희를 깨우
치고자 하는 이 대역사를 이루고 있음
이니, 너희가 잘못 간 그와 같은 역사
를 내가 바로잡고자 함이요,
20 나의 법칙대로 내가 원하는 그대로 너
희가 살지 아니하여 그를 내가 다스리
려 하는 것이며,
21 그를 용서할 수 없기에 내가 지금 제3
의 시대에 완벽한 법전을 만들어 나의
뜻을 소상히 풀어 아무나 읽고 깨우치
도록 이와 같은 대역사를 이룸이니,
이를 너희가 보지 아니하면 아니 됨
을 알라.
22 이것이 나 여호와가 너희에게 마지막
내리는 큰 은혜요, 상이요, 영광이라
는 것을 잊지 말라, 사랑하는 나의 백
성들아!

7,044 번째 하나님 말씀

2003년 8월 7일 23시 20분

1 사랑하는 나의 아들아!
2 "네, 아버님! 말씀하옵소서."
3 너희가 살아가면서 행함의 그 삶이 얼
마나 중요한 것인가를 지금 가르치지
아니하며, 육의 행함은 소중하지 아니
하다 그리 가르치느니라.
4 오로지 영적인 믿음이요, 나 여호와를
찾으며 나의 아들을 찾는 그것으로써
그 믿음의 집단에 속하는 그 순간에
너희는 인간 세상의 모든 고리는 다
끊어지며 그리고 그와 같은 믿음의 길
을 가는 것으로써 구원을 받는다 그
리 말함이니라.
5 그러나 너희는 알아야 할 것이니라.
6 인간 세속에서 살아가면서 남에게 눈
물을 흘리게 한 자는 반드시 되돌아와
그 피눈물을 흘리는 것이 너희가 살
아가는 그와 같은 삶의 형국이라는 것
을 알고 있을 것이니라.
7 너희가 역사한 것만큼 되돌려받으며
너희가 잘못한 것만큼 인간 세상에서
도 되돌려받는 그와 같은 삶의 역사
의 순환 속에서 살아가는 것이 나의
백성 너희니라.
8 너희가 잘못되었을 때 그 대가를 반
드시 치르며 너희가 남에게 아픔의
상처를 주었을 때 반드시 그와 같은
상처를 받고 치르는 것이 인간 세상의
살아가는 도리이니라.
9 하물며 나 여호와가 너희에게 지키고
살라는 계명을 지키고 나의 뜻에 따라
순종하며 나를 경배하고 산다는 그 백
성이 나의 뜻을 거역하며 내가 원하며
행하고자 하는 것을 따르지 아니하며
지키지 아니하고 죽어 와 나에게 그와
같은 대가를 면할 수 있다는 생각을
하는 것은 얼마나 어리석은 생각이며,
어리석은 지도자들의 그 발상에서 나
온 것인지 너희는 알겠는가?
10 인간 세상에서도 너희는 주고받는 것
이 정확하며 계산이 정확한 것처럼,
남에게 아픈 상처를 냈을 때 너희 자
신도 그와 같은 상처의 아픔을 반드시
받는 것이 인간 세속의 살아가는 법도
며 흐르는 규정이며 규칙이니라.
11 하물며 믿음이라는 것을 잘못 가는
백성이요, 나를 기만하는 너희가 어찌
하여 그와 같은 것을 받지 아니한다고
생각하는가?
12 그는 반드시 치르게 되어 있으며 반드
시 그 길을 넘어가게 되어 있는 것이
너희니라.
13 그러니 너희는 그와 같은 무서움을
알아야 할 것이며 두려움을 알아야 할
것이니라.
14 그것을 모르는 백성은 정녕 나에게
오를 수 없는 자들이며, 나에게 어찌
하여 오르는 것인지 그 자체도 모르는
백성임을 알아야 할 것이니라.

7,045 번째 하나님 말씀

2003년 8월 7일 23시 37분

1 사랑하는 나의 아들아!
2 "네, 아버님! 말씀하옵소서."
3 지금의 믿음의 길을 가는 백성이요,
수천 년 동안 믿음을 왔던 그 백성 그

리고 종교 집단이요, 지도자 또한 신
도 그 백성에게 죄란 무엇인가 묻는
다면 그들은 뭐라 말하는가?
4 인간이 육으로써 살아가면서 지은 그
것은 아무것도 아니며 그는 두려울 것
도 없으며, 그건 너희가 죽어 나에게
심판을 받을 때 지옥으로 가고 천국으
로 가는 그와 같은 것에 도움이 되지
않는 것이며 관계없다 그리 말하느니
라.
5 오로지 영적인 믿음이요, 오로지 영적
인 그 믿음의 길만을 가는 것 그 길을
잘못 갔을 때 너희는 벌이라는 것을
받게 되며 영적인 믿음을 바로 가면
육의 생활은 아무런 관계없다 그리 가
르치고 지금 그리 말하고 있지 않은가?
6 그러나 육의 삶이 얼마나 소중한 것이
며 그 기준에 의해 모든 것을 심판을
받는다는 것을 아직도 깨우치지 못하
는 백성이 너희니라.
7 육의 삶은 아무것도 아니며 오로지 영
의 삶이요, 그저 믿음만을 철저히 가
며 그저 나의 아들 예수의 이름을 부
르며 나에게 경배하면 그 은혜로써 대
속하였으며 죄 사함을 받았다 그리하
며 그리 가는 것만이 중요함이요, 너
희가 구원을 받는 길이라 그리 말하느
니라.
8 그러나 너희는 알아야 할 것이니라.
9 내가 수없이 나의 법전에 기록하여 전
했듯이, 육과 영혼이 같이하는 지금
너희의 이 삶이 얼마나 중요하고 소중
한 것인지 알아야 할 것이니라.
10 이제 너희의 죄가 무엇인 줄 알겠는
가?
11 영혼의 삶이요, 그 영혼의 믿음만을
위해서 살아가는 것이요, 육의 삶은
죄가 아니 된다는 그와 같은 생각에서
돌이키지 아니하면 정녕 나에게 와 심
판을 받을 가치도 없음을 알라.
12 너희는 지금부터 죄가 무엇인가 하는
것을 확실히 알고 가야 함을 알라.
13 너희가 양심의 가책이 되는 행위요,
양심에 부끄러움을 느끼는 행위 그 모
두가 다 죄가 된다는 것, 그리고 그걸
로 심판을 받는다는 것을 잊어서는 아
니 됨을 알아야 할 것이니라.
14 너희가 살면서 양심의 가책이요, 남에
게 부끄러운 짓이요, 남에게 욕되게
하는 행위 그 모두가 죄라는 것을 알
아야 할 것이며,
15 너희는 그 죄에 대한 대가를 반드시
치르며, 치르지 아니하면 구원과 관계
없으며 정녕 심판을 받을 때 그 모두
를 기준으로 하여 역사한다는 것을 잊
어서는 안 될 것이니라.
16 나의 피조물 만백성이요, 나로부터 선
택된 너희는 그 양심과 가책이 있는
것이 모든 피조물이요, 미물과 짐승들
과 너희가 다른 점임을 알아야 할 것
이니라.
17 나의 피조물 만백성 너희가 미물이나
짐승과 다른 점이 무엇이냐 하면, 바
로 양심과 양심에 대한 가책을 느끼는
그와 같은 것이 짐승과 인간의 차이점
이거늘,
18 너희가 양심과 가책을 느끼지 아니하
고 사는 백성이라면 과연 너희는 어떠
한 형국에 사는 백성이라 내가 말해
야 하겠는가?

19 너희에게는 영혼이 있음을 알아야 할
것이니라.
20 너희가 동물과 다른 것은 바로 영혼이
있음이니, 그 영혼이 구원을 받고 못
받는 그것이 더 소중함이요, 영혼이
구원을 받는 것이 거듭나는 것이요,
영혼을 구원을 받지 못하면 거듭나지
못함이니, 그게 동물과 너희와의 그
차이점이거늘,
21 어찌하여 너희는 그 영혼을 구하는
그 삶이 영혼과 육이 같이하는 오늘의
지상의 삶이 너희에게 가장 소중한
것이며 그 영혼의 심판은 거기에 기준
하여 받는다는 것을 내가 그리 전하고
기록하여 너희에게 전하건만,
22 이를 읽고 깨우치고자 하는 백성이 없
으며 이를 보고 두렵다 생각하는 백성
이 없는가?
23 그러니 오늘의 삶에서 너희가 정반대
로 가는 그와 같은 삶의 길을 가지 아
니하면 아니 된다는 것이 나 여호와의
가르침임을 너희는 알아야 할 것이니
라.
24 이제 나로부터 선택된 백성이요, 나로
부터 쓰임을 받은 백성 너희는 양심
의 가책을 받는 그와 같은 행위를 해
서는 아니 될 것이니, 이것이 너희와
짐승과의 차이점이니라.
25 나로부터 선택된 백성이 양심의 가책
을 모르고 살아가는 그와 같은 행함의
삶을 산다면 너희는 나로부터 선택된
의미가 없으며,
26 아무리 나의 뜻을 역사한다 해도 너
희는 갈 길이 따로 있다는 것을 잊어
서는 아니 될 것이니라.
27 내가 너희에게 나의 아들을 통하여 인
간과 짐승과 차별화되는 그 차이점이
바로 짐승은 양심이 없으며 가책을 못
느끼는 것이 짐승의 행동이요, 짐승이
라 그리하였음이니라.
28 짐승이란 배고팠을 때 어떠한 경우든
어떠한 상황이든 어떠한 형태든 먹이
를 보면 공격하며 그 먹이를 취하는
것이 짐승이요,
29 인간은 양심이 있고 생각하는 것이 있
기에 참고 견디고 인내하며, 너희 것
이 아니면 스스로 그를 포기하고 양보
하며 주인의 허락을 받아 행동하는 것
이 짐승과 인간의 그 차이점이니, 이
는 곧 양심이요, 가책이 있기 때문이
니라.
30 그러나 그걸 저버리고 사는 백성은 과
연 어떠한 삶이며, 내가 어디에 점수
를 놓으며 내가 어디에 기준을 두는
것인지 알아야 할 것이니라.
31 인간이 양심의 가책을 모르고 산다면
동물과 차이가 무엇이 있겠는가?
32 정녕 동물과의 차이는 양심의 가책을
느끼고 사는 것이 차이점이라 하였으
니,
33 오늘날 인간으로서 살아가면서 이웃
과 형제요, 주변 사람들에게 그리고
나의 사랑하는 백성과 살아가면서 과
연 양심에 부끄러운 짓을 하지 아니하
고 사는가?
34 너희가 작은 양심의 부끄러움이라도
하고 산다면 그것이 바로 죄라는 것을
잊어서는 아니 될 것이니라.
35 그게 바로 죄라는 것을 알라.
36 그 죄에 대하여 너희가 평가받는다는

것, 그리고 거기에 대해서 심판을 받
는다는 것을 이제는 깨달으라.
37 인간의 삶은 아무것도 아니며 육의 삶
은 아무것도 아니며 육의 부끄러운 짓
이요, 육의 양심의 가책을 받는 행위
는 정녕 영혼이 구원을 받고 버림받
는 그 심판대에서 아무런 의미도 없으
며 가치도 없다는 그 고집과 아집을
이제는 버리지 아니하면 아니 됨을 너
희는 알아야 할 것이니라.

7,046 번째 하나님 말씀

2003년 8월 7일 23시 51분

1 사랑하는 나의 아들아!
2 "네, 아버님! 말씀하옵소서."
3 지금 수천 년 동안 흘러온 모든 종교
집단이요, 지도자요, 그리고 믿음의
길을 간다는 그 신도라 하는 백성, 너
희가 정녕 나로부터 구원을 받으며 나
의 천국에 오르고자 한다면 과연 나의
모든 백성을 구원의 길로 인도하며 안
내할 자격이 있다 한다면, 정녕 그와
같은 역사를 하고자 한다면,
4 너희는 지금까지 왔던 모든 너희의
그 믿음이요, 신앙이요, 너희가 가진
모든 기득권을 다 너희 손에서 놓아
야만 그 길을 볼 수 있음을 알아야 할
것이니라.
5 나의 피조물 만백성들을 하늘로 인도
하며 천국으로 인도한다는 종교 집단
이요, 또 구원을 받았다 하는 백성 너
희의 오늘의 그 믿음이요, 그 신앙으
로써는 절대 나에게 오를 수 없음이니
라.
6 너희가 가진 모든 기득권을 다 손에
서 놓는 그 순간만이 진정한 나를 볼
수 있다는 것을 너희는 알아야 할 것
이니라.
7 지금 너희가 가는 그 믿음은 나의 뜻
에 따라 가는 믿음이 아니요, 나를 능
멸하며 나의 뜻을 반대하며 나의 뜻을
거역하는 그와 같은 믿음의 길을 가는
자들이기에, 지금의 믿음으로써는 정
녕 너 자신도 구원을 받을 수 없으며,
8 더욱이 저 자신이 구원을 받지 못하는
자가 어찌 만백성을 구원한다 할 수
있단 말이더냐?
9 이는 감히 생각도 해서는 아니 될 것
이니라.
10 그러니 너희가 지금 가는 그 믿음이
잘못되었다면 바로 무엇이더냐?
11 너희는 반대로 가는 그와 같은 믿음이
요, 반대의 생활을 하지 아니하면 절
대 구원을 받을 수 없다는 그 무서운
사실을 알라.
12 지금 너희가 가는 그 길은 지옥으로
가는 믿음이니라.
13 그러니 지금 지옥으로 가는 그 믿음에
서 천국의 하늘에 오르고자 한다면 어
떠한 형태로 서야 하는가?
14 너희는 뒤돌아서야 할 것이며 지금까
지 해 왔던 그 모든 기득권을 다 버리
며 지금까지 왔던 그 믿음에서 다시
태어나는 그와 같은 역사를 이루지 아
니하고서는 너희는 정녕 구원과는 먼
길로 가고 있다는 것을 알아야 할 것
이니라.
15 그리고 자신의 존재 가치를 모두 버릴
수 있는 마음을 비운 자세가 아니면

절대 구원을 받을 수 없다는 것을 알
라.
16 그와 같은 마음 자세로써 가르치지 못
하는 종교 지도자 밑에서 찬송하며 눈
물 콧물 흘리면서 구원을 받았다 아우
성치는 자, 그리고 재물을 갖다 바치
면 구원을 받는다는 그와 같은 생각을
하는 지도자와 백성은 구원의 빛도
볼 수 없으며 하늘에 오르는 그 길도
볼 수 없는 것이 너희임을 알아야 할
것이니라.
17 너희는 지금 사랑하는 나의 피조물 만
백성들을 죽음으로 이끌어 가며 영원
히 죽음의 세계로 인도하고 이끌어 가
는 자들이 너희라는 것을 잊어서는
아니 될 것이니라.
18 지금과 같은 그 삶에서 반대의 길이
요, 믿음에서 반대의 길이요, 모든 기
득권을 다 버리며, 내가 불로 직접 써
내린 그 십계명을 지키기 위한 삶을
살며 그 길의 삶을 살기 위해 노력하
는 변화를 이룰 때만 너희는 하늘에
오르는 그 길을 볼 수가 있음을 알라.
19 너희가 정녕 구원을 받고자 한다면 나
의 아들 예수와 같이 자신의 십자가를
스스로 짊어지고 가는 그와 같은 백성
의 마음 자세가 아니면 아니 될 것이
니라.
20 나의 아들 예수의 그 삶을 그대로 행
하며 그가 살아왔던 것, 그가 너희에
게 깨우치고자 했던 그것을 너희가
깨달아, 너희가 그와 같은 삶으로 선
택해서 너희가 변화되는 삶을 살지
아니하면 너희는 절대 그와 같은 역
사를 이룰 수 없으며 나와는 관계없는
백성이 된다는 것을 알아야 할 것이
니 그리 알라.
21 그리하여 내가 너희에게 제3의 시대
에 나의 법전을 읽고 깨우칠 수 있도
록 하여, 이를 보고 깨우쳐 다시 태어
나는 그 길을 볼 수 있도록 하여,
22 내가 나의 법전을 만백성 너희에게 마
지막 한 번의 기회를 주어 전하는 그
역사를 하고 있음을 너희는 알아야
할 것이니라.
23 너희가 십계명대로 살기 위해 자신의
모든 것을 과감히 포기하고 버릴 수
있는 그와 같은 마음 자세만이 구원을
받을 수 있다는 것을 잊지 말라.
24 너희가 자신의 모든 것을 움켜쥐고
있으며 그 욕심을 다 가슴에 안고 오
늘까지의 인생의 삶이요, 믿음의 길에
서 가지고 이루어 놓았던 그 모두를
다 포기하며 고난과 고통의 길을 두려
워하지 아니하며 다시 시작할 수 있는
그와 같은 대변화가 아니면 너희는
아무것도 이룰 수 없으며 아무것도 역
사할 수 없다는 것을 알아야 할 것이
니라.
25 이제 너희는 들으라.
26 나의 아들을 따르는 백성이요, 나의
법전을 읽고 깨우친 백성 너희는 나의
법전이요, 나의 성령을 만백성에게 전
하기 위해 존재하고 있으며 나로부터
부름을 받은 자들이니라.
27 그러니 죽음을 두려워하며 너희를 핍
박하는 자를 두려워하며 공격하는 자,
비아냥거리는 자들에게 맞받아치며
그와 같이 마음이 상하고 공포와 그들
로 하여금 너 자신이 위축되는 그와

같은 마음의 자세로 살아가서는 절대
아니 됨이니라.
28 죽음을 두려워하지 말며 모두를 다 포
기하는 것을 두려워하지 말라.
29 그와 같은 마음을 갖고 사는 백성이
나의 뜻을 알게 될 것이며 그 백성만
이 내가 원하는 삶을 사는 자요, 그리
하여 너희가 내 품에 돌아올 수 있는
백성이라는 것을 알아야 할 것이니라.
30 너희가 말로 믿으며 말로써 모두를
행하며 말로써 모두를 이루는 것처럼
그리고 말로써 나의 아들을 찾기만 하
고 나를 부르기만 하면 너희 손으로
지은 죄의 온상인 그곳에 가 재물을
바치며 하늘에 많은 재물을 창고에 쌓
아 놓는 그와 같은 믿음으로써 구원을
받는다는 것으로써는 너희는 구원을
받을 수 없으며 다시 태어나고 거듭
태어나는 영광을 얻을 수 없음이니라.
31 지금의 너희가 가는 믿음이요, 삶의
모두를 반대로 바꿔 놓지 아니하면 너
희는 반드시 구원이 아니요, 지옥행으
로 가는 삶을 살고 있다는 것을 절대
잊어서는 아니 됨을 알라, 사랑하는
나의 아들딸들아!

7,047 번째 하나님 말씀

2003년 8월 7일 23시 57분

1 사랑하는 나의 아들아!
2 "네, 아버님! 말씀하옵소서."
3 나 여호와가 너희에게 가르쳤느니라.
4 나의 아들을 통하여 너희에게 전하기
를, 너희가 열 개의 오물을 치우는 것,
아니 백 개의 오물을 줍는 것, 그리고
백 개의 오물을 감추기 위해 정리하는
것, 그와 같이 아무리 좋은 일을 한다
해도,
5 너희와 관계된 오물 하나를 버리며
던져 버리는 그와 같은 행위를 하는
것은 너희가 열 개, 백 개를 줍는 것보
다 그 죄가 더 크다 내가 너희에게 말
하였느니라.
6 그리하여 너희가 주워서 치우는 것보
다 버리지 않는 그 행동이 소중하며
그것이 무섭고 두려운 것을 알아야 한
다 했음이니라.
7 내가 너희에게 그와 같은 상세한 하늘
의 뜻이요, 가르침을 전해 주었으나,
너희는 과연 어찌 사는가?
8 너희가 말로써 천 마디 만 마디 남에
게 하는 것보다도 실질적인 행동으로
써 보여 주는 소중한 삶이 너희가 살
아가는 길이니라.
9 이제 나의 법전을 읽고 깨우친 백성이
요, 나의 아들을 따르는 백성 너희는
말로써 모든 역사를 하는 것이 아니라,
10 너희가 직접 행동으로써 실천하는 그
와 같은 삶이 소중하다는 것을 너희는
이제 알았을 것이며 알고 있을 것이니
라.
11 그렇다면 그와 같이 행하는 것이 중요
함을 알라.
12 모든 종교 집단이요, 지도자들이 수천
년 동안 흘러오는 그 믿음은 저희가
편안한 대로 평탄한 길을 가고자 하여
모든 것을 종교 집단 저희 것으로 가
감하여 만들었으며 저희가 유리한 것
만을 강론하고 가르치며 그와 같은 형
식으로 고쳐 놓은 것이 오늘날의 신약

이요, 그 성서라는 것을 너희는 알아
야 할 것이니라.
13 수천 년 동안 오면서 이를 바꾸고 또
정리하고 또 다스리는 그와 같은 역사
를 이루어 너희 입맛에 맞도록 가감
된 부분이 너무나 많다는 것을 너희는
알아야 할 것이니,
14 그 가감된 부분이요, 또한 기록된 것
도 그 비유의 뜻을 모르기에 오늘과
같이 이와 같이 험악한 세상이 되었
으며 몇십 년 동안 믿음을 믿은 그 백
성이나, 믿지 않는 백성이나 차이가
없으며 거리가 없는 그와 같은 오늘의
삶을 살아가는 것이 너희의 그 형국
이니라.
15 진정한 믿음이라는 것은 너희가 믿음
의 세월을 가진 것만큼 천사가 되고
있어야 하며 그와 같이 되지 아니하는
것은 잘못된 믿음이요, 참진리를 배우
고 깨우치는 백성이 아니라 내가 기
록한 그 뜻을 너희는 알아야 할 것이
니라.
16 이제는 나의 뜻이요, 예수의 믿음과
예수를 향하는 것 그리고 예수를 찾기
만 하면 모두가 이루어진다는 그와 같
은 믿음에서 이제 변화되어야 함을
알았을 것이며, 알았으면 그와 같은
변화의 삶을 살아야 할 것이니라.
17 지금의 믿음이요, 이와 같이 가는 너
희는 나와는 아무런 인연이 없으며 관
계가 없으며 나는 오로지 너희를 보
지 아니하였으며 너희를 모른다는 그
답변 밖에는 하지 아니한다 함을 알
라.
18 너희가 나의 뜻에 따라 살아가는 삶
도 중요하고 내가 명한 것을 지키는
것도 또한 소중한 삶이며, 내가 내린
그 뜻에 따라 나의 명에 따라 행하고
사는 것도 아주 중요함이니라.
19 그러나 그보다도 더 중요한 것이 무엇
이 있느냐?
20 나의 뜻을 너희 마음대로 가감하여 고
치고 만들어 가르치는 것이 얼마나 무
서운 죄인 줄 알겠는가?
21 내가 책으로 기록하고 성경으로 기록
하여 너희에게 전한 것을 너희 마음
대로 가감하지 아니하고 고치지 아니
하며, 그것을 소중히 알고 나의 피조
물 만백성들에게 전하고 가르치는 그
것이 나의 뜻을 행하는 것보다도 더
소중하고 귀한 자세라는 것을 절대 잊
어서는 아니 될 것이니라.
22 너희가 나의 뜻에 따라서 역사한다는
것, 나의 뜻대로 살아간다 하는 것, 그
모두도 다 소중하나,
23 내가 성령으로써 내리는 것, 내가 나
의 법전으로 내린 그것을 너희 마음대
로 가감하고 마음대로 고쳐서 가르치
는 그 죄가 더 무섭다는 것을 너희는
잊어서는 아니 될 것이니 그리 알라.
24 너희 뜻대로 가감하여 가르치는 것은
나의 피조물 만백성들이 대대손손 영
원히 그를 지키고 행하지 못하며 그들
이 스스로 죄를 지으며 지옥으로 가는
것을 지옥인 줄 모르고 두려운 줄을
모르고 살아가는 그와 같은 백성으로
서 육성되기 때문이니라.
25 그리하여 근거하는 나의 성경이요, 나
의 법전을 너희 마음대로 고쳐서 전
하는 그와 같은 행위를 해서는 아니

됨을 알라.
26 너희는 지금까지 오면서 나의 성경이
요, 내가 내린 그 모든 가르침의 뜻이
요, 그 비유의 뜻을 전혀 모르고 있음
이니,
27 이는 오로지 지금까지 관습이요, 습관
의 그 뿌리가 깊이 내려져 있기 때문
에 그를 탈피하지 못하기에 너희가
바른 믿음이요, 진정한 믿음의 길을
보지 못하고 가는 너희들이 되어 있음
을 알아야 할 것이니라.

7,048 번째 하나님 말씀

2003년 8월 8일 0시 05분

1 사랑하는 나의 아들아!
2 "네, 아버님! 말씀하옵소서."
3 나의 성령을 태워 내리는 나의 법전을
이단이요, 사탄이라 말함이니, 과연
너희는 나의 법전을 어디에 근거하여
사탄이요, 이단이라 그리 말하는가?
4 정녕 너희는 사탄과 이단의 그 정의
를 알고 있으며 그 의미를 아는가?
5 너희는 어찌하여 종교 지도자요, 목회
자요, 그들이 너희에게 이 책은 사탄
이요, 이단의 것이며, 이 종교 집단은
이단이요, 사탄이라 그 종교 지도자가
단상에 서서 말 한마디 하면 너희는
그것으로써 모두 다 이단이요, 사탄이
라 스스로 결정지어 버리며,
6 그 순간 그 법전이요, 또 내가 내리는
성령이요, 그리고 많은 백성을 깨우치
고자 하고 바로 가고자 하는 그것 또
한 종교 집단이든 어떠한 형태든 무조
건 이단이라 그리 단정하며 그를 경계
를 두며 그들과 대화하려 하지 아니하
는가?
7 그와 같이 마음을 닫아 버리는 형국으
로써 이단을 단정하며 이단이라 결정
짓는 것이 종교 지도자의 말 한마디에
서 그리되며,
8 너희가 읽고 깨우치고 두드려 보고 그
를 가지고 결정하는 것이 아님을 알아
야 할 것이니라.
9 종교 집단이 저희의 교회를 지키고 저
자신을 지키기 위해 그들이 그저 한
권의 책을 들고 이것이 이단이요, 그
리고 옆에 있는 교회는 이단이며 다른
종파는 이단이라 그리 말하면, 너희는
그때서부터 모두가 다 달라지느니라.
10 너희가 그 달라지는 모습이 얼마나 무
서운 줄 알겠느냐?
11 서로 먹고 먹히고, 죽고 살고 하는 그
와 같은 짐승들의 싸움보다도 더 무섭
게 공격적으로 공격의 대상으로써 삼
는 것이니라.
12 그리하여 증오심이 발발하기 시작하
며 그 증오심은 너희가 다스리지 못
할 정도로 과격한 행동으로 벌어짐이
니라.
13 그뿐이던가?
14 너희는 한 형제로서 생명을 가지고
내가 내려보낸 그 소중한 형제들을 벌
레같이 보느니라.
15 그리고 그보다도 더 징그럽게 생각하
며 그보다도 더 천대하는 것이 아니
던가?
16 종교 지도자가 이단이라는 그 말 한마
디로 하여 너희는 모두를 무조건 멸
시와 천대로써 이끌어 가는 것이 아니

던가?
17 그것이 바로 너희가 지금의 이단을
평가하는 기준이며, 너희가 이단이라
단정하고 판별하며 편협하게 모든 문
을 닫고 살아가는 것이 그와 같은 종
교 지도자요, 목회자의 말 한마디로써
모두가 결정됨이니라.
18 그러나 너희는 알아야 할 것이니라.
19 너희 스스로 깨닫고, 두드려 보고, 읽
어 보고, 들어 보고 그리 결정해도 늦
지 아니하는 걸, 그저 종교 지도자의
말 한마디로써 모든 것을 결정지어 버
리느니라.
20 그러니 믿는다는 너희의 그 믿음이
참진리요, 진정한 길이라고 할 수 있
는가?
21 너희가 가는 그 자체가 진리의 길이
아니요, 참진리의 뜻을 연구하는 것이
아니니라.
22 이제 내가 이단의 정의를 너희에게
깨우쳐 줌이니라.
23 믿지 않는 이방인들이요, 나의 뜻을
모르고 사는 백성을 너희는 이방인이
라 말하나, 그것은 이방인이 아니요,
이방인을 가지고 이단이라 말해서는
아니 되는 것이니라.
24 너희가 말하는 이방인은 이단이 아님
이니라.
25 이단이라는 것은 너희 종교요, 너희
교회 안에 있는 백성이 이단임을 알
라.
26 너희가 나의 뜻을 따라간다면서 정녕
나의 뜻을 따르지 아니하며 나의 뜻에
위배되는 그와 같은 행위를 하는 것
이 이단이니라.
27 너희의 종교 집단에서 정녕 참진리를
가르치지 아니하며 그 진리를 따르지
아니하는 자, 너희 집단에서 등을 돌
리는 자, 그리고 그대로 행하지 아니
하는 자들을 이단이라 그리 명하고 그
리 단정하는 것이지,
28 너희 종교 집단이요, 믿음과 그 형태
가 다르다 하여 그리고 이방인이라는
그 백성을 이단이요, 사탄이라 격리하
며 멸시하며 천대하는 그와 같은 것은
너희가 자만하고 오만한 자들이며 그
것이 너희가 얼마나 어리석은 자들인
지를 아는가?
29 나를 믿는다며 나의 뜻대로 행하지 아
니하고 순종하지 않는 백성 그들이 바
로 이단임을 알라.
30 그리하여 이단의 백성이라는 것은 교
회 안에 있는 것이 이단이며 또한 전
체적으로 지금 나의 뜻이요, 나의 성
령대로 순종하며 살아가지 아니하기
때문에 너희가 끌고 가는 집단이요,
지도자요, 그 신도는 모두 내가 보는
이단임을 너희는 알아야 할 것이니라.
31 나의 아들을 따르는 백성 너희도 나의
법전을 읽고 너희가 다른 마음을 가
졌을 때 곧 그것이 이단자가 되며 나
를 볼 수 없다는 것을 알아야 할 것이
니라.
32 나 여호와의 이루고자 하는 그 본체를
모르는 자들이 나 여호와의 뜻을 이루
고자 한다 하며 이룰 수 있는 그 대명
을 받았다 하며 지금 나의 백성을 그
리 현혹하여 끌고 감이니라.
33 이제 너희는 깨우칠 때가 되었으며
반성할 때가 되었음을 이제 알아야 할

것이니라.
34 모든 종교 집단 너희가 이단이라는
것은 무엇이더냐?
35 나 여호와의 뜻대로 행하는 것이 아니
요, 인간 너희 뜻대로 너희 마음대로
성서까지 가감하는 그와 같은 행동을
하며 모든 것을 너희 위주로 이루며,
36 개인의 소유물을 위하여 존재하는 것
처럼 그와 같은 착각 속에 있는 종교
집단이요, 지도자가 있는 한 그 모든
집단은 이단의 자리로써 이단이 되어
천국이 아니요, 지옥으로 간다는 것을
너희는 알아야 할 것이니라.
37 저 자신들의 유리한 것만을 추려서,
가르치며 저 자신이 유리한 데로 만
드는 것 모든 성서까지도 저희에게
유리하고 편리한 대로 만들고 변화시
켜 강론하고 설교하며 그를 믿으라 가
르치며 나의 뜻을 가감한 너희는 모두
이단이라는 것을 알라.
38 너희 종교 집단 속에서 행하는 너희
전체가 내가 보는 이단이요, 믿음이라
는 잘못된 그 조직을 따르지 아니하며
그 믿음이요, 교리를 듣지 않는 자를
너희가 이단이라 평하는 것이요, 이방
인을 감히 이단이라 그리 평하지 말라.
39 그 자격이 너희에게 없음을 알아야
할 것이니라.

7,049 번째 하나님 말씀

2003년 8월 8일 08시 17분

1 사랑하는 나의 아들아!
2 "네, 아버님! 말씀하옵소서."
3 네가 생각하는 그 마음 자세가 무엇이
더냐?
4 네가 무엇인가 아직도 마음이 정립되
지 않고 마음이 흔들림이요, 그 믿음
의 뿌리요, 그 흔들림이 아직도 뿌리
를 내리지 못하고 있지 아니한 것인가
너 자신을 돌이켜 보아야 할 것이니
라.
5 네가 무엇이 불안하며 네가 하는 행동
에 대해 어찌하여 의혹을 품고 너에게
일어난 모든 일에 불안한 마음을 갖느
냐?
6 그때마다 네가 나에게 묵상을 하고 기
도를 해서 답을 얻으면 될 것을, 어찌
하여 네가 묵상과 기도를 하지 아니하
고 모든 면에 불안해하는가?
7 물 위를 걸으라 하면 네가 걸어야 할
것인가 나에게 묵상을 하고 기도하면
될 것이며, 내가 산을 오르라 할 때 네
가 나에게 묵상을 하고 기도를 하면
내가 그 답을 줄 것이며 그 답에 의하
여 네가 움직이면 될 것이거늘,
8 어찌하여 네가 모든 면에서 묵상과 기
도하는 것으로써 답을 얻는 것을 아직
도 네가 완벽하게 그리하지 못하고
너 스스로 생각하는가?
9 이것을 남에게 줄 것인가, 주지 말아
야 할 것인가, 이와 같은 고민을 네가
어찌하는가?
10 너는 그저 두 무릎 꿇고 묵상을 하면
내가 답을 주며 그 답에 의하여 움직
이며 너는 나의 뜻에 따라 움직이는
자라 하지 아니하였더냐?
11 내가 죽은 너를 다시 생명을 불어넣어
오늘에 존재함이니, 너는 네가 삶이
아니요, 나의 뜻에 따라 산다 하였거

늘 어찌하여 그 부분에 대하여 그리도
아직 실천함이 미약하던가?
12 이제 너는 그리하라.
13 모든 것은 네가 의혹하며 불안하게 생
각할 것이 없느니라.
14 내가 산을 업으라 하면 너는 가서 산
을 업고자 대드는 것을 그저 묵상해서
내가 명하면 명한 대로 할 것이며 그
리하면 네가 책임이 없으며 네가 역
사하며 불안해할 것도 없느니라.
15 어찌하여 묵상과 기도로써 그때그때
모든 답을 받아 행하지 아니하고 네
생각으로써 이는 나 여호와에게 죄 되
는 일이요, 이는 나 여호와가 봐서는
안 되는 일이요, 이는 나 여호와가 생
각하지 않는 것이라 네가 그리 미리
생각하며 너 자신이 기준을 정하지
말라.
16 그것이 문제의 발단이 된다는 것을 잊
지 말라.
17 네가 나를 부끄럽게 하는 일이요, 네
가 마음 아파하는 일이라 생각해도,
내가 그와 같은 계획을 했고 내가 생
각했을 때 묵상으로써 너에게 내가 답
을 줄 것이며 그 묵상에 의해 네가 따
라서 모든 행동을 하면 되는 것이니라.
18 누구를 만나 네가 법전을 만드는 것이
요, 그 모든 것도 다 그때그때 묵상을
해서 이야기하면 될 것을, 네가 이것
은 나 여호와에게 하는 것이 부담되는
것이요, 그리고 나 여호와에게 물어보
지 말아야 하겠다는 그와 같은 생각
을 하면 아니 되는 것이니라.
19 그게 네가 잘못되는 것이니, 어찌하여
그 이치의 깊이를 아직도 깨우치지 못
하고 네 생각대로 대화하며 네 생각대
로 역사하는 것이라 생각하는가?
20 그게 효도하는 것이 아니니라.
21 부모가 비린 생선을 먹고 싶어 하는
지, 산채를 먹고 싶어 하는지, 그렇지
않으면 육식을 먹고자 하는지, 들판에
다니는 암탉을 한 마리 약으로써 먹고
싶어 하는지 그것은 그 노부모가 잘
아는 것이니, 너희가 그저 무조건 좋
다 하여 노부모에게 만들어 바치는 것
이 효성이 아니니라.
22 그와 같은 이치를 안다면 네가 그와
같은 효자로서 이제는 거듭나야 함이
니라.
23 네가 부모에게 물어서 무엇인가를 대
답하면 그 부모가 원하는 것을 대답하
니, 그 부모의 기쁨이 그보다 더하지
않겠느냐?
24 그것이 효자다운 자식이요, 효성스러
운 자식이니라.
25 그저 바리바리 실어다가 주는 것만이
효성이 아니요, 효자가 아님이니라.
26 너희가 효자라는 것은 그저 부모의 팔
이 닿지 않는 가려운 곳을 시원하게
긁어 드리는 그 마음이면 부모는 거기
서 행복한 것이며 거기서 더 바라는
것이 없는 것이 부모가 자식을 보는
마음이니,
27 네가 그와 같은 마음으로 생각하고 산
다면 항상 묵상하고 기도하라.
28 네가 나에게 큰 것을 놓는 것만이 나
를 영광되게 한다 생각한다면 그것이
불효자니라.
29 60이 넘게 인간 세상의 삶의 이치를
깨달은 네가 어찌하여 그것 하나를 행

하지 못하느냐?
30 너는 내 앞에 큰 것을 놓고 영광된 것
을 놓는 그것이 모두 나를 기쁘게 하
며 나의 뜻이라 그리 미리 생각해서
행하면 그게 나를 욕되게 하는 것임을
잊어서는 안 되는 것이요, 효자로서
그리하는 것이 아니니라.
31 세상의 제일인자의 한 사람인 네가 어
찌하여 그 간단한 이치도 깨우치지 못
하고 지금 방황하고 있어서야 되겠느
냐?
32 이제는 그 의미를 알았으면 그와 같이
모두를 매사를 행하도록 그리하라.
33 내가 너에게 정답을 내려 주거늘 어찌
하여 네가 정답을 듣지 아니하고 그리
하는가?
34 네가 사과 백 개를 갖다 놓는 것과 하
나를 갖다 놓는 것을 견줄 때 백 개를
내 앞에 갖다 놓는 것이 나를 기쁘게
하며 나에 의하여 살아가는 삶이라 생
각하지 말라.
35 나는 사과 하나가 아니라 사과 잎을
봄으로써 더 기뻐할 수 있으며 내가
더 영광된 마음으로 받아들일 수 있으
니,
36 너는 그저 나한테 묵상과 기도로써 그
답을 들어 행하도록 하라, 사랑하는
아들아!
37 이제는 네가 효자로서 자리를 지켜
갈 때가 되지 아니하였는가?
38 그 간단한 이치를 생각하지 아니하고
네 머리로써 계산하고 네 머리로 생각
해서는 아니 됨이니라, 사랑하는 나의
아들아!
39 이게 자식이 부모를 받드는 마음이요,
부모의 뜻을 따라 살아가는 길이니라.
40 이것이 네가 하는 일이니라.
41 그것을 어찌 그리 모르고 지금까지도
당황하며 너 자신이 그리 저질러 놓
고 후회하며 또 불안해하는가?
42 모든 걸 묵상에 의해 살라, 사랑하는
아들아! 그리하면 다 알 것이거늘.

7,050 번째 하나님 말씀

2003년 8월 8일 08시 24분

1 사랑하는 나의 아들아!
2 "네, 아버님! 말씀하옵소서."
3 믿음이라는 것은 무엇이며 인간 세상
의 교육은 무엇이더냐?
4 인간 세상의 스승과 제자 간에 가르치
는 교육도 모르는 제자는 스승에게 물
어 그 깨우침을 얻는 것이요,
5 몰라서 묻는 그 제자에게 스승은 짜증
내며 화를 내며 매를 드는 것이 아니
라 자상하게 그를 깨우쳐 그의 머리를
맑게 만들어 주며 그를 다스려서 그와
같은 것을 잘 깨우쳐 주어,
6 그가 학문에 정진할 수 있도록 그리고
학문에 취미를 붙이며, 그 깨달음에
감사하는 마음으로 갈 수 있도록 인간
의 스승과 제자 간에도 그와 같이 가
르치는 자와 배우는 자가 있는 것이
아니더냐?
7 그러나 지금 수천 년 동안 믿음의 길
을 오는 그 믿음의 집단이요, 종교 지
도자들이 지금 얼마나 잘못 깨어 있으
며 근본부터 잘못되었는가?
8 저희는 나의 피조물 만백성을 깨우치
고 가르치고 인도하여 하늘에 오르는

그 선생이라 말하나, 그들은 선생의
자격이 없음을 너희는 알라.
9 그들은 무조건 어찌 가르치는가?
10 너희는 모르는 자요, 무식한 자요, 하
늘의 뜻을 모르는 자니 무조건 묻지
말라 하며,
11 그저 나의 피조물 만백성들을 이끌어
가며 그들이 숨도 쉬지 못하도록 그리
몰고 가는 것이 지금의 종교 집단이
요, 지도자들이 가는 길이니라.
12 그러나 여기서 너희가 깨우치며 가르
침이라는 것을 다시 바로잡고 다시 역
사하지 아니하면 아니 됨을 알아야 할
것이니라.
13 너희는 제자들에게 뭐라 가르치느냐?
14 그 신도들 앞에 서서 내가 행하는 것,
내가 기도하는 것, 내가 설교하는 그
내용을 알려고도 하지 말며 내가 어찌
살아가며 내가 어찌 역사하는지도 알
려 하지도 말라.
15 그저 내가 편하게 살 수 있도록 재물
이요, 금화와 은화요, 헌금만 많이 바
치면 되니, 알려 하지 말라 그리 강요
하지 않느냐?
16 그리고 의문 나는 것도 반문하지도
말라 그리 가르치느니라.
17 반문하는 자는 하나님의 뜻을 거역하
는 것이요, 보혈로써 우리를 구원한
예수님의 뜻에 거역하는 것이요, 너
자신이 사악한 자로 전락하는 증거라
그리하며 절대 반문도 하지 말며, 그
저 저희가 잘됐든 못됐든 가르치는
그대로 듣고 시키는 대로 그저 맹종맹
신하며,
18 너희는 헌금을 많이 바치며 그저 교회
일에 봉사하는 것, 그리고 종교 지도
자가 우선이며 종교 지도자를 높이 받
들고 잘 받드는 자는 하나님의 상을
받으니 그저 신처럼 받들라는 그와 같
은 행위를 하고 있지 않으냐?
19 '나는 신으로서 하나님을 대신하니 내
말은 하나님의 뜻이요, 하나님이 역사
하고자 하는 것이니, 인간인 너희가
감히 대적하지 말며 알려 하지 말며
물으려 하지 말며 캐고 들지 말라' 하
며,
20 모든 손발을 묶어 놓고 듣고 보는 것
을 막아 놓은 그와 같은 행위로써 지
금 수천 년 동안 믿음의 길을 오니,
21 이보다도 더 사악한 독재자도 없으며
제왕적으로 군림하는 그와 같은 자도
없느니라.
22 그러니 너희가 얼마나 사악한 자들이
냐?
23 그러나 믿음의 길을 가는 자들이 성서
한 줄만 제대로 읽었다 해도 그리 행
동하지는 못할 것이니라.
24 나의 아들 예수가 너희에게 다 똑같은
형제라 하였음이니라.
25 똑같은 형제가 형제를 가르치고 지도
하는데 그와 같은 방법이 있던가?
26 나의 아들 예수도 그리 가르치지 아니
하고, 그와 같이 묻는 것에 대답을 회
피하며 묻지 말라, 그저 나는 하나님
의 아들이요, 너희는 나에게 맹신하고
내가 하는 대로 따라오라, 그리 가르
치지 아니하였음이니라.
27 진정한 믿음의 길을 가는 지도자요,
진정한 지도자는 어찌 하는 것이 지도
자의 길인 줄 알겠느냐?

28 아직 모르는 백성이요, 신도들이 그 답답함을 물을 때, 그걸 감사하게 생각하며, '그리 물어 나를 깨우쳐 주니 그대는 나의 선생과 같다' 하며,

29 자기가 스스로 깨우치고 아는 그 모든 것을 그에게 정성껏 가르쳐 깨우치며, 그가 눈을 뜨도록 하며 귀를 열어 나의 참진리의 길을 갈 수 있도록 하며,

30 내가 가르친 성서요, 내가 가르친 모든 비유의 뜻을 알아들을 수 있도록 인도해 주는 것이 지도자가 해야 할 길이니라.

31 그러니 너희는 지도자의 자격이 없으며 곧 선생의 자격도 없는 자들이 지금 선생이라 하며 이 세상에서 지금 가르치고 있음이니 너희는 어찌하느냐?

32 선생이라는 자들이 묻는 제자들에게 아름답고 곱게 대답해서 깨우쳐 주는 것이 아니라, 묻지 말라, 묻지 말라, 물어서는 안 된다 하여,

33 정답이 아닌 것을 가지고 학생이 정답이 아니라 해도 묻지 말라 하며, 네가 틀렸고 이것은 여호와 하나님의 뜻이니 무조건 이게 맞는다고 하며,

34 너희가 세속에서 말하듯이 소두방을 덮어 자라를 눌러 잡듯이 그냥 누르며, 그저 바보 천치를 만들어 놓으며 자기 자신의 이성을 차리지 못하도록 하며 혼을 다 빼 놓는 것이 너희니라.

35 내가 인간과 짐승과의 차이가 뭐라 했느냐?

36 양심이라는 것을 알며, 양심에 찔림을 알며 그리하여 가책을 느끼는 것이 인간과 짐승과의 차이라 내가 그리하지 않았는가?

37 하물며 그와 같이 그 모두를 다 빼어 가는 자들이라면 신도라는 백성이요, 내가 사랑하는 백성을 사랑으로써 다스려 만들어 천사와 같이 변화되어 하늘에 오르는 그 길을 가르치는 것이 아니요,

38 모든 것을 다 잊고 살며 모든 것을 다 저버리고 그저 주는 대로 먹고사는 동물과 같은 형국으로 나의 사랑하는 백성을 만드는 것이니,

39 오늘날 너희는 교회도 묻지 말라, 설교도 묻지 말라, 교회에서 가르치는 모든 것을 다 묻지 말라는 그와 같은 형국으로 전락하여 있으며 타락되었다 함을 알라.

40 이것은 어느 세상에도 있을 수 없으며, 나 여호와를 따르는 백성은 자유를 누리며 평화를 누리며 행복함을 누리며 그와 같이 살아가는 것이 나에게 오르는 길이거늘, 어찌하여 그들을 그리 억압하며 불안 초조하게 만들어 이끌어 가는가?

41 그것이 수천 년 동안 온 종교 집단이요, 지도자들이 그리 군림하였으니,

42 이제는 나의 사랑하는 백성의 삶이 다르며 시대가 다르며 다음 세대의 젊은 나의 백성은 그와 같은 것을 알고 그와 같은 것을 묻고 따지며 이제 파헤치기 시작할 것이니, 과연 너희가 견딜 수 있다고 생각하느냐?

43 절대 너희는 나의 백성으로부터 그리 견디지 못할 것이니라.

44 그저 어리석게 맹종하고 맹신하는 나

의 백성이 그리 있지 아니함을 너희
는 알아야 할 것이니라.

7,051 번째 하나님 말씀

2003년 8월 8일 08시 36분

1 사랑하는 나의 아들아!
2 "네, 아버님! 말씀하옵소서."
3 너를 찾아오는 모든 사람이요, 나의
백성이요, 또한 제자가 되고자 오는
자들에게 너는 가르쳐 주어야 할 것
이니라.
4 두 마음을 가지고 사는 사람이 되지
말라, 그리고 두 얼굴을 가지고 사는
사람이 되어서는 아니 된다 그리 가
르치라.
5 너희가 두 마음을 갖고 두 얼굴을 가
지고 사는 것은 아름답고 깨끗하고 솔
직하게 살아갈 수 있는 삶을 살 수가
없느니라.
6 미물 중에 두 혀를 가진 사탄의 뱀이
라는 너희가 말하는 상징적인 것이
있지 않으냐?
7 그 두 혀를 가진 자로 하여금 아담과
이브가 오늘의 그 죄상의 인생의 삶을
살도록 그리 만들었다 그리 말하지
않느냐?
8 너희가 말하는 징그럽고 보기도 싫으
며 사탄이라 말하는 그 뱀은 혀가 두
개니, 그를 보면서 너희는 무엇을 느
끼느냐?
9 너희가 인간 세상에 살면서 두 마음
을 가지면 그 두 혀를 가진 자와 다른
것이 무엇이 있으며, 두 얼굴을 가지
고 산다면 그보다 더한 것이 어디 있
겠느냐?
10 그러니 인간은 두 마음과 두 얼굴을
가지고 살지 말라 그리 말하라.
11 두 마음을 가진 자는 진실함이 없으
며 아름다움이 없으며 그리고 저 자신
이 유리처럼 투명하고 깨끗하게 살 수
없는 것이 그러한 자니 그는 가장 불
행하니라.
12 인간 세상에서 두 마음이요, 두 얼굴
을 가지는 자가 아무리 권좌에 있으면
무얼 하며 재물을 갖고 있다면 무엇하
더냐?
13 그는 진정한 영원히 사는 하늘나라의
그 이치를 모르며 사후세계의 삶을 모
르는 가장 불쌍하고 불행한 인간이니
라.
14 그러니 모든 제자에게 두 마음을 갖
지 말라 하며 두 얼굴을 갖지 말고 살
라 그리 가르치라, 사랑하는 나의 아
들아!
15 진정한 믿음의 길을 가는 백성이요,
진정한 믿음을 가르치는 자, 진정한
신앙생활을 하는 자는 두 얼굴이요,
두 마음을 가져서는 아니 됨이니라.
16 모든 종교 집단이요, 지도자요, 신도
들이 지금 두 얼굴과 두 마음을 가진
자들이니라.
17 그리하여 신앙생활에서 그 제자들이
의심나고 의문 나는 점을 저희에게
묻고자 할 때, 그를 알려 하지 말며 묻
지도 말며 물어서도 아니 된다며 그리
가르치지 않느냐?
18 알고자 하는 점을 몰라서 그리 물었을
때 잘 가르쳐 주고 이해시켜 주며 답
을 가르쳐 주어서 그들이 깨우침을 얻

도록 하는 것이 진정한 지도자가 가는
길이니라.
19 그러나 그 지도자들이 성서의 깊이를
모르며 그 비유의 뜻을 모르기 때문에
대답을 해 주지 못하는 것이 그들이
니, 신앙에 대하여 의문 나는 점을 묻
는 것은 당연하며 알지 못하고 깨닫
지 못하는 것을 알고자 질문하는 것은
당연한 것이니라.
20 그러니 알고자 묻는 것은 죄가 되지
않는 것이거늘, 너희는 그저 종교 집
단이요, 지도자에게 신도가 무엇을 묻
는 것은 크나큰 죄이며 나 여호와를
거역하는 것이며 사탄의 길에 들어서
기 시작하는 것이라고 그를 밀어붙여
묻지도 못하며 의문 나는 것을 알고
자 하는 노력도 하지 못하게 함이니라.
21 그러나 너희는 알아야 할 것이니라.
22 묻고 따지고 알고자 하는 것은 오히려
발전적이 되며 건설적인 것이 되느니
라.
23 그리하여 너희가 나의 뜻을 알 기회
가 되며, 나의 뜻을 알 그 기회가 생김
으로 너희가 깨달음을 얻을 때 너희
는 한 발짝씩 나에게 더 다가오는 것
이며 나와 가까워지는 것이 되거늘,
24 어찌하여 모든 종교 집단이라는 자들
이 알지도 못하며 오만방자한 것에
빠져, 나의 사랑하는 백성이 무엇인가
를 알고 깨우쳐 나에게 한 발짝씩 다
가오고자 하는 그 기회를 막으며 그리
못하게 하는 것이 그들이니,
25 바로 하늘에서 내려오는 찬란한 빛을
막는 자요, 하늘에 오르고자 하여 반
석 위에 설 수 있는 그들의 앞길을 막
는 것이 그들이니, 사탄이요, 사악한
자식으로서 그들이 지금 역사한다는
내가 한 그 말을 잘 알라.
26 세상에 묻지 말라는 종교가 어디 있겠
는가?
27 묻지 말라, 알려 하지도 말라, 그리고
참견하지도 말라,
28 그저 재물만 바치고 내가 내리는 양식
이 생명수이니 그저 받아 마시고 듣고
깨우치면 되는 것이라 그리 가르치니,
그 권위주의 속에 있는 자들이 과연
무엇을 알겠느냐?
29 그 권위주의 속에 있으며 제왕적인 행
위를 하며 독재자도 그런 독재자가 없
는 행위를 하는 자, 그리고 대가도 없
이 갈취하고 거둬들이는 흡혈귀와 같
은 그 사악한 자들은 진정 너희 형제
가 아님을 알아야 할 것이며, 그들은
선생도 아니며 선생의 자격도 없느니
라.
30 선생도 아님을 알라.
31 사악한 사탄의 자식이요, 사탄의 후예
로서 너희를 지옥으로 이끌어 가는
무지한 자요,
32 나에게 오르고자 하며 하늘에 오르는
그 길을 막는 자요, 그 빛을 못 보게
하는 사악한 악마들이 지금의 종교 집
단이요, 지도자라 하여 단상에 서서
나의 피조물 만백성을 지도하고 가르
친다고 한다는 것을 잊지 말라.
33 의문 나는 것을 알고자 묻는 것은 죄
가 아니며 그는 너희가 나에게 오는
길이라는 것을 절대 잊지 말라.
34 그러니 종교 지도자들이 나에게 오고
자 하는 그 백성의 앞길을 막으며 생

각을 차단하며 그들이 깨우쳐 참진리
를 보고자 하는 것을 무조건 막고 있
음이니,
35 종교 지도자 자신이 알지 못하고 있기
에, 그저 무조건 믿으라, '예'라 대답
하라, 믿습니다, 손뼉 치라,
36 그리고 눈물 콧물 흘리며 위대한 종
교 지도자라, 그리고 제가 하는 말로
써 구원을 받으니 종교 지도자요, 목
사가 바치라는 재물을 갖다 바쳐 더
큰 교회를 짓는 것, 성곽처럼 아름답
게 꾸미는 것,
37 그리고 종교 지도자를 편안하게 모시
며 편하게 가도록 받드는 그것이 하나
님의 종을 편하게 받드는 자요, 그리
고 인간인 너희가 하는 길이라 생각
하고 있으나,
38 예수도 더 받들라 하지 아니하였으며
예수도 더 좋은 것을 가져 오라 한 적
이 없느니라.
39 너희는 나와 똑같은 형제니 똑같은
대우요, 똑같은 환경 속에 똑같이 살
아가는 것이 가는 길이라 그리 가르쳤
음이니,
40 너희가 얼마나 오만한 자들이며 성경
한 줄이요, 나 여호와가 구약과 신약
을 내려보내 너희를 깨우치고자 하는
그 의미도 모르며 그 뜻도 모르는 자
들이니라.
41 그러니 너희가 내 뜻을 모르며 나와
는 관계없는 길을 가고 있다 하지 않
았느냐?
42 그리하여 모든 백성이 쉽게 읽고 깨
우쳐 깨달을 수 있으며 누구나 눈으로
보고 읽어서 깨우치고 귀로 듣고 깨우
치며 간단하게 알 수 있는 가장 밑에
있는 기초적인 진리서부터 내가 기록
하여 가르치며 160권의 법전에 하늘
의 뜻을 내가 요약하여 내림이니 그를
알아야 할 것이니라.
43 모르는 것을 묻는 것, 그리고 종교 집
단 지도자에게 잘못된 것을 건의하는
것 그리고 단죄하고자 하는 것은 잘못
된 것이 아니요, 그는 죄가 되는 것이
아니요, 죄의 행위가 아님이니라.
44 나 여호와를 대신하여 잘못 가는 자를
바로잡는 것은 나의 뜻이요, 나의 성
령임을 알라.
45 잘못 가는 종교 지도자 하나로 인하여
많은 백성이 지옥으로 감이니, 종교
지도자가 유리로 비추어 보아 한 점의
부끄럼이 없는 행위를 하지 못하면,
그들을 한 점의 부끄럼이 없는 행위의
삶을 살아갈 수 있도록 너희가 다스
리고 가르쳐 주고,
46 그리고 또한 그들이 하는 것이 잘못되
었을 때 그를 의문하고 질문하여 그를
바로 세울 수 있는 그것은 내가 자식
을 가르치는 그와 같은 역사를 하는
자요, 그와 같은 자를 어찌 죄인으로
취급하며 사탄이요, 이단이라 그리 말
하는가?
47 이제는 종교 지도자가 잘못 했을 때
단죄해야 할 것이며 너희가 다스려야
할 것이니라.
48 잘못되고 사악한 짓을 하는 종교 지도
자가 나의 종이요, 나의 목자라 하여
단죄하지 아니하고 덮어 주고 그저 덮
어서 끌고자 하는 자요, 그와 같은 것
이 옳은 길이라 하여 충동질하는 그와

같은 백성은,
49 죽어 나에게 와 그 벌 받는 것을 두려
워한다면, 그리고 그것이 얼마나 무서
운 것인지 안다면, 오늘날 너희가 그
사악한 행위를 할 수 없으며, 손으로
하늘을 가리는 그와 같은 짓은 절대
할 수 없음을 알라.

7,052 번째 하나님 말씀

2003년 8월 8일 08시 45분

1 사랑하는 나의 아들아!
2 "네, 아버님! 말씀하옵소서."
3 나의 법전의 나의 뜻과 참진리의 믿음
의 길을 행하지 못하며 변화되는 삶을
살지 못하는 백성은 살아 있어도 죽은
자라 내가 그리 말하였음이니라.
4 내가 너희를 세상에 내보낼 때 성령
으로 그득히 충만하여 아름다운 마음
을 가지고 세상에 나가 사는 것이나,
5 살면서 그 욕심이라는 것 때문에 성령
이 밀려나기 시작함이요, 그 욕심이
너희 가슴을 채웠다 그리하였음이니
라.
6 그러니 너희가 바로 가는 길은 무엇
이더냐?
7 내가 성령을 그득히 채워 세상에 내보
냈을 때와 같이 아름다운 마음으로 돌
아가는 길이 바로 나에게 오르는 그
길이라 내가 너희에게 그리 깨우쳐
주지 아니하였더냐?
8 그러니 그 길을 가기 위해서는 인간
으로 배운 습관화된 습성이요, 악습을
하나씩 버려 성령으로 그득히 찬 그
삶을 살도록 변화되며 노력하는 삶이
아니면 너희는 죽음의 길을 가는 삶이
라 그리 말하였느니라.
9 그리하여 너희는 살았어도 죽은 자요,
살았어도 영원히 사는 미래의 사후 세
계의 삶을 위해서 영광되게 가는 것이
아니라, 나에게 심판을 받아 고통스러
운 지옥으로 가는 그와 같은 삶을 가
고자 함이니, 너희는 죽음을 대비한
죽은 자라 내가 그리 나의 법전에 기
록하여 전하였음이니라.
10 그러니 나의 법전에 기록한 그 내용을
너희는 알아야 할 것이며, 이를 모른
다면 너희는 정녕 미래를 알지 못하
는 자들이니라.
11 또한, 나 여호와가 나의 아들 예수를
통하여 성경에 이와 같은 진리를 일찍
이 내가 전하여 너희에게 깨우쳤거늘
너희는 어찌 그리 모르는가?
12 죽은 자를 위해 장사를 지내겠다는 나
의 아들 예수의 그 제자에게 예수가
과연 뭐라 가르쳤느냐?
13 너는 나를 따르라, 죽은 자는 죽은 자
들이 장사를 치르며 그 매듭을 거두도
록 네가 관여치 말라 그리 말하였으니
그것이 무엇이더냐?
14 육으로 죽은 자의 장사를 지내는 것은
죽은 자들끼리 장사를 지내라 했음이
니,
15 그들은 나를 모르며 나를 찾지 아니하
며 하늘의 뜻이 있음을 모르며, 변화
되는 삶이요, 나 여호와의 뜻에 따라
살아가는 것 그리고 천사처럼 변하는
것이 하늘에 오르는 길이요, 구원의
길이라는 것을 모르고 그저 살아가는
백성은 죽은 자와 똑같다는 의미가 아

니더냐?
16 오늘 내가 나의 아들을 통하여 법전에
기록한 그 내용이 미리 기록되어 있거
늘 어찌하여 너희는 이와 같은 이치
하나도 제대로 깨닫지 못하며 그와 같
은 변화된 삶을 살도록 나의 피조물
만백성들을 인도하고 깨우치지 못하
는가?
17 너희가 성서의 그 뜻이요, 의미를 모
르기 때문에 그러하니라.
18 그리하여 내가 지금 나의 아들을 통하
여 너희가 그저 읽으면 알 수 있도록
간단하게 법전에 기록하여 상세히 너
희에게 풀어 줌이니, 이것을 읽는 자
는 모든 것을 알 것이며 이것을 읽는
자는 모든 깨달음을 알 것이니라.
19 그리하여 내가 밤과 낮을 가리지 아니
하고 너희에게 가장 기초적인 진리요,
하늘의 뜻을 기록하여 전하여 너희를
구원하고자 하는 나의 뜻을 알아야 할
것이며, 이것이 곧 내가 너희를 사랑
하며 너희에게 내리는 가장 큰 은혜
이니라.
20 손톱 밑의 작은 가시를 빼 주는 나 여
호와라 생각하지 말며 그것이 내가 너
희에게 내리는 은혜라 하지 말라.
21 너희가 살다 육이 죽을 때까지 모두를
다 내려 주었음이니, 그 속에서 너희
가 노력하는 만큼 얻을 수 있으며 노
력하지 아니한 자는 얻을 수 없는 그
와 같은 모든 것을 다해서 세상에 내
려보냈음이니,
22 너희는 큰 그릇이요, 미래를 보고 나
의 사랑이 너희가 영원히 사는 나의
나라에 오는 길을 가르쳐 주는 것, 그
빛을 보도록 하는 것, 너희가 변화되
도록 하는 것 그 모두가 내가 너희에
게 내려 준 큰 사랑이지,
23 너희가 넘어져 코 깨지지 아니한 그와
같은 것으로 나에게 은혜요, 영광이라
하여 울고불고하는 그와 같은 믿음을
가지 말라.
24 그게 육의 한계에서 벗어나지 못하는
것이며 영혼의 세상을 보지 못함이니
라.
25 육에서 이루어지는 그 대가로 모두를
만족하며 그것으로써 눈이 어두워진
자들이니, 영혼의 변화요, 영원히 사
는 영혼이 가야 하는 길을 모르는 어
리석은 백성임을 잊지 말라.

7,053 번째 하나님 말씀

2003년 8월 8일 12시 30분

1 사랑하는 나의 아들아!
2 "네, 아버님! 말씀하옵소서."
3 지금의 모든 종교 집단이요, 지도자들
이 2천 년 전 나의 아들을 죽게 한 그
집단이요, 그 종교 지도자요, 대제사
장들의 악습을 이어받은 후손이라 그
리 말하면,
4 그들은 하늘을 향하여 그와 같은 일은
있을 수 없으며 이와 같이 말하는 자
는 사탄이요, 사악한 자요, '주여, 하
나님이여, 이와 같은 자를 벌하여 주
옵소서.' 그리 기도하고 그리되기를
이들은 바랄 것이니라.
5 그리고 나의 법전이 세상에 나가지 못
하게 하며 나의 아들이 세상에 존재하
지 못하도록 벌을 내려 천벌로써 다스

려 달라 그리 기도하는 자도 수없이
있을 것이니라.
6 그러나 너희는 여기서 깨우쳐야 할
것이니라.
7 2천 년 전 나의 성령을 가지고 만백성
을 구하고자 타락된 자들을 바로 세우
고자 나 여호와의 뜻대로 살아가는 백
성으로 인도하기 위하여 나의 아들 예
수가 세상에 내려왔음이니,
8 그 종교 집단이요, 지도자들이요, 그
를 따르고 경배할 자들이 그를 죽게
하였음이니 그것은 무엇이더냐?
9 너희의 사악한 계산이 깔렸다고 말하
지 아니하였더냐?
10 너희 자신의 죄가 드러나는 것, 그리
고 너희 자신이 무너지는 것 때문에
너희는 온갖 수단과 방법을 가리지 아
니하고 이리저리 이유와 변명을 대어
나의 아들 예수를 정치적인 범인으로
몰아 정치적으로 처벌하여 십자가에
못 박혀 고통스럽게 죽게 한 그 사악
한 자들이니,
11 너희가 그를 죽이기 위해 공모하고
너희끼리 음모하고 수단과 방법을 가
리지 아니한 것을 너희 후손들은 아직
잘 모르고 있을 것이나,
12 나 여호와는 그와 같은 너희의 음모
요, 그 모든 사악한 방법을 통하여 나
의 아들을 죽이는 종교 집단 지도자들
의 그 흉악무도한 행위를 나는 다 알
고 있음이니라.
13 그리하여 지금의 그 후손들이 바로 너
희라 하면 너희는 아니라 하나, 너희
가 왜 그 후손인 줄 알겠는가?
14 너희는 나의 아들 예수가 세상에 내
려간 것을 뭐라 말하느냐?
15 너희도 그 조상처럼 이유와 변명이 많
으니라.
16 나의 아들이 너희의 죄에 대한 제물
로써 세상에 내려왔으며 대속하기 위
해 내려왔으며, 너희 죄를 모두 다 안
고 죄를 사함을 받게 하기 위해 그리
내려왔다고 말하며,
17 구약의 시대에 죄지은 자들이 소와 양
을 잡아 제물로써 나에게 피를 뿌려
제를 지냈다는 그 관습에 따라, 너희
죄가 사악하고 더 이상 바칠 것이 없
으니, 나 여호와가 나의 아들을 세상
으로 내려보내어 내가 나의 아들을 죽
게 하여 제물로 받아들였다 그리 말함
이니라.
18 어찌하여 세상에 내려보낸 나의 아들
을 제물로 내가 받아들였다 감히 그리
말할 수 있는가?
19 그러면서 너희는 나의 아들 예수의
죽음이 너희 죄를 대속하여 너희 죄
를 사해 주고 너희가 천국에 오를 수
있는 그 길을 위하여 모든 죄를 안고
갔다 그리 말함이니,
20 그 변명과 거기에 대한 그 간악한 그
수법과 방법이 너희 조상이 나의 아
들 예수를 죽게 하기 위해 모든 간악
한 방법과 수단을 동원해서 그를 정치
범으로서 죽게 했던 그와 같은 자들과
똑같은 행위이니라.
21 너희는 여기서 나의 아들이 예수의 죽
음을 그리해서는 아니 될 것이니라.
22 너희가 정녕 새로 태어난 백성이요,
나의 백성이라 그리하며 나의 아들 예
수를 죽였던 그 지도자들의 후예가 아

니라면, '예수님은 우리 죄를 대신하
여 안고 갔기에 그분이 고통스럽게 그
리 갔다' 그리 말할 것이 아니라,
23 '우리 어리석은 백성을 깨우쳐 주기
위해 그분이 그와 같은 고통의 길을
갔으며, 우리가 잘못 살아가기에 오로
지 근본을 보이며 우리에게 바로 살아
가는 것을 전하고 가르치기 위해 그
리 갔으며 오로지 우리를 위하여 그
분이 그리 갔음이니라.
24 그러니 우리가 그분을 경배하고 그분
의 아픔을 이해하고 그분의 아픔을 우
리가 조금이라도 그 죄를 면하는 길이
요,
25 그리고 그리 죽어 가는 것을 보는 여
호와 하나님의 가슴 아픔을 조금이라
도 위로하고 쓸어 내는 길이라는 것
은,
26 그분이 우리에게 가르치고 우리에게
깨우치고자 했던 그것을 행하고 지키
며 우리가 바른 삶으로써 살아가는 것
이 그분의 죽음의 그 은혜에 우리가
조금이라도 보답하는 길이요, 우리 조
상이 지은 그 사악한 방법에 대한 사
죄의 길이요,
27 그를 부끄러움을 알며 그가 살아왔던
뜻과 그가 부르짖었던 그 길을 가고자
노력하는 것이 우리가 가는 길이요,
우리가 해야 할 길이라' 너희가 그리
말하고 가야 할 것이니라.
28 그러니 나의 아들 예수가 너희 죄를
대신 지고 갔으며, 너희 죄를 대신 지
고 그 속죄의 제물로써 나의 아들이
그리 처참히 죽어 갔다 하여 너희가
모든 죄를 사함을 받았다는 그와 같은
방법으로써 살아가는 것이 아니라,
29 그분이 우리가 타락하고 우리가 잘못
되어 우리가 썩어 영원히 구원받을 수
없기에 그분은 우리를 바로 가르치기
위해 우리를 깨닫게 하기 위해 우리
가 알아듣지 못하며 따르지 아니하며
변하지 않기에,
30 최종적으로 그 소중한 생명을 고통스
럽게 죽어가면서 우리를 인도하고 깨
우치려 했으니,
31 그분의 가르침이요, 그분이 역사하고
자 한 뜻을 그대로 배우고 행하는 것
이 그분의 죽음을 헛되이 하지 아니하
는 것이며,
32 사랑하는 아들을 내려보내 죽게 했던
그 아버지의 아픈 마음을 조금이라도
치유하는 길이란 곧고 바르게 살아가
는 변화되는 삶이라 그리 생각하고 그
리 가면 그것이 내 뜻이요, 하늘에 오
르는 길이요, 너희가 나에게 오는 길
이거늘,
33 너희는 그와 같이 반석 위에 회개하
지 아니하고 무슨 짓을 하는가?
34 계속 너희를 대신하여 대속물로 왔으
니, 그저 대속물로 와 제물로 죽었으
니 찬양, 찬양, 기도한다며 부르짖으
며 그 보혈로써 은혜를 받았다 그리
말하느니라.
35 그리하여 너희가 가르치는 것이 무엇
이며 거둬들이는 것이 무엇이더냐?
36 그리해서 너희를 대신하여 제물로써
소와 돼지와 양처럼 대신 죽어 간 나
의 아들이라 그리 말하며,
37 그리하여 그를 기리는 성전을 짓고 성
전에서 그를 찾으며 울고불고 재물을

많이 바치는 그것이 구원의 길이요,
천국의 길이라 그리 가르치는 것이 너
희 조상처럼 그리 사악하고 간교한 방
법으로 나의 아들을 죽인 자보다도 너
희가 더 능멸하는 벌을 받을 수 있는
자들임을 알라.
38 이제라도 나의 피조물 만백성 너희가
나에게 오르고자 하며 내가 너희를
사랑함을 알며, 나의 아들이 왜 죽어
갔으며 나의 아들이 왜 그 고통스러운
길을 나의 뜻에 따라 순종해 왔는가
하는 것은 너희가 타락하고 썩어져
있기에 그를 바로잡고 깨우치기 위해
그리 죽어갔음이니라.
39 그러니 너희는 그 뜻을 알아야 할 것
이며 그가 전했던 그 뜻을 알아야 할
것이니라.
40 그러니 너희는 여기서 하나를 바꿔
생각하지 아니하면 아니 됨이니라.
41 너희가 나의 아들이 죽어간 그것을 그
죄를 느끼며 부끄러움을 알며, 너희가
잘못된 것을 알며 바로 사는 길 그리
고 아름답게 사는 길이 하늘에 오르는
길이라 하면 될 것을,
42 재물을 거둬들이며 더 큰 교회를 짓는
것, 더 큰 성전을 짓는 것, 웅장한 것
을 짓는 것으로써 그 죄를 사하는 길
이며 거기에 와서 재물을 바치는 것이
사하는 길이라 하는 것이 정녕 그 뜻
을 기리는 길이더냐?
43 그가 원하는 길은 바로 착하고 아름답
게 사는 것, 그리고 선한 방법으로써
사는 것이 하늘에 오르는 길이요, 나
의 아들의 죽음의 은혜에 보답하는 길
이요, 나 여호와의 아픈 마음을 너희
가 치유하는 길임을 이를 생각하면 알
것을,
44 너희 말로 세상 누구나 그것은 알 것
이며 그 뜻을 알 것이거늘,
45 어찌하여 너희는 평생을 살아가며 그
와 같은 인생을 살아온 자들도 그 의
미와 뜻을 정녕 모르고 살아간단 말이
더냐?
46 그것이 얼마나 어리석은 자요, 불쌍한
자인 줄 너희는 알겠느냐?
47 그와 같은 뜻이 아님을 너희는 알아
야 할 것이니 그리 알라.
48 잘못된 자식이요, 사악한 자식을 대신
하여 죽었을 때, 그 부모가 바라는 것
이 무엇이더냐?
49 아름다운 마음으로 사는 것, 그리고
남에게 욕되지 않는 자식으로서 바로
돌아서는 것을 원하며, 그 사악한 자
식을 낳은 것을 부끄럽게 생각하며,
죄짓는 자식을 세상에 내보낸 것을 죄
라 생각하여 그 부모가 스스로 자진하
여 목숨을 끊는다면 그 부모가 바라고
소망하는 것이 무엇이더냐?
50 너희가 선한 사람으로서 착한 사람으
로 살아가기를 원하는 것이 그 부모의
마음일지니,
51 나의 아들 예수가 너희를 사랑하며
나의 뜻에 따라 죽은 것은 내가 원하
는 것은 무엇인 줄 알겠느냐?
52 사악한 짓을 하고 사는 그 자식이 바
른 자식으로서 돌아오며, 바른 사람의
삶을 살 수 있도록 바라는 그 부모의
마음보다도 천배 만배 더 너희를 바
로 오라 가르치기 위해 나의 사랑하는
아들을 그리 고통스럽게 죽게 하여 그

것이 빛이 되어 너희가 그를 보고 깨
우치도록 한 것이거늘,
53 나의 아들이 소나 양처럼 제물로써 대
속물로써 나에게 제사를 드려 바친 것
이며 그리고 너희 죄의 속죄양으로써
바쳐졌으며 너희 죄를 다 지고 갔다
하지 말라.
54 내가 나의 아들을 세상에 내려보내 고
통스럽게 죽게 하여 너희 죄를 대신
짊어지도록 그리했다 생각하는가?
55 너희가 나의 뜻대로 살지 못하고 썩어
지고 썩어졌기에 너희에게 바른 사람
으로 살 수 있는 그 길을 가르치고 보
이기 위해 내가 이를 전함이니 너희
는 그리 알라.
56 과거든 현재든 미래든 너희 후손이요,
너희 자신이요, 너희 조상이 지은 죄
까지 그 모두를 나의 아들 예수의 이
름으로 다 용서를 받는다 하며 그리
쉽게 가지 말라.
57 너희가 구원을 받으려면 나의 아들이
너희에게 전했던 것, 너희에게 삶을
보였던 것, 사랑을 베풀었던 것, 그가
행하고자 했던 그것을 그대로 실천하
고 행하는 그 역사를 이 세상에 뿌리
를 내리는 것이 너희가 바로 나의 아
들의 죽음을 애도하는 길이요, 나의
아들의 죽음에 보답하는 길이요,
58 너희 조상이 잘못한 그 죄요, 너희의
믿음의 뿌리라는 대제사장이요, 그 사
악하고 간교한 자들이 저지른 그 죄에
너희가 조금이라도 용서받을 수 있는
길이 거기 있으며,
59 가슴 아파 통곡하고 울고 있는 나 여
호와의 마음을 조금이라도 치료하는
길은 너희가 바로 살아가는 것이니라.
60 오늘날과 같은 방법으로는 너희가 나
를 능멸하는 것이며 나의 아들 예수의
죽음을 계속 욕 먹이는 자니,
61 수천 년 전에 그 종교 지도자들이 간
교하고 사악한 방법을 동원하여 나의
아들을 죽였던 그보다도 더 사악한 짓
을 하는 것이 너희니라.
62 손으로 하늘을 가리려 하지 말라.
63 어찌하여 너희가 지은 죄를 나의 아
들을 제물로 하여 그 모두를 용서했으
며 대속물로써 바쳐진 자라 그리하며
너희에게 바치는 것이 구원을 받는다
하니,
64 그것을 얻는 것은 누구며 행복한 자는
누구요, 부귀와 영화를 갈취하는 자는
누구더냐?
65 우리 부자의 그 고통스러운 아픔으로
너희가 인간으로서 어찌 그 사악한 짓
을 하는가?
66 너희가 오늘의 나의 가슴을 아프게 하
며 나의 아들을 비참하게 죽인 그것을
역이용하여 장사하고 팔아먹는 자, 너
희가 죽어왔을 때, 오늘과 같은 정반
대의 그 현상에서 너희는 지옥 불에
서 몸부림칠 것이며, 영원히 그 죄를
갚고 갚아도 갚지 못하는 것이 너희
죄임을 알라.

7,054 번째 하나님 말씀

2003년 8월 8일 12시 35분

1 사랑하는 나의 아들아!
2 **"네, 아버님! 말씀하옵소서."**
3 구약의 시대에 모세가 기적을 이루었

던 그 찬란한 역사와 신약의 시대에
이루어졌던 나의 아들 예수가 너희에
게 기적을 보였던 그와 같은 방법으로
써 지금 나의 아들을 통하여 이 세상
에 모든 것에 기적의 역사를 이룬다면
어떠한 형국이 되겠는가?
4 구약의 시대와 신약의 시대는 그것이
그대로 통할 수 있으며 인정할 수 있
다 하나, 지금의 시대는 그 모두가 이
루어질 수 없는 것이니라.
5 또한, 2천 년 전에 그 예수의 시대도
그것이 인정되지 아니하였음이니라.
6 예수가 이룬 모든 기적은 다 거짓이
요, 사전에 각본에 의한 것이요, 다 흉
계로써 만들어 놓는 것을 너희를 속
이고 만백성들을 현혹하기 위해 미리
사전에 짜 놓은 각본이요, 연극에 의
해 연출된 것이라 그 종교 집단이요,
지도자들이 그리 그를 덮어씌웠으며
그리 홍보했음이니라.
7 그리하여 그 백성 또한 그들의 말을
믿었음이니라.
8 예수가 기적을 이루는 것을 직접 보고
들은 그 백성도 그를 믿지 아니하였
음이니,
9 지금은 그때보다도 더 사악한 백성이
며 더 악랄한 백성이요, 간교한 백성
으로 썩어져 있음이니,
10 그들이 내가 구약과 신약의 시대에 기
적을 이루었던 것처럼 나의 아들을 통
하여 기적을 이룬들 너희가 그것이
역사할 수 있으며 변화되는 길이라
말할 수 있는가?
11 그때보다도 더 방대한 조직이요, 믿음
이요, 재물과 모두를 가진 그들이 뭐
라 말하는 줄 아느냐?
12 이는 종말의 사탄의 자식이다, 그리고
왕사탄의 자식이 내려왔기 때문에 이
모든 백성을 현혹게 하여 잠깐 그가
기적을 이루며 못 이루는 역사를 이루
는 것이니,
13 거기에 혼미하여 가지 말라, 거기에
속는 백성은 구원을 받지 못한다 하며
문단속을 더 할 것이며
14 너희 신도들을 광분자로 만들어 나의
아들을 처참히 처리하고자 할 것이며
나의 법전이 세상에 내려오지 못하게
할 것이며, 만고의 죄인으로 만들어
나의 아들을 단죄하고자 하며 죽이고
자 하는 것이 너희니라.
15 그러니 그 길로써는 모든 백성을 다스
릴 수가 없음이니라.
16 구약과 신약의 시대도 믿지 않는 자들
이요, 그것도 뒤집어 씌워 그와 같이
나의 아들을 죽게 한 자들이요,
17 그보다도 더 방대한 조직을 가졌으며
그보다도 더 간교한 지금의 종교 집단
이요, 지도자들이 과연 나의 아들이
그와 같은 역사를 이룰 때,
18 그들이 거기에 와 무릎 꿇고 기도하며
그대는 나 여호와의 아들이요, 그대는
하나님의 자식으로서 당신을 인정하
며 당신을 따르겠다 하며 그를 믿는다
말하는 자, 한 명도 없음이니라.
19 그들은 왕사탄이요, 사악한 자가 세상
에 내려와 사탄의 자식이 사탄의 짓을
역사함이니, 모든 백성은 속아서는 안
될 것이며 거기에 현혹되지 말라고,
하나가 되어 처참한 결과를 만들어 내
는 것이 당연하니,

20 그리하여 내가 그 역사를 이루지 아니
하며 오로지 글로써 책으로써 물이 흐
르듯이 내가 시간을 두고 이와 같이
깨우쳐 가고 있음이니라.
21 그 길밖에 없는 것이 오늘의 나의 피
조물 만백성들을 그나마 구원하는 길
이기에 이리 감이니라.
22 그러나 나의 아들을 따르는 제자들이
요, 만백성 너희는 알아야 할 것이니
라.
23 나의 아들 예수가 죽을 때까지 사탄이
요, 사악한 자라 했으며 진정한 나의
아들이 아니라 몰아붙여 나의 아들을
그렇게 고통스럽게 죽게 했으나, 나의
아들이 3일 만에 부활의 역사를 이루
었으니, 그것은 무엇이냐?
24 그는 나의 아들이요, 나의 뜻으로 세
상에 내려간 자임을 내가 너희에게
보여 주고 눈으로 확인하게 하고자 한
것이 부활을 시킨 그 의미라 하였음이
니,
25 내가 나의 아들을 통하여 내리는 160
권의 법전이 세상에 나올 때까지 갑론
을박하며 그를 핍박할 것이니라.
26 그가 머리가 하얘지면 나의 법전을
세상에 다 내고 그가 죽을 때, 예수가
짧은 기간에 역사했듯이 그도 또한 나
의 아들이요, 나의 명을 받아 이 세상
에 온 것이요, 나의 법전은 나의 성령
을 태워 모든 것을 세상에 역사했다는
것을 내가 기적으로 증거함으로써 나
의 아들을 거둬들일 것이니, 너희는
그때 가서 알게 될 것이니 그리 알라.

7,055 번째 하나님 말씀

2003년 8월 8일 12시 43분

1 사랑하는 나의 아들아!
2 **"네, 아버님! 말씀하옵소서."**
3 너를 따르는 내가 사랑하는 그 제자들
과 나의 법전을 읽고 깨우친 사랑하는
나의 백성에게 이리 전하라.
4 너희는 오늘의 한 끼를 배불리 먹어
배가 부르다 하여 내일도 배부름이요,
모레도 배부르며 영원히 배부른 것이
아니지 않더냐?
5 오늘의 배부른 그 여유가 있는 것은
무엇을 위하여 필요하더냐?
6 내일의 준비를 위해서 필요하며, 오늘
배가 부르다 하여 내일을 소홀히 하는
그와 같은 삶을 살아서는 아니 되는
것이 너희 삶이라 함이니라.
7 그러니 나로부터 선택된 백성 너희는
하나서부터 만 가지까지 모두 준비된
삶을 살아가야 하며, 미래를 보고 가
는 삶을 살아야 함을 이제는 가르쳐
주라.
8 게으른 자는 아니 됨이니라.
9 오늘 한 끼가 배가 부르다 하여 그것
이 내일과 모레에도 영원히 지속할
것처럼 생각하여 다음을 준비하지 않
고 태만하다면 너희는 결국 패자가
될 것이니라.
10 그러나 오늘 한 끼의 배가 불러도 그
를 만족하게 생각하지 말며 나 여호와
에게 감사하며 내일을 준비하는 그와
같은 삶을 산다면,
11 너희는 실수하는 삶이 아니요, 실패하
는 삶을 살지 않을 것이며, 욕심을 내

지 아니하게 되지 아니할 것이며, 무
리한 욕심과 무리하게 이루고자 하는
그와 같은 수법을 쓰지 아니하고도 갈
수 있을 것이니라.
12 무리한 방법이요, 무리한 욕심은 화를
부른다는 것을 너희는 이미 알고 있
지 않으냐?
13 내가 이와 같은 말을 전하는 것은 너
희가 그 믿음의 길을 가는 길이 그러
하니라.
14 이 세상에 나의 법전이요, 나의 성령
을 직접 듣고 나의 법전을 읽으며 강
론을 직접 듣는 백성은 너희밖에 없
지 않으냐?
15 이 수십억 인구와 수천 년 동안 흘러
간 그 많은 백성이 나 여호와의 가르
침이요, 나의 성령이요, 내가 직접 내
리는 글을 접하고 읽고 공부하며 나의
아들을 통하여 내리는 나의 강론을 직
접 듣는 것은 너희밖에 없음이니라.
16 그러니 너희가 어떠한 백성보다도 지
금 배부른 백성이요, 어떠한 백성보다
이는 즉 너희가 깨달음이 바르며 곧
고 옳은 길을 가고 있음이니라.
17 그러니 너희가 곧고 옳은 길이요, 참
진리의 길을 가다 보면 조금만 더 공
부해도 세상사 이치를 알게 되며, 세
상이 잘못 가는 것을 알게 되며, 어떠
한 것이 진리요, 어떠한 것이 비진리
인지를 너희가 알게 됨이니라.
18 그리하여 그때 너희가 한 끼를 배부
른 자처럼 믿음을 소홀히 하며 그리고
깨우침을 게을리하며 태만하다면, 너
희는 결국 미래를 준비하지 못한 자이
기에 낙오자가 되며 쓰러지는 그와 같
은 백성으로 될 것이니라.
19 내가 나의 아들을 통하여 뭐라 말하였
느냐?
20 진리라는 것은 끝이 없으며 아름다움
이라는 것은 끝이 없다 하였음이니라.
21 하늘을 향하여 너희가 그 살아오는
그 길목에 선하고 착한 일을 하는 것
은 수없이 쌓여 있음이니,
22 너희가 죽을 때까지 해도 해도 다 이
루지 못하는 것이 선한 것이라 내가
나의 아들을 통하여 하늘의 이치를 가
르치고자 아니하였더냐?
23 너희의 믿음이 그러하니라.
24 오늘 너희가 조금 깨달아서 경지가
높으며 깨달음에서 한걸음 높이 올라
세상을 내려본다 해서 여기서 오만하
고 자만해서는 절대 아니 됨이니라.
25 하늘에서 내가 너희에게 가르치는 그
진리를 너희가 몇 개 가지고 그것을
알았다는 오만한 자와 같음이니,
26 나의 아들을 따르는 사랑하는 나의 아
들딸이요, 나의 법전을 읽고 깨우친
너희는 이 세상에 둘도 없는 소중한
너희가 그와 같이 내일을 준비하지 못
하는 삶을 살지 말도록 그리하라.
27 내일을 준비하며 내일을 위해서 꾸준
히 노력하는 것, 잠시도 쉬지 않고 더
높은 것을 위해, 더 높은 깨달음을 위
하여, 더 높은 선행을 위하여, 더 큰
선행의 역사를 위하여 한 발짝 한 발
짝 다가오는 데 잠시도 게을리해서도
안 되며 좌우를 봐서도 안 되며 치우
쳐서도 아니 되며 물러서도 아니 됨이
니 오만하고 자만하지 말라.
28 너희가 여기서 한번 무너지기 시작하

면 그를 구할 수 없으며 너희 자신이 구제할 수 없음이니 나에게 올 수 없음이니라.
29 너희를 사랑하는 마음이요, 오늘까지 따라온 그 삶이 소중하고 귀해서 내가 너희에게 하늘의 뜻을 전함이니 그리 알라, 사랑하는 나의 아들딸들아!
30 내일의 준비를 철저히 하라.
31 그리고 한 시간 후의 삶의 준비를 철저히 하라.
32 오늘 한 끼가 배가 부르다 해서 영원히 가는 것처럼 착각하지 말라.
33 오늘의 깨달음으로써 나에게 올 것이라 생각하며 오늘의 깨달음이 위대하다 생각하는 것은 어리석은 백성이니라.
34 한 끼의 배를 두둑이 채운 자가 영원히 그 배가 꺼지지 아니하고 존재할 것이라 생각하는 어리석은 믿음이니라.
35 내가 너희를 사랑함이니, 나의 뜻을 명심하여 행하도록 하며, 그와 같이 어리석은 삶을 살지 말며, 내일 모레를 준비하는 그와 같은 꾸준한 노력과 준비된 삶으로써 나에게 오르는 길에 낙오자가 되지 않도록 그리하라, 사랑하는 나의 아들딸들아!
36 내가 너희를 사랑함이니라.
37 너희 마음의 변함에 기쁨을 얻는 것처럼 그리고 오늘의 삶을 변하고자 노력하는 고통보다 열배 백배 너희를 더 사랑함이니,
38 오늘의 고통과 시련이 결국 나에게 왔을 때 내가 그 상을 내리는 것을 너희가 받게 될 것이니, 그때는 이 세상을 너희 두 팔로 안은 것보다 더 큰 은혜요, 영광이라는 것을 스스로 알게 될 것이니라, 사랑하는 나의 아들딸들아!
39 그때까지 참으라, 그때까지 인내하고 굳건히 지키고 가도록 그리하라.

7,056 번째 하나님 말씀

2003년 8월 8일 12시 50분

1 사랑하는 나의 아들아!
2 "네, 아버님! 말씀하옵소서."
3 이 세상의 그 많은 것은 모두 육에서 살며 관리하고 쓰다 오는 것이며, 그 물체는 하나도 나에게 들고 오는 것이 없으며 그 물체는 또한 너희 것은 아무것도 없다 내가 그리 말하여 너희에게 가르쳐 주지 아니하였더냐?
4 그 의미의 뜻을 너희는 어디까지 생각하며 어디까지 느끼고 너희 것으로 만들어 삶을 살아가는 길잡이로 삼는지 너희 자신이 한번 들여다보도록 하라.
5 사랑하는 나의 아들딸들아!
6 나 여호와는 너희에게 말하지 아니하였더냐, 너희 것은 아무것도 이 세상에 없다고.
7 너희가 가진 것은 모두 나로부터 빌려 쓰는 것이며 내 것을 관리한다 하지 아니하였더냐?
8 너희가 노력하여 배운 학식이요, 가지고 있는 지식이요, 그 학문의 높이 그 모든 것도 다 무엇인 줄 알겠느냐?
9 창조주 나 여호와에게 빌려 쓰는 것이며, 내가 너희에게 빌려준 것임을 알아야 할 것이니라.

10 계산을 잘하는 자, 논리적으로 말하는 자, 그리고 지식을 가진 자, 학문의 높이를 가지고 만백성들을 가르치며 제자들을 육성하는 선생도 모두 너희가 가지고 있는 그 하나의 특성이요, 그 지식은 나 여호와가 너희에게 빌려준 것임이니,

11 내 것을 가지고 지금 쓰고 있다는 그 생각을 벗어 버리고 지워서는 아니 될 것이며 너희 것이라 그리 생각하지 말라.

12 내가 너희 생각을 지워 버리며 너희 영혼을 거둬들였을 때 너희는 아무것도 알지 못하는 자가 될 것이며, 과거와 현재까지도 생각할 수도 없으며 오늘의 삶까지 기억상실로써 젖어들 수 있는 그와 같은 것이 너희니,

13 너희는 내가 빌려 준 것이요, 너희 것이라는 자만을 갖지 말라, 사랑하는 나의 아들딸들아!

14 모든 재물과 너희가 권좌에 앉는 것 그리고 너희가 능력 있는 자로 보이는 것 그 모두도 다 나 여호와가 너희에게 빌려준 것임을 알아야 할 것이니라.

15 너희가 노력하는 것만큼 노력해서 역사한 것만큼 내가 거기에 맞춰서 내 것을 빌려 주는 것을 너희가 관리하고 산다는 것을 잊지 말라, 사랑하는 나의 아들딸들아!

16 이제는 선택된 나의 백성 너희는 알아야 할 것이니라.

17 부질없는 것을 너희는 나에게 빌리고자 하는 그와 같은 삶을 살지 말라.

18 너희는 육에서 필요한 것을 위하여 나 여호와에게 빌며 그를 영원히 빌려 쓰고자 하는 그와 같은 생각을 하지 말도록 그리하라.

19 지금 모든 종교 집단이요, 믿음의 길을 가는 그 백성이 어찌 사는 줄 알겠느냐?

20 다음의 세상이요, 후세의 영원한 삶을 위하여 값진 것을 나에게 빌리고자 하는 것이 아니요, 그저 저희 자식이요, 제 건강이요, 제 생활이요, 그저 육에 생활하면서 부닥치고 힘든 것들을 나에게 빌려 쓰고자 하며 그를 빌리려 그들은 기도하고 경배하는 것이며 그를 빌리기 위해 재물을 바친다고 그리 말함이니 이게 바로 잘못된 것이니라.

21 너희는 사랑의 하나님이요, 모든 것을 주는 하나님이라 그리 말하면서, 너희는 어찌하여 대가를 바쳐야만 나로부터 받는다고 그리 말하는가?

22 이와 같은 말을 나의 아들을 통하여 나의 법전에 기록하는 나 여호와가 이 세상의 그와 같은 자들을 바라보기도 싫으며 쳐다보기도 싫으며 역겨운 나 여호와의 마음을 너희는 알겠느냐?

23 내가 너희에게 주는 모든 것은 너희가 노력하는 것만큼 빌려 줌이니라.

24 그것이 내가 무조건 내리는 사랑이요, 모두는 다 내 것이라 너희가 그리 말하는 것, 그러면서 나는 그와 같이 너희가 노력한 만큼 그 노력의 대가에 무상으로 빌려주고 관리하도록 하며 자격이 있는 자에게 주는 나 여호와이거늘,

25 어찌하여 너희는 재물을 바치며 금화

와 은화를 바쳐서 그걸 얻을 수 있다
고 그리 생각하는가?
26 어리석은 삶 속에서 가는 자들이니,
내가 나의 법전에 기록하는 이 내용의
뜻을 잘 파악하고 잘 깨달아 너희 것
으로 만들어야 함을 잊지 말라.
27 생명이 존재하는 참진리를 빌려 쓰도
록 하라.
28 이제 나의 아들을 따르는 지도자요,
그리고 그 제자들이요, 그리고 나의
법전을 읽은 백성, 너희는 나 여호와
의 진정한 진리요, 참진리를 역사할
수 있는 것, 그리고 영원히 살 수 있는
너희의 생명을 구원받는 참진리를 빌
리도록 하며, 그를 빌려 달라 나에게
노력함이 위대한 백성이라는 것을 알
아야 할 것이니라.
29 잠깐 사용했다 버리는 것을 그저 빌리
고자 노력하는 백성이 되어서는 아니
될 것이니라.
30 사랑하는 나의 아들을 따르는 제자,
그 아들딸들을 내가 보기도 아까우며
쳐다보기도 소중한 너희니,
31 내가 나의 아들을 통하여 명하는 간곡
한 나의 뜻을 잘 받아들이며, 나 여호
와의 간곡한 이 마음을 너희가 백분
받아들이고 이해해야 할 것을 절대
잊지 말라.
32 너희는 나에게 영원한 보물을 빌려 달
라 하라 그리고 빌려 쓰도록 그리하라.
33 그리고 그것을 빌리기 위해 노력하라.
34 너희가 나에게 소원하며 나에게 빌려
쓸 수 있는 것이 정해져 있으며 그 횟
수가 정해져 있다면, 너희는 작은 것
들을 나에게 빌려 쓰고자 하여 큰 것
을 버리는 어리석은 삶을 살지 말라.
35 너희 인간 세상에서 말하기를, 너에게
소원하는 것 세 가지를 들어준다 말하
는 자가 있다면,
36 너희는 그 세 번밖에 없는 기회를 그
저 손톱 밑의 가시를 빼는 것, 그저 잠
자는 것 그리고 그저 남과 즐겁게 살
수 있는 작은 것을 부탁한다면 그 세
번은 모두 끝나는 것이 아니더냐?
37 그러나 영원히 사는 나의 나라에 올
수 있는 것, 보이지 않는 미래의 아름
다움을 위해서 원하며 천사와 같은 삶
을 살 수 있는 용기를 달라 그리해서
너희가 그 세 번의 기회를 쓴다면, 과
연 그 세 번의 쓴 기회는 얼마나 차이
가 나겠는가?
38 내가 너희에게 빌려주는 그 모든 것도
한계가 있음을 알아야 할 것이니라.
39 그리하여 하늘의 이 무서운 법도를 너
희에게 전하고 가르쳐 줌이니,
40 이제 나의 아들을 따르는 제자들이요,
나의 법전을 읽고 깨우친 백성 너희는
영원히 보관할 수 있는 소중한 그 보
물, 하늘나라에 올 수 있는 열쇠를 받
을 수 있는 그와 같은 깨달음이요, 그
와 같은 믿음이요, 그와 같은 길을 갈
수 있는 용기를 달라 그리 기도하라.
41 그것을 나에게 빌려 쓰는 현명한 나의
아들딸로 태어나는 것이 거듭나는 길
이라는 것을 잊지 말라, 사랑하는 나
의 아들딸들아!

7,057 번째 하나님 말씀

2003년 8월 8일 13시 11분

1 사랑하는 나의 아들아!
2 "네, 아버님! 말씀하옵소서."
3 너희가 정녕 성령으로써 충만한 삶의
그 길을 가야 함을 내가 나의 법전에
수없이 기록하여 너희에게 깨우쳐 주
었느니라.
4 성령으로 충만한 자만이 하늘에 오르
는 길을 볼 수 있으며 하늘에 오를 수
있는 그 성령의 길을 안내자를 따라
오를 수 있다 내가 너희에게 그리 말
하였음이니라.
5 너희가 성령으로써 거듭나는 것이 얼
마나 소중한지 잊어서는 아니 될 것이
니라.
6 오로지 성령으로써 임하여 사는 길만
이 움직이는 삶이요, 행동하는 삶이
요, 살아있는 삶이라는 것을 절대 잊
어서는 아니 될 것이니라.
7 너희가 마음을 비우며 욕심의 뿌리를
뽑아 성령의 마음으로써 그득히 충만
되었을 때, 과거와 현재와 앞으로 닥
칠 미래의 그 모두를 볼 수 있는 눈이
뜨이며 눈이 열림을 너희는 알아야
할 것이니라.
8 성령으로서 임하지 아니한 삶을 사는
것은 암흑의 세상에서 삶이요, 암흑에
서 허덕이는 것이요, 너희가 죽음의
그 길로 간다는 것을 절대 잊어서는
아니 될 것이니라.
9 너희가 나에게 오를 수 있으며 나에게
임할 수 있는 것이 무엇이더냐?
10 나의 계명대로 사는 것이요, 나의 율
법대로 사는 것이요, 지금 내가 제3의
시대에 내리는 나의 법전을 따라 그리
행하고 사는 것이라는 것을 잊어서는
아니 될 것이니라.
11 그 길이 곧바로 너희가 성령이 충만
한 변화요, 그와 같은 삶으로써 변화
되는 것이라는 것을 알아야 할 것이
니라.
12 성령이 임하지 아니한 것은 나 여호와
의 뜻에 따라 사는 것이 아니요, 나 여
호와가 원하는 삶을 사는 것이 아니기
때문에,
13 너희가 나에게 오르는 그 길을 위한
삶이 아니요, 암흑에서 허덕이며 벗어
날 수 없는 지옥으로 가는 그 길의 연
장선상에서 살아가는 삶이라 내가 그
리 말하였으니,
14 이 두려움과 무서움을 너희가 한쪽
귀로 듣고 흘리는 그와 같은 자세로써
들어서는 아니 됨을 알라.
15 어떠한 계획으로 역사하고자 해도 성
령이 임하지 아니한 자의 역사함은 곧
죽음의 역사며, 그것은 내가 원하는
역사함이 아니요, 내가 원하는 삶이
아니요, 내가 바라는 것이 아니라는
것을 너희는 알아야 할 것이니라.
16 그러니 죽은 자의 행함이 얼마나 무서
운 것이며, 그는 무가치한 것이며 나
와는 아무런 관계도 없으며 너희가
구원을 받고 못 받는 것에 하나도 도
움이 안 되는 무가치한 것임을 잊어서
는 아니 될 것이니라.
17 성령으로 충만한 삶을 사는 자, 성령
으로 충만한 자가 계획하고 역사하는
그 모두는 너희가 지상에서 사나, 육

과 영혼이 더불어 사는 이 세상에서
나 여호와와 같이 사는 것이요, 너희
가 나와 더불어 산다는 것을 잊지 말
며, 나에게 오를 수 있는 영광된 삶을
사는 것이라 내가 너희에게 전함이니,
18 그러한 이치를 놓치지 말며 그러한 길
을 버리지 말라.
19 성령으로 충만한 자는 지상에서 사나,
나와 더불어 살아가는 영광 속에서 사
는 자요,
20 그렇지 못한 자는 지상에서 사는 것이
사탄과 더불어 사는 것이요, 사탄의
명령에 의해 따라가는 그와 같은 백성
이 되어 있다는 것을 절대 잊어서는
아니 될 것이니 그리 알라.
21 그러니 성령이 임할 수 있는 욕심의
근원의 마음자리를 비우도록 하며 너
희가 선행을 쌓고 또 쌓는 중에 그 선
행이 쌓이는 것이 바로 성령이 그만큼
너희 가슴에 자리를 잡고 임한다는 것
을 절대 잊지 말라, 사랑하는 나의 아
들딸들아!
22 부질없는 인간 세상의 그 물욕을 위하
여 너희 자신이 무너지는 그와 같은
삶을 살지 말라.
23 그 부질없는 물욕으로써 이루는 것은
화를 부를 수 있는 것이며, 과욕했을
때 너희를 망하게 하며, 하나의 티끌
만도 못한 그와 같은 육의 삶의 잘못
으로써 영원히 사는 하늘나라에 오르
는 천국의 삶을 버리고 놓치는 어리석
은 삶을 살지 않도록 하라, 사랑하는
나의 아들딸들아!

7,058 번째 하나님 말씀

2003년 8월 8일 13시 16분

1 사랑하는 나의 아들아!
2 "네, 아버님! 말씀하옵소서."
3 나의 법전을 읽고 깨우친 선택된 나의
아들딸이요, 그리고 나의 아들로부터
강론을 듣고 깨우침의 길을 가는 선택
된 나의 아들딸 너희는 과연 어떠한
형태로 살아가는가?
4 그리고 나의 아들을 나의 아들이라 믿
고 따라오는 그 제자들 너희는 어떠
한 형태로써 지금 자신의 마음이 다스
려져 있는가?
5 너희는 너희 자신을 한번 들여다보도
록 그리해야 할 것이니라.
6 너희는 어떠한 어렵고 힘들고 위험한
환경에 처해도 나의 아들을 통하여 내
리는 이 160권이 창조주 나 여호와의
성령이요, 내가 이루고자 하는 대역사
요, 마지막 심판의 시대라는 것을 과
연 믿고 그대로 따를 수 있는가?
7 그리고 너희는 어떠한 고난과 위험 속
에서도 이 160권의 법전은 나 여호와
가 모두를 태워 내리는 나의 성령이
요, 새로운 성경으로써 심판의 기준이
라는 것을 증거할 수 있으며 증언할
수 있는 그와 같은 용기가 과연 있는
가?
8 오늘의 마음이 변하지 아니하고 견딜
수 있는 그와 같은 자세는 되어 있는
가?
9 인간과 인간이요, 믿음을 가진 자들이
너희에게 무섭게 달려들며 논쟁하고
시비하며 꼬리를 잡아 무너트리고자

할 때, 너희는 그 앞에서도 나의 법전을 지키며 끝까지 이게 나 여호와의 뜻이요, 마지막 심판의 시대에 창조주의 뜻이요, 역사하는 것이라는 그 뜻을 굽히지 아니하고 제시할 수 있고 견딜 수 있는가?

10 그리고 과연 너희는 그들을 능가할 수 있는 능력과, 공부를 열심히 하고 나의 법전을 읽고 정독하여 그를 기억하는 부분이 얼마나 있는가?

11 모든 것이 다 나 여호와의 역사함이라 자신 있게 말하고, 그들을 깨우쳐 설명할 수 있는 그 지혜와 용기를 갖추기 위해 오늘날 얼마만큼 훈련에 임하고 있는가?

12 아무리 어려운 상황에서도 너희 자신을 지탱할 수 있는 그 훈련의 준비가 얼마나 되어 있으며,

13 어떠한 것을 놓는다 해도 정녕 네 목숨을 던진다 해도 나의 법전은 진정한 나 여호와 하나님의 뜻이요, 하나님이 만백성을 위하여 마지막 내리는 심판의 기준이요, 생명수라 하여 네가 가슴에 안고 이를 놓지 아니하고 죽음의 그 길을 선택할 수 있는 그와 같은 용기는 있는가?

14 너희가 과연 버티고 인내할 수 있는 훈련의 준비는 얼마나 되있으며 너 자신의 마음은 얼마나 갖추어졌는가?

15 너 자신을 냉정히 점검하고 돌아다보아야 할 것이니라.

16 이제 나의 법전이 세상에 전해지기 시작할 것이며, 만백성들이 이를 가지고 갑론을박할 때,

17 너희가 과연 어떠한 환경이요, 어떠한 위험이요, 어떠한 어려움에서도 이는 정녕 나 여호와의 뜻이며, 하나님의 말씀이요, 창조주의 말씀이라 하여 이를 높이 들고 죽음 앞에서 두려워하지 아니하고 증거할 수 있으며 증명할 수 있으며,

18 그리고 그들을 설법으로써 이해시키며 강론으로써 그들을 깨우쳐 너희를 따르는 제자로 돌릴 수 있는 그와 같은 공부요, 지혜와 능력을 과연 얼마나 노력하여 지금 겸비하고 있으며,

19 너희 머릿속에 가지고 있는 나의 법전에 대한 상식이요, 그 깨달음이 과연 얼마나 되는가?

20 너희는 이를 점검해 봐야 할 것이며 그 무게를 다시 한 번 달아 봐야 할 것이니 잊지 말라.

21 가벼운 자는 이길 수 없음이니라.

22 바람에 날릴 정도도 안 되는 작은 능력이요, 그 지혜요, 깨달음을 가지고 사악한 그들을 이길 수 있다고 생각하지 말라.

23 너희가 들려 해도 들 수 없는 동산보다도 더 무거운 무게로써 무장되어 있으며,

24 나의 법전이요, 내가 나의 아들을 통하여 강론한 그 모든 상식과 지식이 네 가슴에 자리 잡고 있어야만 너희가 모두를 다 이길 수 있는 그 지혜가 거기서 나온다는 것을 잊지 말라, 선택된 나의 아들딸들아!

7,059 번째 하나님 말씀

2003년 8월 8일 13시 21분

1 사랑하는 나의 아들아!
2 "네, 아버님! 말씀하옵소서."
3 너희가 인간의 죄는 용서를 받을 수
있으나, 성서를 능멸하며 나 여호와의
뜻을 능멸하는 자, 그리고 성령의 모
든 나의 뜻을 능멸하는 자는 정녕 용
서받지 못한다는 그 대목이 성경에 기
록되어 전해져 있음이니라.
4 오늘 내가 나의 아들을 통하여 나의
법전을 능멸하는 이와 같은 짓을 하는
자는 내가 절대 용서하지 아니함을 나
의 법전에 기록하여 너희에게 전함이
니, 이를 명심하여 깨우쳐야 할 것이
니라.
5 이 모든 것은 나의 아들을 따르는 제
자들이요, 나의 법전을 읽고 깨우친
만백성 너희가 먼저 지켜야 할 일이
며 행해야 할 일이라는 것을 잊지 말
라.
6 이는 너희를 공격하는 자, 너희를 미
워하는 자들이 이를 행하지 아니하였
을 때 내가 체벌한다는 것이 아니요,
7 나의 아들을 따르는 자, 지금 내 품에
서 다시 태어나는 그와 같은 길을 보
고 오기 시작한 자, 거듭나는 그 길에
들어서는 내 사랑하는 선택된 백성 너
희가 이와 같은 것을 위배했을 때 내
가 용서하지 않는다는 내용임을 알라.
8 나의 법전이 세상에 나가는 길을 막고
자 하며 그를 방해하며, 두 가지 마음
을 가지고 나의 성전에 오며 두 마음
을 가지고 나의 법전을 읽고 접하는
자,
9 나의 강론을 듣지 못하도록 길을 막는
자, 그리고 그 길을 막고자 온갖 수단
과 방법을 가리지 않는 그와 같은 흉
악한 자,
10 그리고 나의 법전을 받아들이지 못하
도록 말리는 자, 그리고 나의 법전을
이단이요, 사탄이라 하여 높이 쳐들고
이를 봐서는 안 된다고 가르쳐 나의
법전을 보지 못하도록 하는 그와 같은
죄요, 나의 법전을 의심토록 하는 자,
나의 법전을 의심하며 이를 의심토록
말하는 자,
11 그리고 나의 법전을 만드는 역사를 의
심하도록 하며 그들에게 일하지 못하
도록 하며 그들의 역사함을 중단토록
옆에서 충동질하는 것, 그리고 교묘한
방법으로써 그들의 마음을 흔들어 놓
는 것, 나의 법전을 멸시하는 그와 같
은 행위를 하는 자,
12 더 위대한 것이 있으며 정녕 나 여호
와의 뜻이 새로 세상에 나왔음이니,
이를 보지 아니하고 그를 봐도 된다
하며 나의 법전을 무시하고 함부로 뭉
개는 자,
13 나의 법전을 불태우고자 하는 사악한
마음을 가슴에 안고 있는 자, 그리고
언제라도 찢어버릴 수 있는 마음을 가
진 자, 나의 법전을 찢어버리는 자, 짓
이기는 행위를 하는 자,
14 나의 법전이 사탄의 짓이라 말하는
자, 나의 아들이 마지막 거짓 선지자
라 말하는 자,
15 이와 같이 나의 아들을 욕되게 하는
자, 나의 법전을 욕되게 하는 자, 그리

고 나를 능멸하는 자는 무엇이더냐?
16 하늘에서 아름답고 찬란한 구원의 빛
이 내려오는 것을 막는 자요, 암흑의
세상을 만들고자 하며 나의 만백성들
을 하늘에 오르게 하고자 그 길을 인
도하는 것을,
17 나의 아들 주변에서 나의 성전의 주변
에서 내 주변에서 나의 뜻을 경배하고
따른다 하면서 두 가지 마음을 가지고
행하는 자는 절대 용서받지 못하며 이
를 내가 절대 용서하지 아니한다는 것
을 너의 제자들과 나의 법전을 읽고
깨우친 만백성 너희는 스스로 이를
정독하고 깨우쳐,
18 이를 어기는 일이 없도록 그와 같은
삶을 살아야 함을 절대 잊지 말라, 사
랑하는 나의 아들딸들아!

7,060 번째 하나님 말씀

2003년 8월 8일 13시 28분

1 사랑하는 나의 아들아!
2 "네, 아버님! 말씀하옵소서."
3 나의 선택된 백성 너희는 변화하고자
노력하는 자만이 나의 성령이 너희에
게 임한다 내가 너희에게 그리 말하
였음이니라.
4 변하고자 노력하는 자, 천사와 같은
아름다운 삶을 살고자 고통스럽고 힘
든 그것을 마다하지 아니하며 받아들
이는 것, 그리고 모든 것을 아름다움
으로 볼 수 있는 그 마음의 변화가 너
희에게 임했을 때 성령이 너희에게
임함이니,
5 성령이 임하는 것은 무엇이더냐?
6 너희가 영적인 변화를 이루기 시작하
는 것이며,
7 영적인 변화의 삶으로 돌입하기 시작
하면, 너희는 영적인 눈을 뜨게 되는
것이며,
8 눈을 떴을 때 너희는 진정한 나 여호
와의 사랑이 무엇이며 내가 너희에게
베풀고자 하는 그 의미요, 가르침이
요, 그 큰 사랑의 뜻을 알게 되며 그를
바라볼 수 있으며 그를 들여다볼 수
있는 것이 너희니라.
9 그러니 너희가 성령으로 임하여 영적
인 변화를 이루었을 때 영적인 눈이
뜨여짐으로 인하여 내가 만백성을 사
랑하는 그 애절한 사랑의 의미요, 그
리고 내가 예수를 통하여 전하고자 했
던 그 근본의 사랑의 뜻을 알게 됨이
니라.
10 그렇지 아니한 자는 정녕 진정한 나의
사랑을 모르며, 나의 아들 예수가 전
하고자 했던 그 사랑의 의미요, 그가
역사하고자 했던 것을 전혀 알 수 없
는 그와 같은 자들이라는 것을 알아야
할 것이니라.
11 그와 같이 변화되었을 때만 진정한 나
의 사랑이라는 것을 너희가 느끼게
되며 나의 사랑이 너희에게 역사함을
알 수 있기에,
12 너희가 만백성을 구하는 데 나의 사랑
을 전하는 그와 같은 전사요, 선택된
백성으로서 그 임무를 수행할 수 있다
는 것을 알아야 할 것이니라.
13 내가 일찍이 나의 아들을 통하여 뭐라
말하였느냐?
14 너희는 그저 나를 보기만 하면, 나를

찾기만 하면, 너희 손으로 지은 교회
에 그저 발만 들여 놓기만 하면 나를
아버지라 부르며 나를 영원한 아버지
요, 구세주 아버지라 그저 불러 대며
그 자격이 있다 말하나,
15 너희가 수천 년 동안 믿음을 오면서
나를 아버지라 부를 자격이 없는 자들
이 수없이 있으며 그 수가 헤아릴 수
없다는 것을 알라.
16 너희가 나를 아버지라 부르는 것은 내
가 뭐라 했느냐?
17 내가 너희 입을 열어 줄 때만이 너희
가 나를 찾을 자격이 있다 그리 말하
였음이니라.
18 너희가 아름다운 마음이요, 선행을 하
며 양심이라는 것을 버리지 아니하고
천사와 같은 삶을 살고자 노력하며,
지금까지 지은 죄에 대해 그를 깨우침
을 알며 부끄러움을 알며 그를 두 번
다시 행하지 않는 아름다운 모습이요,
진정 나의 뜻에 살아가고자 노력할 때,
19 그때 내가 너희에게 나를 아버지라
부를 수 있는 그 입을 열어 주어 너희
가 나를 아버지라 부를 수 있는 것이
라 그리 말하였음이니라.
20 또한, 너희가 나의 사랑을 알 수 있는
것은 무엇이더냐?
21 너희가 영적인 눈을 뜰 때까지는 나의
진정한 사랑을 볼 수 없음이니라.
22 그러니 너희가 영적인 눈을 뜰 때까
지 변화되는 무서운 노력으로 어렵고
힘든 그것을 지키고 행했을 때, 나의
계획이요, 나의 십계명대로 살아가고
자 노력할 때,
23 그와 같이 그를 지키고 행하는 것에
최선의 노력을 다하며 너희 자신이
아름답게 변하는 것을 스스로 발견했
을 때 너희는 나 여호와의 사랑을 아
는 자가 되며 나의 사랑이 무엇인가를
알게 됨이니라.
24 나의 진정한 사랑의 의미요, 내 사랑
의 크기요, 내 사랑의 폭이요, 내가 이
루고자 역사하는 사랑이 무엇인지도
모르는 자들이 어찌 나의 사랑을 만백
성에게 전하여 그들을 구한단 말이더
냐?
25 나의 사랑을 전할 자격이 너희는 없
는 것이니라.
26 진정한 영적인 삶의 변화요, 영적인
눈을 떠서 나의 사랑을 볼 수 있으며
나의 사랑을 직접 느꼈을 때, 너희는
만백성을 구하는 나의 사랑을 전하는
전사요, 복음을 전하는 자로서 태어남
을 알라.
27 오로지 영적으로 다시 태어나는 그 길
만이 나의 백성을 구할 수 있으며, 영
원히 사는 새로운 세상이요, 천국에
인도할 수 있으며, 너희 자신도 올 수
있으며,
28 그것이 바로 너희가 그리 갈구하는
새 생명이요, 새로 태어나는 그 역사
가 됨이니,
29 나의 백성이 거듭나며 새로 태어나는
역사는 오로지 너희가 성령의 눈을
떠 내 사랑을 보고 느끼는 자만이 모
든 백성을 구하고 인도하는 자격이 있
다는 것을 절대 잊지 말라.
30 너희 스스로 사랑의 영적인 눈을 뜨도
록 그리하라.
31 그 영적인 눈을 떴을 때 내 사랑을 알

게 될 것이니라.
32 내 사랑을 아는 자, 내 사랑을 느끼는 자, 내 사랑을 볼 수 있는 자만이 만백성에게 전할 수 있으며 그 사랑의 의미를 설명할 수 있으며 그들에게 사랑의 길이 무엇인가를 깨우쳐 줄 수 있는 것이요, 그렇지 않은 백성은 아무것도 이룰 수 없으며 이루어지는 것이 없음을 알라.

7,061 번째 하나님 말씀

2003년 8월 8일 16시 23분

1 사랑하는 나의 아들아!
2 "네, 아버님! 말씀하옵소서."
3 너희가 산토끼라는 것을 잡으려다 집에 있는 토끼를 놓친다는 말이 있느니라.
4 이제 나의 법전을 읽고 깨우치는 백성, 너희를 따라오고자 역사하는 백성을 잘 관리하고 다스리는 그와 같은 준비를 해야 함을 알아야 할 것이니라.
5 내가 역사하는 모든 것은 너희는 능력의 한계가 있으며 나 여호와가 모든 것을 주관하고 이룬다 하지 아니하였는가?
6 너희는 너희 몫이 있으며 너희가 해야 할 그 지분이 있음이니라.
7 나의 아들을 따르는 백성 너희는 항상 긴장한 상태에서 마음자리를 바로 세워 항상 준비된 상태로 나가고 노력하는 것으로써 최선을 다하라.
8 너희는 한계가 있음이니 그 이상의 것은 나 여호와가 다 이루느니라.
9 그러니 너무 욕심내지 말며, 많은 사람을 이끌어 강론을 듣게 하고자 하며 나의 성전에 모이게 하는 그와 같은 생각에 너무 연연하지 말며,
10 그것이 이루어지지 아니한다 하여 불안해하지 말며 실망하지 말라.
11 그리고 그 모든 역사가 하루아침에 나의 법전이 세상을 덮어 가는 기적의 역사가 이루어지지 아니한다 하여 두려워하지 말며 겁먹지 말라.
12 그 모두는 다 이루어지게 되어 있음이니라.
13 내가 너희에게 일찍이 말하지 아니하였던가?
14 기다리는 마음을 가지고 서서히 기다리라 하였음이니라.
15 기다리는 것도 훈련이요, 기다림 속에서 성장함이니, 너희는 마음가짐을 잘 다스려 나가는 그와 같은 준비를 하고 있음이라 하였으며, 지금 쉬고 있는 것이 아니라 하였음이니라.
16 이제 나의 뜻에 따라 모든 것이 프로그램에 정해진대로 하나하나 행하여지며 역사한다는 것을 잊어서는 아니 될 것이며 모든 것이 나 여호와의 주관하에 이루어진다는 그 굳은 믿음을 갖고 그리 가도록 하라.
17 그리고 너는 나의 뜻에 따라 항상 기도하고 경배하며 모든 것을 답을 들어서 행하라는 것을 잠시도 잊어서는 아니 됨이니라.
18 내가 너에게 두 번 세 번 더 이상 말하지 아니하도록 하라.
19 네가 아무리 큰 돌을 내 앞에 갖다 놓는다 해도 내가 조약돌이라면 조약돌

을 갖다 놓으면 되는 것이지, 큰 것을
갖다 놓음으로써 네가 나에게 은혜를
받으며 상을 받으며 내가 기뻐하며 내
가 이루고자 하는 역사가 빨리 이루
어진다는 생각을 하지 말라 하였음이
니, 이를 명심하여 행하도록 그리하라.
20 모든 것은 내가 전체적으로 주관하며,
너희는 일부 맡은 그 임무를 역사하는
것이며, 너희는 지금 잘해 나가고 있
으며 잘 가고 있음이니라.
21 그러니 많은 사람이 오는 것, 많은 인
원의 너희 형제들이 모여서 여기에서
성황을 이루는 것, 그와 같은 생각을
할 필요도 없고 생각하지도 말라.
22 다만, 내가 필요한 사람을 서서히 불
러 쓰고자 하니, 너희는 내가 불러서
이곳에 온 사람들을 잘 다스리고 관리
하는 데 또한 역점을 두어야 할 것이
니라.
23 외부에 있는 너희 형제요, 이웃의 백
성을 끌어오며 믿음이라는 길을 간 아
주 굳어지고 굳어 있는 그 백성을 돌
이켜 깨우치고자 하는 안타까운 마음
을 갖고 동분서주하고 이리저리 연구
한다 해도, 그들은 돌아설 수 없으며
돌아오지 아니함이니라.
24 다만, 나의 법전을 읽고 깨우쳐 오는
백성 그리고 깨닫고 오는 백성 그들을
잘 관리하여,
25 그들이 떠나지 않도록 너희가 모범이
된 삶을 살아가는 것으로써 모두를 지
키고 유지하도록 그리 전하라.
26 너의 제자들은 이를 알아야 할 것이
니라.
27 깨닫고 오는 자, 무엇을 얻고자 오는
자, 법전을 읽고 온 자, 그와 같은 백
성이 왔다가 돌아가는 것은 너희의
자세가 잘못되어 있으며 너희의 깨달
음이요, 행동이요, 언행에 문제가 있
다는 것을 너의 제자들이 알아야 함을
잊지 말라.

7,062 번째 하나님 말씀

2003년 8월 8일 16시 28분

1 사랑하는 나의 아들아!
2 "네, 아버님! 말씀하옵소서."
3 너희가 남들에게 하는 그 인사말도 좋
은 언어로써 부드러운 표정으로써 인
사를 받았을 때, 그리고 존경을 표시
하는 그와 같은 자세로써 너희가 남들
로부터 대우를 받을 때, 너희 마음은
어떻더냐?
4 그 기쁜 마음도 형용하기 어려울 것이
니라.
5 그러나 남으로부터 기분 좋지 않은
방법이요, 좋지 않은 언행으로써 어떠
한 인사를 받고 어떠한 말을 들었을
때, 너희는 화를 내게 되어 있으며 또
한 마음이 상하며 불쾌한 것은 당연한
것이니라.
6 그러니 이제 나에게 선택된 나의 백성
은 항상 먼저 좋은 말로써 좋은 언행
으로써 말하고 인사할 수 있는 그와
같은 사람이 돼야 할 것이며,
7 모든 행동 또한 모범적인 행동으로 변
화되지 아니하면 아니 된다는 것을 알
아야 할 것이니라.
8 너희가 좋은 인사말로써 말하며 좋은
행동으로써 아름답고 모범적인 행동

을 보이는 것은 모두 천국에 오는 기
초 질서이며, 이 기초 위에서 모두 다
져지며 이루어진다는 것을 알아야 할
것이니라.
9 기본의 기초가 되지 아니하였으면 아
무리 좋은 것으로써 너희 자신에게
쌓고자 하며 변하고자 한다 해도 결코
견딜 수가 없는 것이 너희의 믿음이
요, 오늘의 가는 길이니라.
10 그리하여 내가 너의 제자들에게 시련
의 훈련을 내리고 있음이니라.
11 어려운 훈련과 고통의 훈련 속에서 다
긁어 내고 토해 내며 너희 자신을 끝
까지 발견함이니라.
12 너희 마음속에 숨겨져 있는 좁쌀만
한 사악한 마음이요, 너희만이 가진
불과 같은 그 성격을 모두 제거하지
아니하며, 남을 원망하고 모든 책임을
남에게 돌리는 그와 같은 이중적인 마
음과 그 생각을 모두 다 뽑아내지 아
니하며, 그를 던져 버리지 아니하였을
때는 너희는 무너지게 되어 있음이니
라.
13 그와 같이 다지는 것이 기초요, 그것
이 곧 반석 위에 집을 짓는 것과 같은
역사를 이룸이니라.
14 그와 같이 행하지 아니하며 다져지지
아니하는 곳에 아무리 좋은 건물을 짓
고, 다져지지 않는 마음속에 아무리
좋은 성령이요, 나의 뜻을 불어 넣는
다 해도, 그 성령이 너희에게 임하지
아니하며 성령이 그 자리를 지키고 있
지 아니함이니라.
15 그러니 어떠한 마음으로써 살아가야
할 것이며 어떠한 행동으로써 살아가
야 할 것인지 따지기 전에,
16 기초 질서요, 기본 질서를 지키는 것
이 가장 소중하고 귀하다는 것을 먼저
깨닫고, 그 위에서 변화되며 깨달아
가는 그와 같은 다짐의 변화를 역사해
야 할 것임을 잊지 말라.
17 그게 다져지지 아니하였을 때는 지탱
할 수 없음이니라.
18 기초를 다지는 이 간단한 이치를 깨닫
지 못하면 너희가 어떠한 일을 행한
다 해도 그는 결국 무너지게 됨이니라.
19 굳건하게 영원히 지탱할 수 없는 것이
기 때문에, 가려졌던 마음이 유사시에
세상에 폭발할 때 모두는 다 무너짐이
니라.
20 그와 같은 행위를 할 때 그것이 바로
너희가 나에게 올 수 없는 길이며 지
옥문으로 가게 됨이니, 너희가 기본의
기초 질서요, 좋은 언행이요, 좋은 행
동으로써 남에게 언짢게 하지 않는 자
세로 살아가는 것, 그것만 지키고 살
아간다 해도 지옥문 앞에서 들어가지
않기 위해 울고불고 헤매는 그러한 일
은 면할 것이니라.
21 그러니 너희는 이 기본의 기초부터 하
도록 하라.
22 아름다운 말이요, 아름다운 행동이요,
그리고 좋은 말로써 칭찬하는 그와 같
은 행동을 하도록 하며 그리 살라.
23 너희는 기초 위에 양심에 부끄럽지 않
은 그와 같은 것을 이루어 나가게 되
어 있음이니라.
24 기초가 다져진 자는 저 자신이 양심
의 가책이라는 것을 느끼고 알게 됨이
니, 그 기초가 다져진 백성은 양심에

부끄러운 행위를 하지 아니함이니 그
게 곧 무엇이냐?
25 너희가 죄를 짓지 않는 길이요, 산 자
다운 삶을 사는 것이니 그를 잊지 말
라.
26 너희가 육의 세상에서 살면서 죄를 짓
고 사악한 짓을 하며 부정한 짓을 하
는 것은 죽음의 길로 가는 죽은 자의
삶이라 내가 말하지 아니하였더냐?
27 이제 나로부터 선택된 백성 너희는
육이 존재하는 이 세상에서 살아 있는
삶을 살도록 그리하라.
28 내가 너희를 사랑하기 때문이니라.
29 양심의 문제를 완전히 해결하지 못하
며 죄를 해결하지 못하며, 너희가 선
과 악을 선택할 때, 선을 선택할 수 있
는 그 양심의 기초를 다지지 아니하고
는 절대 나에게 오를 수 없음이니라.
30 양심을 위배하는 것, 양심을 파는 그
와 같은 행위는 결국 지옥으로 가는
그 역사의 순환이기 때문임을 잊지
말라.

7,063 번째 하나님 말씀

2003년 8월 8일 16시 32분

1 사랑하는 나의 아들아!
2 **"네, 아버님! 말씀하옵소서."**
3 인간 세상에 살아가는 세속의 삶에서
너희는 족보라 하여 그 계통을 소중히
하며, 또한 너희가 가진 족보요, 기록
된 그 성씨요, 그 혈통을 가지고 그를
소중히 따지며 얼마나 너 자신의 그
얼굴이요, 모든 간판으로 내세우는가?
4 너희가 인간 세상에서 성씨를 가지고
있으며 그 혈통을 중요시하듯, 나 여
호와의 하늘나라에도 혈통과 성씨가
있음을 너희는 알아야 할 것이니라.
5 이제 내가 너희에게 하늘의 성씨를
명함이니, 하늘의 성씨는 무엇이더냐?
6 곧 나의 뜻을 따르는 나의 아들딸들이
요, 나의 뜻을 따라 행하는 너희의 그
성씨는 '죄 없는 자'이니라.
7 죄 없는 자라는 것이 하늘의 성씨임을
너희는 알아야 할 것이니라.
8 나 여호와가 너희에게 내리는 그 성씨
는 바로 죄 없는 자, 그것이 나의 성씨
요, 너희가 나로부터 받는 성씨임을
잊지 말라.
9 죄 없는 자, 그것이 너희가 가지고 있
는 나로부터 받은 성씨라는 것을 잊지
말라.
10 그러니 죄를 짓는 자, 양심에 부끄러
운 짓을 하는 자는 나의 성씨를 받을
수 없는 백성이라는 것을 너희 제자들
은 알아야 할 것이며,
11 너희가 나의 성씨를 받고자 한다면 과
연 어떠한 형태로 살아가야 하는지를
알라.
12 죄 없는 자, 그것이 바로 너희에게 내
리는 나 여호와의 성씨이니라.
13 나 여호와의 성씨를 가진 나의 백성
이 거듭나는 영광을 얻는 것이며 너희
가 말하는 부활이요, 환생이요, 다시
출생이요, 영혼이 거듭남이요, 영혼이
다시 태어남이요, 이 모든 것은 나의
성씨를 갖고 지키고 노력하는 그 백성
에게 해당하는 것이요,
14 나의 성씨를 받지 못하는 백성에게는
해당하는 사항이 아님을 너희는 알아

야 할 것이니라.
15 오늘 내가 나의 아들을 통하여 하늘의 내 성씨를 너희에게 내려보내니, 나의 성씨를 가진 자, 이를 지키고자 노력하는 그와 같은 자만이 모든 은혜와 영광을 얻는다는 것을 알아야 할 것이니라.
16 나로부터 나의 성씨를 받을 자격이 없는 자들은 나의 유산을 받을 자격이 없는 자요, 나의 유업을 계승할 자격이 없음이니라.
17 죄 없는 자라는 그 성씨를 받지 못하는 자는 어떠한 행위를 하든 어떠한 길을 가든 나와는 관계가 없음이니라.
18 그러니 나로부터 그 성씨를 받고자 하는 자는 죄 없는 자라는 말과 같이 너희가 죄 없는 자만이 나의 성씨를 받을 수 있으며 나의 아들딸이라는 것을 절대 잊지 말라.
19 참진리의 길이 아닌 비진리의 길을 가는 것이 얼마나 큰 죄인지 알며, 가슴에 그 죄를 안고 있는 자는 나의 성씨를 받을 수 없으니, 죄 없는 자만이 나의 성씨를 받을 것이니라.
20 죄 없는 자, 이것이 내가 너희에게 내리는 성씨이니라.
21 그러니 나의 성씨를 받고 지키는 자만이 유업을 받을 수 있으며 유산을 상속받을 수 있는 자라 하였음이니,
22 이제는 너희가 나의 성을 받아 나의 아들이 되든 나의 가문의 혈통을 따라 살아와 하늘에 오르든 그것은 너희가 알아서 해야 할 일이라는 것을 잊지 말라.

7,064 번째 하나님 말씀

2003년 8월 8일 20시 44분

1 사랑하는 나의 아들아!
2 "네, 아버님! 말씀하옵소서."
3 너의 제자들에게 일러 마음을 바로잡고 다스리라 그리해야 할 것이니라.
4 너희가 열 사람이요, 스무 사람이 모여 앉아서 자기 앞에 똑같이 배달된 그 식사를 하면서도, 감사의 기도를 드리며 감사히 먹으면서도,
5 그 먹는 순간에 생각하기를 네 것보다 앞에 있는 사람 것이 더 많은 것 같고 더 맛있는 것 같다는 그와 같은 생각을 하며 음식을 먹는 것이 너희 심성이요, 마음이니라.
6 너희가 너희 자신에게 주어진 일을 하면서도 남의 것을 보게 되며, 남의 것이 더 크게 보이며 더 아름답게 보이며, 그와 같은 하나의 일을 하면서도 두 가지 세 가지 좌우의 모든 생각을 하면서 모든 일을 역사하는 것이 너희 습성이요, 생각이니라.
7 그러니 그는 곧 무엇이더냐?
8 남을 의심하는 마음이요, 질투하는 마음이요, 의혹하는 마음이 너희가 살아오는 속에서 그가 너희도 모르게 깊게 뿌리가 내려져 있음이니라.
9 그리 살아온 나의 백성의 믿음의 길 또한 그러하니라.
10 나의 아들의 강론을 들으며 나의 법전을 읽고 공부하는 너희도 같이 음식을 먹으면서 그저 네 것을 맛있게 먹으면 되는 것을, 남의 것이 더 많고 맛있고 좋은 것같이 그리 보이는 그 마

음,
11 똑같은 것으로 만들어서 똑같이 주어
도 남의 것이 많고 높아 보이는 그와
같은 생각을 하는 그 마음 때문에, 나
의 법전을 믿으며 나의 아들을 따르는
그 마음도 너희도 모르는 한구석에
미심쩍은 마음을 항상 버리지 못하고
그 싹이 있다고 하면,
12 너희는 오늘 이 순간부터 모두 다 버
리고 지워버려야 함을 잊어서는 아니
될 것이니라.
13 너희는 정녕 생각해 보라.
14 수천 년 동안 그 많은 세월 속에 헤아
릴 수 없는 많은 백성이 세상에 왔다
갔으며, 너희 후세에 더 많은 백성이
세상에 왔다가 갈 것이니라.
15 그중에서 나의 성령이요, 나로부터 부
름을 받으며 나로부터 초청을 받아 내
뜻을 역사하는 백성으로 선택되었다
는 것 하나만 생각하고 믿는다 해도,
16 너희가 어찌하여 남의 밥그릇이 더 크
며 남의 것이 더 크다는 그와 같은 생
각을 하며 그를 의심하며 불안한 마음
을 갖고 사는 백성이 되겠는가?
17 너희는 나의 법전을 접한 것으로써 나
의 강론을 듣는 것으로써 그 마음이
흔들려서는 안 되며, 의혹하는 마음이
있어서는 절대 아니 됨이니라.
18 이것이 너희 제자들이 첫 번째 가져야
할 마음임을 너희는 알아야 할 것이
니라.
19 너희가 세상의 모든 명예를 얻으며 일
인자가 되는 그것은 그가 어떠한 모든
생각을 하며 주변을 보며, 놀 때 놀아
가면서 그와 같이 일인자가 되는 걸
보았느냐?
20 오로지 그 한길의 목표를 향하여 하늘
높이 그 목표를 세워 놓고 그 목표를
위해서 생명을 다 바쳐 노력했을 때
얻는 것이 목적을 달성하는 것이요,
제일인자의 그 길이니라.
21 그리 가도 그것을 얻지 못하며 그 목
적지에 달성하지 못하며 수없이 좌절
하며 중간에 포기하고 넘어지는 것이
너희가 아니더냐?
22 하물며 나 여호와의 뜻이요, 하늘의
뜻을 깨우쳐 그 길을 온다는 너희가
그보다 열배 백배 더 노력하며 한길을
가도 이룰까 말까 한 것이 하늘의 뜻
이거늘,
23 너희가 그와 같은 마음에서 헤어나지
못하는 오늘의 자세라는 것은 있을 수
도 없음을 알라.
24 너희는 오로지 나의 법전이요, 나의
강론을 들으며 내가 하늘에 오르는 그
빛을 비춰 줌을 더 이상 무엇과도 바
꿀 수 없으며 너희는 두 번 다시 두 가
지 마음이 있어서는 절대 아니 됨을
알라.
25 두 가지 마음이 있어 흔들리는 자는
끝까지 오지 못하고 낙오자가 됨이니,
26 너희가 낙오자가 되어 지옥문 앞에서
그를 붙잡고 몸부림치며, 오늘의 너희
형제들에게 나의 아들에게 너희를 구
원해 달라 몸부림쳐도 그 누구도 너희
를 돌이켜 지금처럼 안아 줄 수 없으
며 깨우쳐 줄 수 없으며, 인도할 수 있
는 일은 절대 없다는 것을 알아야 할
것이며 그 은혜는 두 번 다시 너희에
게 없음이니라.

27 이 세상에서 가장 소중한 것이 너희
요, 가장 일인자가 너희라는 것을 잊
지 말라.
28 세상의 모든 기록이요, 역사하는 곳에
는 일인자가 있음이니라.
29 운동선수도 그 일인자가 있음이니라.
30 그러나 그 일인자를 모두 갖다 바쳐도
나의 법전을 접하며 나의 성령을 들으
며 나의 강론을 듣는 것 만한 일인자
는 없음이니라.
31 그들은 당대에 사는 세상에서 일인자
이니라.
32 육의 세상에서 그들은 일인자요, 너희
는 내가 창조한 이 세상의 수많은 백
성 중에서 가장 일인자이니,
33 과거에 죽은 자요, 현재에 죽어가는
자요, 미래에 태어나 죽을 그 백성 그
모두에서 너희가 일인자이니라.
34 인간 세상에서 일인자를 수천 개 붙여
도 너희는 나로부터 선택된 일인자이
니, 그 일인자보다 더 소중한 것이 없
음이니라.
35 그러니 오늘날 나로부터 선택된 그 일
인자보다도 더 소중하고 귀한 것이 없
다는 것을 너희는 오늘 가슴에 심어
야 할 것이며, 그와 같이 너희가 어떠
한 자며 어떠한 것을 가지고 있으며
어떠한 자로서 지금의 일인자가 되어
있는가, 그리고 그 일인자가 얼마나
위대한 것인가를 너희는 잊어서는 아
니 될 것이니,
36 오늘 이후부터 너희는 이 세상에 어
떠한 기능의 일인자보다도 그 모든 것
을 천 개 만 개를 붙여도 이 지상에 있
는 모든 것을 다 갖다 붙여도,
37 나에게 오르는 그 진리의 길을 오는
것이요, 하늘의 뜻을 알아듣고 깨우쳐
나의 아들과 더불어 모든 만백성을 구
하는 법전을 만들어 전하는 역사의 대
명을 받은 너희가 지금 모든 백성의
가장 앞에 있는 일인자이니,
38 그 위대한 일인자라는 것을 잊지 말
라, 사랑하는 나의 아들딸들아!

7,065 번째 하나님 말씀

2003년 8월 8일 21시 36분

1 사랑하는 나의 아들아!
2 "네, 아버님! 말씀하옵소서."
3 내가 너희가 살아가는 그 자세의 기
본이 뭐라 말하였더냐?
4 너희가 남이 버린 열 개의 그 오물을
줍는 것보다, 너희 손에 있는 것을 버
리지 않는 그것이 소중하다 하였음이
니라.
5 그리고 너희가 남을 열 번 백 번 칭찬
하는 것보다, 너희가 남의 흉을 한 번
보는 그것 그 자체가 더 잘못되는 것
이며 그 상처가 더 큰 것이라 그리 말
하였으니,
6 인간은 그와 같이 살아가서는 아니 된
다 내가 너희에게 기록하여 전하였음
이니라.
7 그러니 지금 마지막 시대에 나의 성령
을 받아 그 길을 가는 백성 그리고 만
백성을 깨우치고자 선택된 너희의 그
삶이 과연 어떠해야 하는지 알겠느냐?
8 이 세상에 수천 년 동안 흘러오면서
그 많은 백성이 나왔다 죽어 가는 그
와 같은 삶에서 나에게 오른 자가 없

다 하였음이니,
9 내가 지금까지 과거요, 현재요, 미래
의 모든 백성 그 위에 선택된 자며 너
희가 제일인자라 내가 그리 말하였음
이니라.
10 그러니 너희가 제일인자라는 그 명성
과 그 이름을 얻는 것이 행복이요, 기
쁨이라 생각해서는 아니 될 것이니,
11 남들은 하나를 잘못했을 때 그들로 하
여금 열 사람을 버린다 하면,
12 제일인자인 너희는 하나를 잘못했을
때 천 명 만 명 이 지상의 모든 백성을
지옥으로 이끌어 갈 수 있으며 그리
타락시킬 수 있는 것이 제일인자의 행
위이며 제일인자가 하는 것이라는 것
을 잊어서는 아니 될 것이니라.
13 위대한 선생이요, 위대한 자가 가르치
는 것은 더 많은 사람이 믿으며 그 명
성을 얻은 것만큼 그가 말하는 것은
그만큼 무게가 있으며 그만큼 받아들
이는 그 속도가 빠르며 번지는 것이
빠름을 너희는 알아야 할 것이니라.
14 그러니 이 세상에서 가장 위대한 제일
인자라 하였음이니라.
15 모든 기능이요, 모든 운동경기요, 모
든 시합에서 제일인자의 기록을 보유
한 모든 백성을 다 합친다 해도 그 역
사의 기록보다도 너희가 나로부터 제
일인자란 그 명을 받는 것보다 더 위
대한 것이 없다 하였으니,
16 더 위대한 것이 없다면 너희처럼 명
성이 높은 자가 없다는 뜻이니, 너희
가 행동 하나를 잘못함으로 인해서 얼
마나 많은 것을 잃으며 나의 백성이
잘못 가는지 그 길을 알겠는가?
17 그것이 너희가 행해야 할 일이며 가
야 할 길이니라.
18 또한, 나의 아들 너는 들어야 할 것이
니라.
19 네가 한번 실수를 하는 것은 그것은
한 사람이요, 열 사람으로서 끝나는
것이 아니라, 모든 백성에게 상처를
주게 되며 모든 백성이 그로 인하여
잘못 가는 그와 같은 일이 생김이니,
20 네가 행동하는 하나의 실수가 얼마나
무서운 것인가를, 너의 제자들보다 너
의 행동이요, 네가 잘못하는 그것이
얼마나 무섭고 큰 결과를 가져 오는
것인지 그것을 알아야 할 것이니라.
21 그것을 알고서 그것이 무서운 줄 알며
그것이 두려운 줄 알고 가는 것이 진
정한 나의 아들이요, 나로부터 명받은
목자요, 만백성을 구하는 이 세상에
단 한 사람인 네가 가는 길이라는 것
을 너는 알아야 할 것이니라.
22 모든 종교 지도자요, 집단들이 그 두
려움을 모르며 그 무서움을 모르고 가
는 것이 그들이니라.
23 이제 너희는 깨우쳐야 할 것이니라.
24 이 세상에 어떤 백성보다도 너희는
모든 것에 다 일인자의 역사를 이루어
야만 나로부터 선택된 백성이요, 나
여호와를 입증하며 증거함을 알아야
할 것이니라.
25 나의 아들 예수가 죽어 3일 만에 부활
한 그 이유가 무엇이라 말하였더냐?
26 그는 나의 아들이요, 그는 나의 뜻을
대신하여 세상에 역사한 것을 내가
증명하며, 그를 그 제자들과 만백성에
게 깨우쳐 주기 위해 내가 부활을 시

키는 그 역사를 이루었다 했으니,
27 그것보다도 더 소중한 것이 오늘의 제
일인자의 그 자리를 지키는 것이며 일
인자가 가야 할 길이라는 것을 너희는
믿어야 할 것이니라.
28 만일 너희가 모든 면에서 일인자가
되지 아니한다면 모든 백성은 아무것
도 믿지 아니할 것이며, 후세의 백성
도 나의 법전을 보고 하늘에서처럼
그와 같은 아름다운 지상의 낙원을 만
드는 그 역사는 이루어질 수 없음을
명심하고 또 명심해야 할 것이니라.
29 나의 법전이 세상을 덮으며 나의 법전
을 읽고 깨우치는 백성이, 지금의 지
상에 있는 모든 종파를 다 합친다 해
도 나의 법전을 읽는 백성을 능가할
수 없는 그와 같은 역사를 이루어, 제
일인자의 그 자리를 차지했을 때, 이
는 나의 성령이요, 나의 뜻이요, 나의
가르침이니라.
30 그와 같은 역사가 이루어지지 아니하
였을 때 이는 절대 나의 뜻이 아니요,
사탄의 장난이라 그리 말해도 남들이
그리 말하고 너희를 공격해도 할 말
이 없을 것이니 그리 알라.
31 창조주 나 여호와가 역사하는 것이
이 세상에 일인자요, 제일인자가 되지
아니한다면 그건 아무런 가치가 없으
며 진정한 나 여호와의 뜻이 아니니라.
32 나의 법전이 지상에 있는 모든 종파의
종교 교리요, 그 교파들이 모두 다 뭉
치고 뭉쳐도 감히 나 여호와가 지금
내리는 법전이 세상을 덮는 것보다
더 능가하는 것이 없으며 더 넘는 자
가 없어야 할 것이며,
33 이를 초과하는 종교 집단이 있다면 그
에 미치지 못하는 너희들이 나의 법전
을 전하는 것으로써 중단된다면,
34 이는 나 여호와의 뜻이 아니요, 나의
성령이 아니요, 하늘에서 이루어진 것
같이 지상에서 이룬다는 그 모두가 다
사탄의 장난이요, 허황된 것임을 너희
는 알아야 할 것이니,
35 너희의 책임이 막중하며 중대함을 너
희는 알아야 할 것이니라.
36 나의 법전이 세상에 나가 모두를 다
덮는다면 그만큼 법전이 세상에 나와
야 할 것이며,
37 그만큼 세상에 법전이 전해지는 그 역
사는 인간의 손으로써 이루어지는 것
이며 인간의 노력으로써 역사한다는
것을 너희는 알라.
38 내가 너희에게 은혜를 내리는 것도 인
간을 통해서 모든 것을 내리며, 내가
너희가 역사하는 것을 거둬들이는 것
도 인간을 통해서 거둬들인다 하였음
이니라.
39 너희가 이웃 형제에게 사랑을 베푸는
그것이 곧 내가 너희에게 거둬들이는
것이며, 너희가 선한 일을 하는 것을
모두 내가 받아들이며 너희가 나에게
바치는 공적이요, 아름다운 역사의 증
거라 하지 아니하였더냐?
40 그와 마찬가지로 너희에게 내가 은혜
를 베풀고 역사하는 것도 인간을 통해
서 이루어짐이니,
41 그 인간을 만나고 다스리고 협조하고
화합하며, 혈맹의 관계보다도 더 굳은
결의로 맺어서 역사하는 것은 인간 너
희 자세요, 너희가 해야 할 덕목임을

알라.
42 내가 너희에게 사람을 보내주며 역사
할 사람을 보내주어도, 너희가 눈을
아래위로 치뜨며 너희만이 위대하다
하며, 너희보다 못한 자는 세상에 사
람이 아니라며 그를 무시하고 경멸할
때, 너희를 돕고자 내가 보낸 자가 거
기에 남을 자가 없음이니, 그 모두는
너희 책임이니라.
43 그러니 너희가 일인자가 되는 것을
잊어서는 아니 될 것이니라.
44 나의 법전이 세상에 퍼져 일인자가 되
는 것이요, 나의 아들이 세상에 아름
다운 마음의 일인자가 돼야 할 것이
며, 나의 아들이 살아가는 것이 한 점
의 부끄럼이 없는 바로 서는 그 일인
자가 네가 돼야 하는 것을 절대 잊어
서는 아니 될 것이니라.
45 일인자가 되지 못했을 때는 너는 아무
것도 아니니라.
46 나의 성령이요, 나의 십계명이요, 나
의 법전대로 일인자가 되는 그것이 나
의 아들 네가 가야 할 것이며, 너를 따
르는 제자들이 또한 일인자가 되는 것
이 그들이 해야 할 일이며,
47 너희가 일인자가 되지 못하면 나에게
오를 수 없으며 내가 너희 이름을 기
억하지 아니하며,
48 너희가 아무리 지상에서 수고로움이
요, 고통의 역사를 하며 나의 법전을
쥐고 땀을 흘리고 고생하여 산을 넘고
강을 건너 전하는 그 역사를 하며, 산
골까지 사람이 오지 않는 그 외딴 섬
까지 외딴 마을의 한 독립 가구까지도
나의 법전을 전하는 그 고통의 역사를
하고 나에게 왔다 해도,
49 눈이 쌓인 길이요, 험악한 길이요, 길
이 없는 산골짝까지 나의 백성을 구
하기 위해 전하는 역사를 하고 왔다
해도,
50 너희가 아무리 심신이 고달프며 마음
과 육신이 다 지쳐 쓰러지는 그와 같
은 형국으로써 전했다 해도,
51 너희가 정녕 나의 뜻을 위배하며 제
일인자가 되지 아니할 때, 항상 마음
속에 두 마음이 있으며 기다리는 마음
이 있으며 얻고자 하는 마음이 있으
며, 영광과 영화요, 축복을 앞에서 그
리며 네 머릿속에 그림을 그려 놓고
역사하는 그와 같은 것은 나에게 올
수 없다는 것을 명심해서 들으라.
52 그와 같은 자는 나는 모름이니라.
53 그러니 너희는 모름지기 한마음으로
써 일인자가 되라.
54 일인자가 되는 자만이 나에게 올 수
있으며 내가 너희 이름을 기억할 것이
니, 과연 천국에 오르는 길이요, 내 품
에 오르는 길이요, 영원히 죽지 않고
살 수 있는 그 대가요, 그 값을 얼마나
얼마만큼 희생을 치러야 하는지 생각
해 보라.
55 너희는 육의 세상에서 누구나 다 백
년도 안 돼서 숨을 거두니, 너희가 육
에서 영원히 살 수 있는 그와 같은 은
혜를 입는다면 어떠한 희생을 치르더
라도 그를 사야 하지 않겠는가?
56 너희는 바로 그것을 사는 것이니라.
57 영원히 죽지 않는 하늘나라요, 천국이
요, 이곳에 와 너희가 상상할 수 없는
나라에서 영원히 사는 것을 너희 스스

로 사는 것이며 구하는 것이며 취하는 것이니,
58 그 대가를 얼마를 치르더라도 그것은 억울한 것이 없으며 그보다 위대한 것이 없으며 그보다 더 소중한 것을 구하는 길은 없음이니, 그를 알아서 스스로 행하도록 그리하라.
59 이것이 너희가 가야 할 길이며 너희가 역사해야 할 길이니라.
60 영원히 사는 길이요, 죽지 않고 나의 낙원에서 사는 그 길을 오르고자 하는 자들이,
61 나로부터 은혜를 받고자 하며 영광을 받고자 하며 재물의 은혜를 받고자 하며 부모·형제의 행복함을 위하며 너희 자식이 명성을 얻고자 하며, 모든 인간 세상의 무엇을 얻고자 기도하는 그 백성이 얼마나 어리석고 불쌍한 백성인가, 너희는 그들에게 깨우쳐 주어야 할 것이며,
62 그들에게 깨우쳐 주기 전에 너희가 육의 세상에서 나에게 오는 그 길을 오며 무엇을 얻고자, 편안하고자, 너희 손에 어떤 것을 쥐고자 하는 것은 너희가 사탄이요, 사악한 마음을 버리지 못하였음이니라.
63 너희가 지상에서 죽지 않고 영원히 살 수 있는 그것을 구한다면 이 세상의 누구라도 가진 것을 모두 다 던질 것이며,
64 제가 거지로 산다 해도 아무것도 가진 것이 없는 자라 해도 얻어먹는 자라 해도, 너희가 죽지 않고 영원히 산다면 천만 장자요, 세상 것을 다 주고도 그걸 구하고 살 자가 수없이 있을 것이니라.
65 너희가 그것을 얻고 구하는 것이 바로 나에게 오르는 그 길을 오는 것이요, 너희가 지금 오는 그 길이니라.
66 그와 같은 길을 스스로 얻고자 오는 너희가 모든 대가요, 값을 치러야 올 것이거늘,
67 되려 나에게 무엇을 달라, 은혜를 달라 하며 나에게 은혜를 받으면서 그 길을 오고자 하니,
68 그 길을 오는 것이 너희 스스로 오는 길이지, 나를 위해서 오는 길이라 그리 생각하는가?
69 이 어리석고 불쌍한 백성들아!
70 너희는 인간 세상의 계산법도 모르며 인간 세상에서 이루어지는 거래법도 모르는 것이 너희니라.
71 너희가 지금 나에게 구원을 받고자 하늘에 오르고자 하는 것이 무엇이더냐?
72 죽지 않고 영원히 사는 그 아름다운 낙원의 세상에 오고자 함이니, 그건 누가 오는 것이냐?
73 내가 오는 것이냐, 너희가 오는 것이냐?
74 너희가 스스로 오는 것이니라.
75 그 길을 위하여 그것을 사고자 노력하는 백성이 어찌하여 내가 은혜를 내렸다 생각하며 나에게 무엇을 달라 말하며 내가 이루어 주길 바라는가?
76 육의 세상에서 무엇을 얻게 해 주며 내가 베풀어 주면서 너희가 영원히 죽지 않고 사는 생명을 사는 것을, 어찌하여 내가 그걸 내려 주며 그리할 수 있는 계산법이라 말하는가?
77 그것이 지금의 모든 종교 집단이요,

지도자들이 엮어 가는 방법이니, 그게
얼마나 사악한 자들이더냐?
78 그리고 그 말을 듣고 재물을 바치고
모두를 바치면 구원을 받는다는 자들,
그리고 그 구원을 받으면서 무엇을 달
라 소원하는 자들,
79 너희가 영원히 사는 나의 나라 그 천
국의 문을 아무도 올 수 없는 그 위대
한 문을 들어서고자 소망하며 그를 얻
고자 살아가는 자들이 너희 재산이요,
시간이요, 생명이요, 그 모두를 다 나
를 위해 바쳐도 부족하거늘, 어찌하여
나에게 도리어 달라 하는가?
80 이것이 너희 계산법이요, 사탄이요,
사악한 자의 자식이기 때문에 그리 감
이니, 너희는 거기에 속아서 지옥으로
가는 자들이니라.
81 이제 나의 아들을 따르는 백성이요,
그를 따르는 제자 너희는 알아야 할
것이니라.
82 나로부터 육의 영광이요, 육체의 삶에
대하여 모든 것을 얻고 이루어지기를
바라지 말라.
83 너희가 영원히 사는 축복이요, 그 위
대하고 무엇과도 바꿀 수 없는 그것을
사는 데 과연 얼마를 투자했으며 얼
마나 나에게 너희를 던졌는지 한번
생각해 보라.
84 너희가 모든 것을 다 놓아도 얻을 수
없으며 구할 수 없는 길이 그것이라
했음이니, 나의 아들 예수가 뭐라 했
느냐?
85 그를 따르고자 천국에 오고자 한다면
네가 가진 모든 것을 다 버리고 놓고
오라 하였음이니라.
86 그리하여 그것을 나의 아들 예수가 거
둬들이고 받아들이는 것이 아니라 너
희 이웃에게 모든 백성에게 나눠 주고
오라는 그 뜻을 알겠느냐?
87 너희가 이룰 수 없으며 구할 수 없으
며 얻을 수 없는 하나의 영원히 사는
그 생명의 삶을 위하여 이 길을 오고
자 하는 것이거늘,
88 어찌하여 내가 원하는 그 아름다운 진
리요, 십계명이요, 나의 법전대로 사
는 그를 얻는 길을 그리 행하지 아니
하고 너희는 무엇을 달라, 이루어 달
라, 도리어 나에게 달라 하면서 그것
을 산다 하는가?
89 주고 사야 할 너희가 도리어 나보고
달라 하면서 그 길을 산다 하니, 얼마
나 어리석고 미련한 자들이며 불쌍한
백성이며 나와는 관계없는 길을 가는
백성인가, 이 이치를 깨달으라.

7,066 번째 하나님 말씀

2003년 8월 8일 22시

1 사랑하는 나의 아들아!
2 "네, 아버님! 말씀하옵소서."
3 나 여호와는 너희를 사랑함이니라.
4 그리고 너희가 지옥으로 가는 것을 원
하지 아니하며 그를 바라보는 내 마음
이 아픔이니, 너희가 나의 천국이요,
내 앞에 오기를 바라는 것이 나 여호
와며 그를 기다리는 것이 나 여호와
이니라.
5 그리하여 나의 아들 예수를 통하여 세
상에 하나의 그 밀알을 내려보냈으며
그 밀알을 심고자 했음이니라.

6 그를 심어 싹이 나고 세상에 그 씨를
또 뿌림이니, 그리하여 이 세상을 하
나의 그 밀알로써 모두를 다 덮고자
했으며 그로써 내가 모든 역사를 하고
자 한 것이 나 여호와의 뜻이었음을
너희는 알고 있을 것이니라.
7 그리하여 내가 내린 밀알을 그들이 잘
가꾸고 보호하여 이루었더라면 지금
은 아름다운 세상이 되었을 것이며 이
지상은 하늘의 낙원같이 이루어졌을
것이니라.
8 그러나 너희가 어찌하였는가?
9 그를 가꾸고 다스려야 할 자들이 태
워버리며 그를 다 못 쓰게 만들어버렸
으니, 이 아름다운 지상의 낙원이 이
루어지지 못하였으며 그를 태운 자들
로 인하여 이 지상은 썩고 병들었음
이니라.
10 누가 나의 아름다운 지상이요, 이 세
상에 사는 나의 사랑하는 백성을 썩고
병들게 하였는가?
11 종교 집단과 지도자들이요, 또 기독교
라 하여 지금 이 세상을 덮은 수많은
교회요, 교파를 가진 너희가 그와 같
은 짓을 했음을 알아야 할 것이니라.
12 수많은 교파와 교리가 난무하여 저희
만이 나로부터 받은 밀알을 가지고 가
꾸는 자들이라 하며, 제가 최고라 선
전 선동하는 그와 같은 형국으로써 열
을 올리고 있으며, 저만 최고라는 것
에 지금 빠져 있는 오늘의 이 현실이
되었음이니,
13 사랑을 베풀며 남에게 나누어 주며 그
와 같이 사는 것이 내가 바라는 사랑
이요, 그 밀알의 원천이거늘,
14 너희가 저만 최고요, 저희 교파요, 저
희 교리만 위대한 것이며 남의 것은
다 사탄이요, 이단이라 하고 있음이니
라.
15 내가 심은 밀알의 그 뜻을 다 태워버
린 자들이 그와 같이 반대되는 행위를
하고 있으면서 지금 나에게 오는 길이
요, 나의 밀알을 심고 가꾸는 자들이
라 그리 말하고 있음이니,
16 이 형국을 과연 어찌 다스려 나갈 수
있단 말이더냐?
17 저희만 위대한 것이라며 선전 선동하
는 것이 그게 사랑이더냐?
18 남의 아픔을 이해하며 남을 더 올려
줄 수 있으며 남이 위대한 것이라 말
할 수 있는 것이 사랑이거늘,
19 제가 가지고 있는 것만 창조주가 내린
밀알이요, 위대한 것이라 하여 그저
챙기기 위해 선전 선동하는 데 모든
심혈을 기울이는 그와 같은 사악한 짓
을 하고 있음이니,
20 그게 내가 전하고자 하고 뿌리고자 했
던 그 밀알의 사랑의 근본이더냐?
21 이를 정면으로 거역하는 자들이 아니
던가?
22 내가 나의 아들을 통하여 교회요, 회
당을 지으며 회당에서 요란한 행사요,
행동으로써 모든 백성을 이끄는 그와
같은 행위를 하지 말며, 그를 헐어 버
리라 하였거늘,
23 지금 나의 아름다운 동양의 작은 나라
에 그걸 수없이 세우는 그 형국을 보
라.
24 그것이 바로 내가 하늘에서 보는 공동
묘지라는 그 무서운 뜻을 알라.

25 그것이 바로 그 안에 있는 자가 다 죽은 자요, 썩은 자들만 있는 그와 같은 형국으로 지금 변해 있느니라.

26 그러면서 남의 교파는 무조건 이단이요, 사탄이라 그리 단정하고 그 뿌리를 이 세상에 내리지 못하도록 하고자 하는 것이 너희가 지금 하는 짓이 아니던가?

27 그러니 나의 참진리요, 나의 법전이요, 새로운 성령이 세상에 내려간다, 해도 이를 밀어붙이며 이를 태워 버리며 찢어 버리려 하는 것이며,

28 저희 교회요, 저희 교리만 참진리라 주장하는 것이 오늘의 나의 백성이요, 이 세상에 존재하는 자들이요,

29 나에게 오는 길을 보며 다른 신을 섬기지 아니하며 오로지 나 여호와만을 섬긴다 하니, 너희가 과연 나 여호와를 섬기며 나의 아들이 전하고자 하는 그 뜻을 따르는 백성인가, 너희가 한번 두 손을 놓고 하나하나 짚어 보도록 그리하라.

30 그러면 알 수 있는 것이니라.

31 너희가 이단으로 결정짓는 것 그 자체가 나의 진리를 거역하는 자들이니라.

32 이는 이단이요, 사탄이라 말하고 규정하는 그 자체가 어떤 기준에 의해서 이단이요, 사탄이라 말하느냐?

33 나의 성령이요, 나의 뜻을 거역하고 사는 자들이 이단이요, 사탄이니라.

34 그러나 너희는 어떤 것을 이단이라 말하느냐?

35 너희는 인간이 만들어 놓은 너희 교파의 특정한 그 교리를 가지고 그를 따르지 아니하며 그를 지키지 않으며 인간의 생각에 맞춰 주지 않는 이와 같은 자들은 다 이단이요, 사탄이라 구별하고 있음이니,

36 그러한 너희가 나 여호와에게 이단이요, 사탄이라는 것을 알아야 할 것이니라.

37 너희가 만들어 놓은 교리요, 그 집단의 교리를 따르지 않는 모든 백성을 이단이라 말하는 너희 자체가 나 여호와가 하늘에서 보는 내 뜻을 거역하는 이단이요, 사탄이요, 사악한 자의 자식으로서 변질한 것임을 이제 알아야 할 것이니라.

38 모든 종교 집단 속에 허덕이는 자가 곧 이단이라는 나 여호와의 그 무서운 뜻을 깊이 새겨야 할 것이며 두려움을 알아야 할 것이니라.

39 영원히 사는 천국의 나의 나라에 정녕 오고자 하면 너희가 이단이요, 사탄의 자식으로 변질되었다는 그 무서운 말을 깊이 깨달아 그 말을 분석하며,

40 그 이유를 내가 어찌 내렸는가, 그를 생각하며 회개하고 반성하여 다시 거듭나지 아니하면 너희는 정녕 나와는 관계없는 자들임을 알아야 할 것이니라.

41 나 여호와가 너희에게 명한 사실이 없음이니라.

42 교파와 종파가 수없이 갈라지고 너희가 교리를 만들어 너희 것만 위대한 것이라 그리 부르짖고 명하는 것을 내가 너희에게 명한 적이 없음이니라.

43 내가 너희에게 수많은 종파로 서로 갈라지며 물고 뜯고 싸우라는 그 명을 내린 적이 전혀 없음을 너희는 알아

야 할 것이니라.
44 너희가 만든 교리로 어떠한 것을 보고
너희 마음대로 이단이요, 사탄이라 그
리 구분 지으라는 것이 없음이니라.
45 내가 너희에게 이단의 기준은 무엇이
고 사탄의 기준은 무엇이라고 그를 구
분하며 선별하는 명령을 너희에게 내
린 적이 없으며, 너희에게 그와 같은
특권을 준 사실이 없거늘,
46 어찌하여 이단이요, 사탄이라 너희 마
음대로 명하여 다스리고 그리한단 말
이던가?
47 내가 이단이라 하여 아무나 단죄하라
는 명을 내린 것이 없으며 너희에게
그와 같은 권한을 준 자가 없으며 심
판자로서 너희에게 자격을 준 것이
없음을 알아야 할 것이니라.
48 이단이라 하여 너희 형제를 핍박하며
이웃을 핍박하는 그와 같은 행위는 정
녕 얼마나 무서운 행위를 하는 것인
가를 알아야 할 것이며,
49 너희 자신이 이단이요, 사탄의 자식이
되어 있다는 것을 먼저 알아야 함을
잊지 말라.
50 너희가 감히 나의 아들딸을 너희 마
음대로 응징하며 너희 마음대로 그리
결정하지 말라.
51 그 모두는 나 여호와만이 알 수 있는
것이라는 것을 절대 잊어서는 아니 될
것이니 그리 알라.

7,067 번째 하나님 말씀

2003년 8월 8일 22시 06분

1 사랑하는 나의 아들아!
2 "네, 아버님! 말씀하옵소서."
3 모든 종교 집단은 그 사악한 행위를
이제 중단할 때가 되었음을 알라.
4 나의 백성이 자유로우며 가장 평화로
운 삶을 살며 나에게 올 수 있는 그와
같은 길을 내가 그들에게 다 주었으며,
5 그리하여 나의 십계명이요, 나의 율법
을 지키고 살아오는 그 백성은 그대
로 나에게 올 수 있다고 말하였으며,
6 스스로 나에게 기도하고 경배하며 다
락방에서 죄지음을 용서 빌며 나에게
부끄럽지 않은 삶을 살 수 있도록 그
리 기도하고 경배하는 마음으로 살아
가는 그것이 나에게 오는 백성이라 그
리하였음이니라.
7 그러나 나의 아들 예수를 죽음으로 몰
아 넣은 그 종교 집단의 후예들이 지
금까지 조상이 지은 죄의 업을 씻으려
하는 것이 아니라,
8 거기에 더 사악한 방법으로 나의 순진
하고 착한 그 백성을 교회의 법도 안
에 맞춰 달구고 만들어 깎아 끌고 다
스려 가고자 하는 그와 같은 사악한
행위를 이제 중단해야 함을 알라.
9 너희 인간이 만든 그 교리요, 그 교회
법에 따라 나의 사랑하는 백성을 쇠
를 달궈 필요한 도구로 만들듯이 그리
달구고 세뇌시켜 그를 끌고 가며 너희
의 도구로 사용하는 그와 같은 사악한
짓을 내가 더 이상 보지 아니할 것이
며 이를 용서치 아니함을 알라.
10 너희가 얼마나 어리석은 종교 집단이
고 지도자인 줄 알겠는가?
11 나의 사랑하는 백성을 언제까지 너희
가 그저 깎고 두드려 만드는 대로 휘

고 구부러져 너희가 쓰고자 하는 그
도구로 사용할 수 있다고 생각하는가?
12 영원히 그와 같이 존재하며 그와 같이
갈 수 있고 생각하는 그 어리석은 생
각을 이제 버려야 할 것이니라.
13 너희가 그와 같은 깨달음이 없을 때
무서운 형국에서 그 단죄를 받을 날이
머지않았다는 것을 알아야 할 것이며,
너희 앞에 닥치는 그 무서운 현실을
너희는 아직 감히 생각도 하지 못할
것이니라.
14 지금 모든 종교 집단 너희가 어찌 가
는가?
15 나의 사랑하는 백성에게 작은 신발을
놓고 그 큰 발을 거기에 맞추어 신고
가라 하며, 신고 가도록 고통을 주며
시련을 주는 것이 너희라는 것을 알
라.
16 너희는 그렇지 아니하다 할 것이니라.
17 멀고도 먼 길을 가는 발이 큰 나의 백
성에게 맞지 않는 작은 가죽신을 맞춰
신으라 하며, 신지 않으면 지옥으로
간다 하며 고통스럽게 그를 신게 하여
끌고 가며 너희 마음대로 부리고 사
악하게 이용하는 것을,
18 오늘의 나의 사랑하는 백성을 너희들
이 그리 다루고 이용하는 것을 나는
알고 있음이니,
19 이제는 내가 더 이상 이를 눈감아 주
지 아니하며 이를 모르는 체하지 아니
함을 알라.
20 이제 사랑하는 나의 백성을 너희가
달구고 휘고 꺾어서 만드는 그와 같은
형국에서 그들을 바로 세우게 할 것이
며,
21 맞지 않는 신발을 억지로 신겨 그들을
끌고 가는 그와 같은 형국의 사악한
행위를 내가 더 이상 보지 아니할 것
이니라.
22 그리하여 내가 나의 법전을 내리며 심
판의 시대를 열어 감이니, 이 심판의
시대가 머지않았으며 나의 법전이 역
사하는 것이 머지아니하였으며, 너희
가 단죄의 대가를 치르는 것이 머지않
았음을 알라.
23 나 여호와가 더 이상 관망하지 아니하
며 더 이상 눈감고 버린 세상으로 놔
두지 아니한다 하였음이니라.
24 나의 아들을 죽게 한 사악한 그들이
암흑의 세상을 살도록 내가 2천 년 동
안 그리 놔두었으나, 회개하고 반성하
여 하늘의 찬란한 빛을 받아들이는 광
명의 세상을 만든 것이 아니요, 암흑
을 더 암흑으로 만들었으며 나의 백성
을 지옥에서 지옥으로 이끌어 가는 사
악한 그 행위를 하고 오는 오늘의 이
시점을 내가 더 이상 두지 아니할 것
이니 그리 알라.
25 이제 내가 너희 모두를 다 구원하고
자 하며 바로 인도하고자 함이니라.
26 그 역사를 시작하는 것이 오늘 나로부
터 선택된 백성이요, 나의 법전이 세
상에 나가는 그 의미이니,
27 이를 소중히 다루어야 할 것이며 그
책무가 중요함을 알아야 할 것이며,
28 너희 하나하나가 희생하여 만백성을
구원하는 자, 너희가 생각해 보라.
29 멀고 먼 길을 가는데 발에 맞지 않는
작은 가죽신을 억지로 신기고 그 신을
신고 가는 것이 하늘에 오르는 길이며

나에게 오르는 길이라 하니,
30 그것이 두려워서 벗지도 못하며 도망
가지도 못하며 돌아서지 못하며 그 고
통스러운 길을 가는 것이 불쌍한 나의
백성의 형국이니,
31 내가 더 이상 이를 관망하지 아니하며
눈감아 주지 아니할 것이라는 것을 알
라, 사랑하는 나의 아들딸들아!
32 그들을 단죄하며 그들을 불 칼로써 내
가 치고 나갈 때, 그때 모든 것은 너희
가 역사하는 기초 위에서 이루어짐이
니 그리 알라.
33 그리하여 너희가 소중한 나의 자식이
요, 나의 아들딸임이니, 이를 명심하
여 행하도록 하라.
34 나의 아들이 가는 길에 더불어 너희
가 버팀목이 되어 하나가 되어 혈맹
으로 맺어진 그와 같은 형국으로 가도
록 그리하는 것이 나의 뜻임을 알라.

7,068 번째 하나님 말씀

2003년 8월 8일 22시 22분

1 사랑하는 나의 아들아!
2 **"네, 아버님! 말씀하옵소서."**
3 너의 제자들과 나의 법전을 읽고 깨우
친 그 백성에게 물어보도록 그리하라.
4 너희가 인간 세상에 살아가는 것이 양
심의 부끄러움이요, 양심의 가책을 받
고 살아가는 그와 같은 행위를 하고
사는 것이 아름다운 삶이요, 내가 높
은 지혜를 준 인간이 살아가는 도리인
가를 그들에게 물어보라.
5 정녕 너희는 누구나 그리 말할 것이
니라.
6 나로부터 생명을 받았으며 인간이 살
아가면서 양심에 가책되는 행위요, 양
심에 부끄러운 짓을 하는 것은 인간으
로서 할 도리가 아니며 그는 해서는
아니 되는 것이라 그리 말할 것이니라.
7 그러면 여기서 내가 너희에게 묻고자
함이니라.
8 내가 친필로 직접 써 내린 그 십계명
이 무엇이던가?
9 그 십계명이라는 것은 너희가 양심의
가책을 받지 아니하며 양심에 한 점의
부끄러움이 없이 살아가도록 내가 너
희에게 깨우쳐 주고 전한 것이 아니더
냐?
10 너희가 인간 세상에서 양심을 속이며
양심의 가책을 받으며 양심에 부끄러
운 행동을 하고 사는 것은 인간의 도
리가 아니요, 사람의 사는 자세가 아
니라 하였음이니,
11 그러니 너희가 십계명을 지키지 못한
다는 그 삶을 반대로 생각하면 무엇이
더냐?
12 양심의 가책을 받는 행위를 해도 된다
는 것이 아니더냐?
13 그리고 양심의 가책을 받는 생각을 하
고 그 행동을 하고 그와 같이 살아가
는 것도 부끄러움이 없는 것이라 그리
말하는 것이요, 인간은 그리 살아갈
수 있다고 말하는 것이 아니더냐?
14 그러니 이를 어찌 바로잡고 어찌 깨우
쳐야 한단 말이던가?
15 모든 인간이 말하기를, 인간이 양심의
가책을 받으며 양심에 부끄러운 행위
를 하는 것은 인간의 도리가 아니요,
짐승만도 못한 자들이라 그리 말하는

것을,
16 종교 집단이요, 그 지도자들이 또 거
기에 와서 구원을 받았다며 울부짖고
하는 백성이 내가 직접 친필로 써 내
린 그 십계명을 지킬 수 없다 그리 말
하는 것은,
17 양심대로 살 수 없으며 양심을 지키
고 사는 것은 잘못된 것이라 말하는
행동과 똑같음이니라.
18 내가 지금 나의 법전에 기록하여 너희
에게 뭐라 말하였더냐?
19 이 세상에서 가장 제일인자가 되어야
하는 너희는 하나를 잘못했을 때 많
은 사람을 잃게 되는 것이라 그리 말
하였으며,
20 평범한 사람들이 하나를 실수하는 것
은 열이요, 백에게 그 영향을 미친다
면,
21 제일인자가 하는 행위는 그 깨달음이
요, 그 피해를 주는 것이 이루 말할 수
없다 내가 그리 말하였음이니,
22 더욱이 나로부터 선택된 종교 지도자
요, 나의 뜻을 역사하는 자요, 나를 대
신한다고 말하는 지도자라는 자들이
양심의 가책이 되는 행위를 하지 아니
하고는 인간은 살 수 없다고 그리 말
함이니, 이 얼마나 오도된 것이며 잘
못 가르친 것이더냐?
23 인간 세상에서도 양심에 가책되는 행
위를 해서는 아니 되며 더욱이 나 여
호와의 뜻이요, 하늘의 뜻을 거역하고
사는 것은 더 용서받을 수 없거늘,
24 하물며 내가 직접 써 내린 그 친필로
양심의 가책을 느끼지 않도록 살아가
는 기본이요, 근본을 가르쳐 전했거
늘, 양심의 가책이 되는 것을 행하지
아니하고 살 수 없다고 종교 집단이
요, 지도자들이 가르침이니,
25 그것이 나의 뜻을 따르는 백성이요,
나에게 오고자 하는 백성이 하는 짓
이라 말하는 것이냐?
26 너희가 이방인이라는 평범한 백성도
양심을 속이는 짓을 하는 것은 인간의
도리가 아니요, 짐승만도 못하다 그리
표현을 하거늘, 어찌하여 종교 지도자
요, 만백성을 깨우쳐 하늘에 오르는
천사와 같이 만드는 길을 인도한다는
자들이 양심의 가책이 되는 짓을 아니
하고는 살 수 없다고 말하니,
27 그들이 두 혀를 가진 얼마나 사악한
사탄의 자식이 되어 나의 피조물 만백
성들에게 그를 전하고 깨우쳐 하늘에
오르는 길이라 현혹하여 끌고 가는가?
28 그리고 하늘에 오르는 길이라 하여 재
물을 거둬들이고 그들을 능멸하는 그
사악한 죄를 짓는 것을 단죄하고 그를
바로잡고자 하여 내가 나의 아들 너를
통하여 이리 160권의 법전을 세상에
만들어 전하는 이 어렵고 고통스러운
길을 감을 너는 알아야 할 것이니라.
29 그러니 너희가 이를 전하는 것을 잠시
도 게을리해서는 아니 될 것이니라.
30 양심의 가책을 받는 것은 짐승과 같다
하였음이니, 종교 집단이요, 지도자
요, 천사를 만들어 하늘에 보내겠다는
그들이 가책을 받지 않고는 살 수 없
다고 그리 말하니 그게 바로 무엇이더
냐?
31 짐승만도 못한 자들이 짐승이 되라 가
르치는 그와 같은 사악한 자들이니라.

32 이미 짐승이 된 자들이 사랑하는 나의 피조물 만백성, 천사와 같은 너희를 짐승으로 만들고자 유혹하는 자들이니, 거기에 현혹되어 너희가 인간에서 짐승으로 전락하지 말라.

33 하늘에 오르는 길이요, 천국에 오는 것은 죄를 짓지 아니한 자가 오는 것이요, 죄를 지은 자는 갖다 놓아도 숨이 막히고 가슴이 터져 견디지 못하고 지옥문으로 기어가는 것이 천국의 이치라 하였거늘,

34 너희가 인간도 아닌 짐승의 형태로써 천국의 문을 들어올 수 있다 하느냐?

35 내가 그리하여 너희가 기도하고 울부짖고 광란하는 것을 개구리 울음소리요, 파도소리만큼도 듣지 아니하며, 너희는 천국이라는 곳을 올 수 없다는 것은 바로 무엇이더냐?

36 인간이 양심의 가책을 받는 짓, 양심을 속이는 짓은 금수만도 못하다 하였음니,

37 그와 같이 양심을 속이지 아니하고는 살 수 없는 것이 인간이라 말하는 이미 사악한 짐승으로 전락한 사탄들이 나의 사랑하는 천사 같은 백성이요, 하늘에 올 수 있는 그 백성을 저희처럼 그리 이끌어 가고 저희처럼 지옥으로 가고자 하는 것이 그들이니 거기에 속지 말라.

38 나의 피조물 만백성들에게 속지 말라 가르치는 것보다도, 그들이 속지 않도록 나의 법전을 만들어 세상을 덮어 그들이 존재하지 못하도록 하는 것이 위대한 역사임을 알라.

39 열 개의 쓰레기를 치우는 것보다 하나를 버리지 않는 것이 위대한 것처럼,

40 너희가 나의 법전을 만들어 그 죽어가는 자들을 구하는 데 최선을 다하는 것이 너희가 말로써 하는 행동보다 그것이 더 위대하며 한 권의 법전을 전하는 것이 더 소중함을 알라, 사랑하는 나의 아들딸들아!

41 내가 너희를 사랑한다는 말을 이해하는가?

42 너희가 나에게 소중한 자들이라는 것을 알겠느냐?

43 내가 지금까지 모든 종교 집단이요, 지도자들이 잘못 가고 그들이 비뚤어지고 썩어져 가는 것을 수술하고 고치는 것은 오로지 너희를 통하여 그 모든 것을 역사하기 때문에 내가 시도 때도 없이 너희가 소중하며 사랑하고 아낀다 하며, 귀한 나의 아들딸이니 소중함을 알라 그리 가르쳐 줌이니, 그리 알라, 사랑하는 나의 아들딸들아!

44 모든 백성에게 생명수를 갖다 부어 줄 자들이 너희니라.

45 내가 나의 아들을 통하여 생명수를 내려보내니, 그 생명수를 나의 아들이 가슴에 안고 있으면 무얼 하겠느냐?

46 나의 아들의 가슴에 있는 것을, 나의 아들이 가진 그릇에 있는 것을 너희가 열심히 퍼서 지고 이고 날라 만백성에게 그를 주어 썩어져 가는 자들을 치료할 수 있게 부어 주는 것이 필요함이니,

47 그게 바로 너희이기에 내가 소중하며 사랑한다 함이니 그리 알라.

부 록

【하나님께서 가르쳐 주신 운동】

천재지변이 일어날 때, 동물이나 미물들은 미리 알고 대피하지만, 인간은 알지 못하고 큰 화를 당합니다. 하나님께서 인간에게 가장 높은 지혜를 주시고 완벽하게 창조해 주셨기에 동물들보다 더 잘 알 수 있지만, 욕심으로 마음이 혼탁해져서 한 치 앞을 보지 못하는 것입니다.

마찬가지로, 인간은 누구나 스스로 필요한 운동을 해서 건강을 지킬 수 있도록 하나님께서 만들어 주셨습니다. 우리의 머리에서 우리 몸에 필요한 동작을 해 달라고 끊임없이 신호를 보내지만, 인간이 혼탁하게 살아서 그 신호를 알아채지 못합니다. 그러니 자연스럽게 자기 몸이 원하는 그 신호를 따라서 운동하는 것이 하나님께서 가르쳐 주신 운동 방법입니다. 바로, 우리의 영이 육을 이끄는 운동입니다.

▶ 하나님 운동법

1. 눈을 감고, 발을 어깨너비로 벌리고 바르게 선다.
2. 몸에 힘을 풀고, 허리를 숙이면서 손과 머리를 아래로 내린다.
3. 허리를 펴고 싶을 때, 천천히 펴면서 하고 싶은 동작을 하면 운동이 시작된다. (사람마다 다르다.)
4. 멈추지 말고, 어떤 동작이든지 자기 몸의 느낌대로 계속 이어서 한다.

▶ 참고 사항

① 눈을 감은 상태로 아무 생각 하지 않고, 자기 몸의 느낌대로 움직입니다.

② 마음을 비우고, 욕심을 버리고, 지난날의 잘못을 반성하면서 몇 차례 시도하다 보면, 자기도 모르게 하고 싶은 동작이 끊임없이 생깁니다.

③ 운동 장소는 방 안이든 운동장이든 관계없으며, 걷거나 달리고 싶을 때는 눈을 떠도 됩니다.

④ 매일 40분 이상, 주 4회 이상, 3개월 이상 하면 음식 조절에 들어갑니다.
- 음식으로 생긴 병은 음식으로 치료하게 되며, 어떤 음식을 먹어야 하는지 스스로 알게 됩니다.
(자기 몸에 필요한 음식만 먹고 싶어집니다.)

⑤ 사랑하는 사람과 함께 운동하면 서로 치료해 주기도 합니다.

⑥ 운동을 하다가 몸의 어느 한 부분을 계속 손으로 자극한다면 그쪽에 이상이 있는 것이니, 의사에게 상담을 받고 적절한 치료를 받으면 됩니다.

⑦ 다이어트 및 기타 건강관리에 효과적입니다.

⑧ 꾸준히 운동하여 영이 맑아지면, 자신의 과거와 미래를 스스로 보게 됩니다.

누구나 스스로 하실 수 있습니다.

간 행 사

《새로운 성경》은:

· 새로운 성경은, 하나님께서 선량하고 선한 자를 선택하여 십계명을 암송하도록 하시고, 십계명을 암송한 다음에 음성으로써 들려주시는 말씀을 듣고 그대로 카세트테이프에 녹음해서 받아쓴 책입니다.

· 90분짜리 녹음테이프 700여 개에 달하는 말씀으로, 1999년 8월부터 2004년 7월까지 총 160권(권당 288쪽)을 완성하였으며, 그 이후에도 현재까지 계속 말씀을 내려 주고 계십니다.

· 새로운 성경은 "하늘을 두루마리 삼고 바닷물을 먹물 삼아 쓰고 써도 다 못 쓴다"는, 끝없이 방대한 하나님의 말씀이 두루마리로 직접 내려오는 것입니다. 이러한 새로운 성경은 구약과 신약을 폐하려는 것이 아니라 "인봉된 성서의 비유의 뜻"을 상세히 설명하여 완성하고자 하나님께서 직접 내려 주신 말씀입니다.

《새로운 성경》의 구성:

· 제 목: 2013년, 160권 모음집을 발간하면서, 본 도서의 제목을 "하나님! 말씀하옵소서"에서 《새로운 성경》 으로 명해 주셨습니다.

· 단행본: 각 권당 288쪽(신국판) 책이 160권까지 시리즈로 출판됩니다.
(모음집은 단행본을 16권씩 묶어서, 총 10부로 구성됩니다.)

《새로운 성경》의 성경적 근거:

· 신약 성경 [요한복음] 16장 13절에 "진리의 성령이 오시면 그가 너희를 모든 진리 가운데로 인도하시리니 그가 자의로 말하지 않고, 오직 듣는 것만을 말하며" 하신 말씀처럼 하나님의 음성을 들은 것만 기록하였으며,

· "장래 일을 너희에게 알리시리라" 하신 말씀과 같이 개인, 나라, 인류의 "장래"일을 하나님께서 알려 주시는 것만 기록하여 책으로 만들었습니다.

《새로운 성경》의 기록 방법:

· 1999년 8월부터 하나님께서 저에게 들려주시는 음성을 기록하였습니다. 처음에는 제가 들은 말씀을 불러 주면 저의 아내가 기록하여, 2000년 1월 29일에 1권 초판이 세상에 나왔습니다. 2000년 4월부터는 주시는 말씀을 받아 녹음기에 기록하여 시리즈로 출간하기 시작하였습니다.

· 녹음을 시작하면서 하나님의 말씀을 받는 데 가속도가 붙었고, 2001년 5월 3일에 1부(1~16권까지)를 인쇄하여 출판하였으며, 2004년 7월까지 총160권 분량의 말씀을 받아 기록하였습니다.

하나님께서 저에게 주신 것은:

· 첫째, 만백성을 상대로 내려 주시는 "기도", 둘째, 수시로 내려 주시는 "묵상", 셋째, 개인의 과거, 현재, 미래를 알려 주시는 "개인 기도", 넷째, 개인의 건강을 위해서 내려 주시는 "음식 처방", 다섯째, 하나님께서 가르쳐 주신 "운동"등이 있습니다. 이 중에 첫 번째, "기도"를 책으로 편찬하였습니다. 사람의 생사, 개인의 미래에 관한 천기는 수록하지 말라 하셨습니다.

강론 안내:

· 하나님께서는 지금도 매일 저에게 새로운 하늘의 비밀의 말씀을 내려 주고 계십니다. 수시로 내려 주시는 말씀을 정리해서 제자를 육성하라는 말씀에 따라 매주 강론을 하고 있습니다. 누구나 무료로 들으실 수 있습니다. (book160.com)

《새로운 성경》을 읽는 분들에게 드리는 선물:

· 개인 기도: 개인의 과거, 현재, 미래에 관하여 말씀을 내려 주십니다.

· 음식 처방: 사람은 음식을 먹고살다가 건강을 잃으니, 음식과 운동으로 건강을 되찾는 방법을 알려 드립니다. 단, 하나님이 계심을 믿고, 십계명을 지키겠다고 진실로 서약하는 분들께 알려드립니다.

《새로운 성경》의 은혜와 기적:

· 새로운 성경 전160권은 16권씩 묶어서 총 10부의 모음집으로 구성됩니다. 모음집 한 부를 읽고 깨우치는 자에게 하나님께서 다음과 같은 기적이 있다고 하셨습니다.

· "첫째, 그가 죽어 하늘에 갔을 때 그의 죄를 묻지 아니하며, 구원을 받는 위대한 은혜가 있으며, 둘째, 그의 소원과 소망이 이루어지고, 셋째, 죽은 자(부모, 형제, 자식, 사랑하고 은혜 입은 분)의 이름으로 구입한 책을 읽고 누군가 한 사람이 깨우칠 때, 그 죽은 자가 지옥에서 천국으로 구원을 받게 되며, 넷째, 유산, 중절 수술 등으로 태어나지 못한 아이를 위하여 구입한 책을 보고 한 명이 깨우쳤을 때, 그 아이가 사람으로 다시 한 번 태어나는 은혜를 받는다."

· "새로운 성경"을 3회 이상 정성을 다해 정독하는 자, 성서의 비밀을 알게 되고, 세상의 이치를 알게 되며, 세상을 지배하고 통제할 수 있는 지혜를 다 얻게 된다고 하셨습니다. 이 책은 만백성이 정독하고 이웃에게 전하여, 평생 가슴에 묻은 슬픔과 고통의 짐을 벗고 미래를 위한 힘찬 삶을 살아가도록 하는 책입니다.

끝으로

· 하나님께서는 흰 눈이 세상을 덮듯이 새로운 성경을 온 세상에 전하라고 하셨습니다. 《새로운 성경》을 각국어로 번역해서 온 인류에게 구원의 길을 깨우쳐 주고, 그 수익으로 가난하고 어려운 백성을 구제하여, 만백성의 영과 육을 함께 구원하는 선지자의 임무를 수행하라고 저에게 명하셨습니다.

· 하늘에서 내려 주신 말씀의 보화를 만백성에게 나누어 주는 것이 선지자의 임무라고 하셨습니다. 새로운 성경을 통해서 얻는 재물을 사용할 곳도 하나님께서 일일이 명해 주십니다. 모든 재물은 저의 자의로 쓸 수 없고, 하나님께서 명하시는 대로만 쓰여집니다.

· 어떤 명분으로든 십일조나 각종 헌금을 거두어들이지 말라 하셨으며, 국내뿐 아니라 각국에 성전과 단독 서점을 운영하며, 한국의 많은 젊은이들을 전 세계에 지도자로 내보내라고 하셨습니다.

· 우리는 세계적으로 새로운 성경을 보급하며 어려운 이들을 돕는 역사를 해 나갈 것입니다. 지금까지 비록 몇 명 안 되는 제자들과 함께 이러한 일을 역사했지만, 앞으로도 계속 하나님께서 기뻐하시는 일들을 해 나갈 것입니다. 부족한 저희에게 여러분들의 지혜와 성원을 보내 주시기를 바랍니다. 많은 분들의 참여와 도움을 간절히 기다립니다. 감사합니다.

한국어로 내려온 《새로운 성경》 단행본을 출간하며
2016년 4월 10일

발행인 **김 용 철**

한국어로 내려온

새로운 성 경 · 7부 · 제97권

지은이 하나님 말씀
대역자 김용철

초판인쇄 1쇄 2017년 4월 3일

펴낸 곳 도서출판 하얀마음
등록번호 제 10-2107호 (2001년 2월 14일)
주소 서울시 노원구 덕릉로86길5, 2층
전화번호 02) 313-1114
팩스 02) 393-5554
전자우편 book160@hanmail.net
편집위원 조나영 김미향 이석교
제작지원 김남태 이은미 김보라 조옥순

도서상담 1600-7527
ISBN 978-89-5875-197-7 (04230)
978-89-5875-100-7 (세 트)

값 10,000원
잘못된 책은 구입하신 곳에서 바꾸어 드립니다.

※이 책은 10부로 제작되며, 각 부 16권씩 총160권으로 구성됩니다.※

1부	2부	3부	4부	5부	6부	7부	8부	9부	10부
1권	17권	33권	49권	65권	81권	97권	113권	129권	145권
2권	18권	34권	50권	66권	82권	98권	114권	130권	146권
3권	19권	35권	51권	67권	83권	99권	115권	131권	147권
4권	20권	36권	52권	68권	84권	100권	116권	132권	148권
5권	21권	37권	53권	69권	85권	101권	117권	133권	149권
6권	22권	38권	54권	70권	86권	102권	118권	134권	150권
7권	23권	39권	55권	71권	87권	103권	119권	135권	151권
8권	24권	40권	56권	72권	88권	104권	120권	136권	152권
9권	25권	41권	57권	73권	89권	105권	121권	137권	153권
10권	26권	42권	58권	74권	90권	106권	122권	138권	154권
11권	27권	43권	59권	75권	91권	107권	123권	139권	155권
12권	28권	44권	60권	76권	92권	108권	124권	140권	156권
13권	29권	45권	61권	77권	93권	109권	125권	141권	157권
14권	30권	46권	62권	78권	94권	110권	126권	142권	158권
15권	31권	47권	63권	79권	95권	111권	127권	143권	159권
16권	32권	48권	64권	80권	96권	112권	128권	144권	160권